romar

dennis hopper
brad pitt chri

★★★
ROLLING

KB133067

INGLOURIOUS
BASTERDS
THE NEW FILM BY QUENTIN TARANTINO

BRAD
PITT

DIANE
KRUGER

KILL
BILL

KILL

QUENTIN TARANTINO/PRODUCED BY LAWRENCE BENDER

KILL BIL

THE FOURTH FILM BY QUENTIN TARA

KILL BILL

"영화를 만들 때, 나는 그 영화가 내 모든 것이 되기를 원합니다.
그 영화를 위해서라면 목숨까지 바칠 수 있을 정도로요."

"When I make a movie, I want it to be everything to me; like I would die for it."

TOM SHONE

TARANTINO
A RETROSPECTIVE

타란티노 : 시네마 아트북

제우미디어

Tarantino: A Retrospective

타란티노 : 시네마 아트북

초판 1쇄 2019년 5월 15일
초판 4쇄 2023년 7월 5일

지은이 톰 숀
옮긴이 윤철희 ㅣ **펴낸이** 서인석 ㅣ **펴낸곳** 제우미디어 ㅣ **출판등록** 제 3-429호
등록일자 1992년 8월 17일 ㅣ **주소** 서울시 마포구 독막로 76-1 한주빌딩 5층
전화 02-3142-6845 ㅣ **팩스** 02-3142-0075 ㅣ **홈페이지** www.jeumedia.com

제우미디어 트위터 twitter.com/jeumedia
제우미디어 페이스북 facebook.com/jeumedia

ISBN 978-89-5952-749-6
• 파본은 구입하신 서점에서 교환해드립니다.

만든 사람들
출판사업부 총괄 손대현 ㅣ **편집장** 전태준 ㅣ **책임 편집** 안재욱
기획 홍지영, 박건우, 장윤선, 조병준, 성건우
디자인 총괄 디자인그룹 헌드레드 ㅣ **영업** 김금남, 권혁진

CONTENTS

INTRODUCTION

쿠엔틴 타란티노가 시나리오를 쓸 때 맨 처음에 하는 일은 문구점에서 검정색과 빨간색 사인펜 여러 자루와 250페이지 분량의 공책을 사는 것이다. 그는 레스토랑, 술집, 카페 같은 공공장소는 물론 스테이션왜건의 뒷좌석 등 집이 아닌 곳이면 어디서건 시나리오를 집필했다. 하지만 최근 작품인 〈장고: 분노의 추적자Django Unchained〉는 할리우드 힐스에 있는 그의 널찍한 맨션 침실 발코니에서 썼다. 이 발코니에서는 수영장과 오렌지나무, 그리고 저 멀리 녹음 짙은 산마루들에 에워싸인 협곡이 내려다보인다. 그는 직접 녹음한 믹스테이프를 들을 수 있도록 소형 스피커 몇 개를 발코니에 설치해두었다.

타란티노는 오전 10시나 11시에 일어나 유선전화의 플러그를 뽑은 다음, 어슬렁어슬렁 발코니로 나가서 글이 잘 풀리면 6시간에서 8시간 정도 작업에 몰두한다. 그는 시나리오를 쓸 때 제일 쉬운 부분이 '대사 쓰기'라고 생각한다. 타란티노의 이야기를 들어보면, 대사를 쓰는 그의 작업은 캐릭터들이 하는 말을 상상해서 글로 쓰는 게 아니라 그들이 주고받는 말을 듣고 고스란히 글로 옮겨 적는 것에 더 가깝다. 때로는 그가 어떤 장면의 집필을 마무리했다고 생각하는 순간, 최고의 순간이 찾아오기도 한다. 예를 들어, 그는 〈저수지의 개들Reservoir Dogs〉의 강도들이 각자의 호칭으로 배정된 색깔을 놓고 언쟁을 벌이게 되리라고는 생각지 못했다. 미스터 블론드가 부츠에서 면도칼을 꺼내리라는 것도 예상치 못했다.

맞은편 | 영사된 〈펄프 픽션〉의 클립을 등지고 있는 타란티노.

오른쪽 | 2013년, 할리우드 힐스에 있는 저택에서.

"내 머리는 스펀지예요." 그가 자신의 집필 과정에 대해 한 말이다. "나는 사람들이 하는 말을 귀담아들어요. 특이해 보이는 사소한 행동들을 관찰하고요. 사람들이 농담을 하면 그걸 기억해두죠. 사람들이 자신의 흥미로운 인생사를 들려주면 그것도 기억해둡니다…… 시나리오 작업을 하면서 새 캐릭터들을 만들 때, 내 펜은 안테나 역할을 하죠. 펜이 정보를 수신하면, 캐릭터들이 난데없이 거의 완벽한 형체를 갖추고 나타납니다. 내가 하는 일은 캐릭터들이 영화에서 내뱉는 대사를 쓰는 게 아니에요. 그들이 서로에게 얘기하게끔 만드는 거죠."

타란티노는 시나리오를 쓰는 동안 툭하면 친구들한테 전화를 걸어 "좀 들어봐"라면서 그가 쓴 내용을 읽어주곤 한다. 대사를 잘 썼다는 칭찬을 들으려는 게 아니라, 캐릭터들이 내뱉는 대사가 어떻게 느껴졌는지 친구들의 생각을 들어보려는 것이다. 2004년에 시체스 영화제에서 영화평론가 엘비스 미첼과 친해진 후, 타란티노는 로스앤젤레스의 호텔 파티오에서 〈데쓰 프루프^{Death Proof}〉의 시나리오를 그에게 읽어주었다.

"심지어 자동차조차 나름의 생명을 갖고 있었습니다. 키트 2000(TV 드라마 〈전격 Z작전Knight Rider〉에 나오는 인공지능 자동차)과는 다른 의미의 생명 말입니다." 미첼은 강조했다. "캐릭터들을 존중하는 타란티노의 성향은 각각의 캐릭터들을 향한 경외심과 함께 생겨납니다. 그의 시나리오 낭독은 그가 창작해낸 캐릭터들이 자신들 각자의 삶에 대한 관심이 얼마나 깊고, 그 삶과 관련해서 남들과 논쟁하는 것을 얼마나 좋아하는지 잘 보여주니까요…… 그가 시나리오를 큰 소리로 낭독하고 이를 듣는 게 매혹적인 이유는, 캐릭터들 각자가 무척이나 위태로운 독특한 상황―대부분의 경우. 자신들의 생각을 타인이 이해해주기를 갈망하는 상황―에 처해 있기 때문입니다."

오른쪽 | 2013년에 패트릭 프레이저가 캘리포니아에 있는 저택에서 찍은 사진으로, 자신의 작품들에 둘러싸인 타란티노의 모습.

8

시나리오 집필 작업이 마무리되면 타란티노는 옛 연인이 남겨두고 떠난, 스미스 코로나 타자기 겸 워드프로세서를—〈저수지의 개들〉이후로 줄곧 사용해온—를 독수리 타법으로 두들겨 시나리오를 타이핑한다.

IQ가 160이나 되지만 난독증이 있는 타란티노는 로스앤젤레스의 하버 시티에 있는 중학교를 9학년 때 중퇴했다. 그는 철자법도 엉망이고 구두점도 제대로 못 찍기 때문에—"내가 쓴 글은 해독이 불가능하다"고 그는 주장했다—친구나 타이피스트에게 자신을 대신해 정서해달라며 시나리오를 넘겨주는 일이 빈번하다. 그런 과정을 거쳐 적절한 모양새를 갖춘 시나리오가 완성되면, 시나리오 사본을 30부에서 35부 정도 만들고 그의 맨션에서 파티를 연다.

"미라맥스 대표를 비롯한 몇몇 다른 사람들에게 시나리오를 발송해요. 그런 후에는 파티에 나타난 친구들이 각자의 사본을 챙기고, 우리는 시나리오 완성을 축하하는 의미로 샴페인을 마시죠. 온종일, 사람들이 우리 집에 찾아와 자기 몫의 사본을 챙겨갑니다. 나는 시나리오에 워터마크 같은 걸 표시하지는 않아요. 우리는 수다를 떨고 빈둥거리면서 기분 좋게 먹고 마셔대죠."

타란티노의 저택 내부는 사방의 벽이 영화 포스터로 뒤덮여 있다. 또한 〈펄프 픽션Pulp Fiction〉의 미아 월러스, 〈재키 브라운Jackie Brown〉의 루이스와 멜라니, 맥스 체리, 〈저수지의 개들〉의 미스터 블론드의 청동 조각상이 자리하고 있다. 모두 타란티노가 텍사스의 어느 아티스트에게 의뢰해서 제작한 것들이다. 저택의 부속 건물에 있는 영화관은 옛날 극장과 비슷한 형태로 설계되었다. 바닥 전체에 다이아몬드 무늬의 카펫이 깔려 있고, 낮은 황동 봉들이 벨벳 로프들을 지탱하고 있으며, 50석쯤 되는 붉은 객석이 졸업식장 대열로 배치되어 있다. 극장 맨 앞에는 타란티노가 혼자 영화를 볼 때 앉는 빨간 소파가 놓여 있다. 극장에서 심야 동시상영을 보고 귀가한 후, 그가 자택에 마련한 극장으로 들어가 머리를 젖히고 입은 약간 벌린 채 똘망똘망한 눈으로 그날의 세 번째나 네 번째 영화를 보는 건 그리 드문 일이 아니다.

쿠엔틴 타란티노를 인터뷰한 글들에 등장하는 클리셰들—'따발총 쏘듯 떠들어대는 수다쟁이'에다가 '미친 듯한 말발'을 쏟아내는 등장인물은 항상 '느릿느릿' 방에 들어와 '정신 사나운 몸짓을 해댄다'—을 가장 잘 아는 사람은 인터뷰 당사자다. 그런데 그는 놀라울 정도로 나긋나긋한 목소리로 이야기할 수 있고, 그의 손짓은 여성스럽기까지 하다. 그리고 자신의 견해를 밝힐 때면 턱 보조개를 만지는 경우가 잦다. 타란티

> **"나한테 쿠엔틴 타란티노 캐릭터를 집필하라면, 떠들썩하면서도 사랑스럽고 여린 캐릭터를, 사람들이 도무지 믿지 못할 정도로 여린 캐릭터를 만들어낼 겁니다. 그리고 무엇보다도 그 캐릭터는 정신 나간 인간 말종이 될 거예요."**
> —폴 토머스 앤더슨

1994년에 마틴 굿에이커가 찍은 사진으로, 특유의 시그니처 포즈를 취한 타란티노.

노가 말을 할 때면 그의 자존심이 펄떡거리면서 강렬한 목소리를 내고 있다는 게 느껴진다. 그럼에도 영화 이야기가 나오면 자신의 연출작과 남들의 작품을 가리지 않고 한없는 열정을 보여주는 모습을 보면, 그는 대단히 자존심이 센 사람이면서 동시에 타인들에게 관대한 사람인 듯 보인다.

"나한테 쿠엔틴 타란티노 캐릭터를 집필하라면, 떠들썩하면서도 사랑스럽고 여린 캐릭터를, 사람들이 도무지 믿지 못할 정도로 여린 캐릭터를 만들어낼 겁니다. 그리고 무엇보다도 그 캐릭터는 정신 나간 인간 말종이 될 거예요." 그의 친구인 영화감독 폴 토머스 앤더슨이 2003년, 잡지 『베니티 페어』와의 인터뷰에서 한 말이다. "그러고는 배짱 두둑하고 느릿느릿한 걸음걸이에 점잖고 차분한 분위기를 풍기는 배우를 캐스팅할 겁니다."

그 점잖은 모습이 가장 많이 드러날 때는 연기자들과 함께 있을 때다. 연기자이기도 한 그는 배우들을 캐스팅하는 과정에서, 마치 오프라 윈프리가 그녀의 쇼에 출연한 출연자의 소원을 성취해주고 그들을 즐겁게 해주는 것과 유사한 상황을 즐긴다. 타란티노는 특정 역할을 집필할 때 염두에 두었던 연기자에게 공적인 의사소통 채널들을 건너뛰고, 자신이 직접 출연 의사를 타진하는 경우가 많다.

"런던에서 연극 공연을 하던 중이었어요. 어느 날 밤, 막이 내려간 후 쿠엔틴이 분장실에 나타났어요." 대

〈킬 빌, 2003〉의 엘르 드라이버
역할을 집필할 때 염두에 뒀던
배우 대릴 한나와 함께

릴 한나는 타란티노가 〈킬 빌Kill Bill〉에 자신을 캐스팅한 과정을 이렇게 설명했다. "연극을 공연하는 나를 보려고 런던으로 날아왔다고 하더군요. 나를 염두에 두고 집필한 그 영화의 배역에 대해 얘기해주고 싶어서요. 나는 그를 생전 처음 만나는 거였죠. 그는 어떤 케이블 영화에서 나를 봤다고 했어요. 난 본 적도 없고 제목조차 기억 못하는 영화에서 말이에요. '이런, 몰래카메라는 어디에 있는 걸까?' 하고 생각했어요. 그 말을 믿어야 할지 말아야 할지 모르겠더군요. 그런데 몇 달 후에 그가 보낸 시나리오가 도착했어요. 기막힌 시나리오더군요."

타란티노는 캐스팅과 관련한 최종 결정을 내리기에 앞서, 영화의 주인공을 맡길까 고려 중인 배우와 어울려 시간 보내는 걸 좋아한다. 이 과정은 〈저수지의 개들〉을 캐스팅할 때 선셋 스트립에서 팀 로스와 술잔을 비우며 저녁을 보낸 이후, 확고하게 자리 잡은 관행이다. 존 트라볼타를 〈펄프 픽션〉에 캐스팅하기 전에, 타란티노는 트라볼타를 자신의 아파트로 초대했다. 그리고 그 만남은 동틀 무렵 「내가 원하는 사람은 바로 너You're the One That I Want」(존 트라볼타가 출연한 영화 〈그리스Grease〉의 삽입곡)를 함께 부르는 것으로 끝났다.

타란티노는 길게, 가끔은 10분 정도 컷 없이 촬영하는 걸 좋아한다. 이것은 그가 〈저수지의 개들〉에서 처음 확립한 스타일이다. 세트장에서는 사방팔방 뛰어다니며 모두를 향해 소리를 질러대고 드릴 소리처럼 요란한 웃음소리를 90초에 한 번씩 터뜨리지만, 연기자들에게 연기 지시를 할 때면 그들에게 바짝 붙어 서서 귓속말로 소곤거린다. "쿠엔틴은 디렉션을 줄 때, 배우들의 귀에 대고 속삭입니다. 멋진 일이죠. 그렇게 디렉션을 받고 나면 그와 공범이 된 듯한 기분에 사로잡힙니다." 〈킬 빌〉을 만드는 동안 데이비드 캐러딘이 한 말이다. "그는 굉장히 들떠 있어요. 자신이 포착하려고 시도하는 순간들이 관객에게 안겨줄 충격에만 극단적으로 몰두해 있죠…… 그는 강박증에 빠진 선지자와 맹목적인 모성애를 베푸는 어머니 사이에 존재하는, 면도날처럼 가느다란 경계선 위를 걷는 사람입니다."

타란티노는 비디오 모니터를 사용하지 않고 작업하는 몇 안 되는 감독에 속한다. 그는 각각의 숏 촬영을 시작하기 전에 해당 숏의 프레이밍을 확인한 후, 카메라 앞에서 벌어지는 상황에 모든 집중력을 쏟아붓고 이를 촬영 내내 유지한다. 〈펄프 픽션〉의 잭 래빗 슬림스에서 벌어지는 댄스 신을 촬영하는 동안, 그는 프레임 바로 밖에서 존 트라볼타와 우마 서먼과 함께 춤을 췄다. 그들의 춤이 끝나자 두 배우에게 박수갈채를 보내며 말했다. "두 분은 13시간 동안 우리를 완전히 사로잡았어요."

타란티노는 영화를 촬영하는 동안 제작진에게 많은 영화를 보여준다. "쿠엔틴은 우리가 살아가면서 만나게 될 사람들 가운데 영화에 대한 지식이 가장 해박한 사람입니다. 그리고 그 지식이 그날의 촬영에 영향을 끼치죠." 브래드 피트가 〈바스터즈: 거친 녀석들Inglourious Basterds〉 촬영 당시를 떠올리며 한 말이다. 그 영화를 촬영하는 동안 매주 목요일은 '영화 감상의 밤'이었고, 타란티노 감독은 〈석양에 돌아오다The Good, the Bad and the Ugly〉부터 독일의 프로파간다 영화들, 그리고 〈지옥의 용병들Dark of the Sun〉처럼 세상에 알려지지 않은 보석 같은 작품들까지 온갖 영화를 상영했다.

타란티노는 한 주의 촬영이 종료되면 파티를 열곤 했는데, 토요일 늦게까지 파티를 즐기다가 일요일은 온종일 잠을 자면서 월요일 촬영을 준비한다. "쿠엔틴은 재미를 찾는 문제만큼은 무척이나 단호합니다." 캐러딘은 말했다. "결연하고 굳은 마음가짐으로 재미를 추구하죠. 쿠엔틴의 그런 모습은 대단히 매력적이라서 도저히 거부할 수가 없어요. 그리고 그가 재미를 찾는 데 실패하는 일은 결코 없습니다." 〈킬 빌〉을 작업할 때, 타란티노와 제작진은 밤새 영업하는 베이징의 술집들을 휩쓸고 다녔고, 만리장성에서 엑스터시를 복용하기도 했다. 〈장고〉를 촬영할 때는 뉴올리언스의 술집들을 돌아다녔다. "우리는 아침 6시, 7시까지 술집에 죽치고 있다가 낮에는 종일 잠만 잤어요. 일요일에는 영화 한 편을 보는 것으로 원기를 되찾고, 월요일이 되면 촬영장에 복

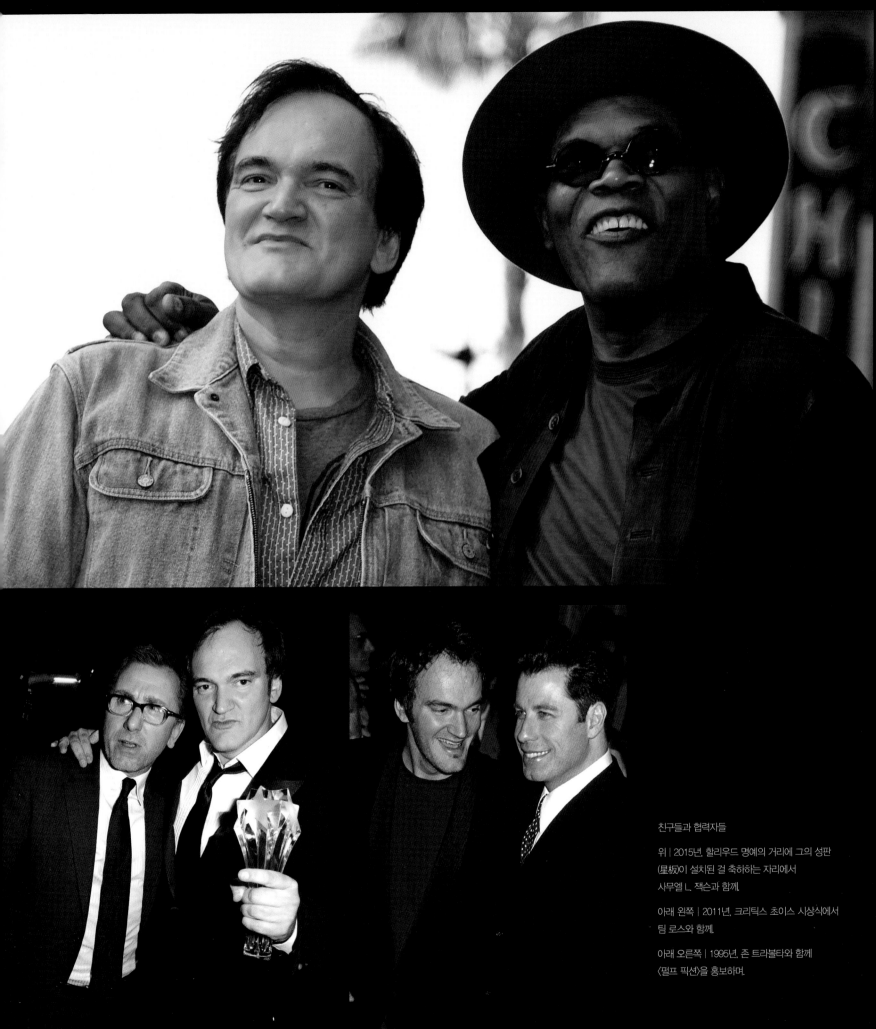

친구들과 협력자들

위 | 2015년. 할리우드 명예의 거리에 그의 성판 (星板)이 설치된 걸 축하하는 자리에서 사무엘 L. 잭슨과 함께.

아래 왼쪽 | 2011년, 크리틱스 초이스 시상식에서 팀 로스와 함께.

아래 오른쪽 | 1995년, 존 트라볼타와 함께 〈펄프 픽션〉을 홍보하며.

귀하곤 했죠." 타란티노가 한 말이다. "주말에는 한 대 거하게 빨고 종일 빈둥거리는 게 전부입니다. 가게 문 닫아걸고 마냥 쉬는 거죠."

샐리 멘케는 2010년 브론슨 캐넌에서 열사병으로 돌연 세상을 떠나기 전까지, 스튜디오보다는 특별히 개조한 주택에서 작업하며 〈저수지의 개들〉부터 〈바스터즈〉까지 타란티노의 모든 영화를 편집했었다. 〈킬 빌〉을 만들 무렵, 본능적이고 직감적인 수준에서 작업 리듬을 맞추게 된 두 사람은 촬영에 들어간 후 5개월이 지날 때까지 한마디도 의견을 주고받지 않았다. 멘케가 〈킬 빌〉 2부작의 러프 컷을 편집하는 동안, 타란티노는 촬영을 계속했다.

"우리는 영화를 만드는 데 있어서 부부지간 비슷한 사이예요." 멘케가 두 사람의 공동 작업에 대해 한 말이다. "타란티노에게 중요한 건 섞고 결합하는 거예요. 우리는 다른 영화들과 다른 신들을 꼼꼼히 연구해요. 순전히 우리 영화의 신을 위해 필요한 느낌이나 분위기를 얻기 위해서죠. 예를 들어 〈킬 빌〉에서 우마가 크레이지 88과 대결하는 신을 위해, 우리는 그 신의 편집 방향을 잡고자 세르지오 레오네의 클로즈업 장면들을 자세히 살펴봤어요. 우리 스타일은 오마주를 바치는 게 아니라 모방하는 거예요. 그건 우리 영화가 새로운 장르 내부에서 신선한 느낌을 자아낼 수 있도록 영화 언어의 새로운 맥락을 설정하는 작업이죠. 믿기 어려울 정도로 세밀하고 꼼꼼한 작업이었어요."

타란티노는 자신의 영화를 보러 온 관객들을 열심히 관찰하는 사람이기도 하다. 그는 〈재키 브라운〉이 개봉되었을 때 그 영화를 매직 존슨 극장에서 열세 번 봤고,

왼쪽 | 2006년에 〈데쓰 프루프〉 촬영장에서 숏의 프레임을 잡는 모습.

위 | "영화 작업을 할 때는 부부지간이나 다름없는 사이." 쿠엔틴의 친구이자 편집감독인 샐리 멘케와 함께 2007년, 비벌리 힐스에서 열린 미국 영화편집감독 시상식에서 함께한 모습.

위 | "위대한 아티스트들은 훔쳐오지 오마주를 하지는 않는다." 〈킬 빌〉 격투 신들의 편집은 세르지오 레오네의 클로즈업 장면들을 모델로 삼았다.

맞은편 | 2009년에 스펜서 웨이너가 찍은 사진

〈데쓰 프루프〉에 대한 관객의 반응을 확인하고자 노란색과 검정색이 섞인 무스탕을 몰고 로스앤젤레스 곳곳에 있는 극장 여덟 군데를 돌아다녔다. 그는 크리스마스 당일, 자신이 자란 곳이자 〈재키 브라운〉의 상당 부분을 촬영한 토런스의 델 아모 몰에서 오전 11시쯤 〈헤이트풀8〉을 상영하는 극장에 들어가기도 했었다.

영화를 감상하는 경험을 바라보는 타란티노의 관점들은 역설적이다. 한편으로는 영화를 감상하는 경험이야말로 철저히 주관적인 경험으로 본다. 그는 이런 말을 한 적이 있다. "백만 명이 내 영화를 볼 경우, 관객들 각자가 저마다 달리 기억하는 백만 편의 영화가 될 수 있도록 작품을 만들고 싶습니다." 이런 이유로 그는 〈저수지의 개들〉이라는 제목이 무슨 뜻인지, 또는 〈펄프 픽션〉의 서류 가방에 들어 있는 게 무엇인지를 놓고 벌어지는 논쟁에 끼는 걸 꺼린다. 동시에 그는 이렇게 덧붙였다. "나는 관객의 감정을 갖고 노는 걸 좋아합니다. 반대로 내가 그런 일을 당하는 입장이 되는 것도 좋아하고요. 그게 내 스타일입니다. 감독과 관객의 관계는 SM적인 관계입니다. 관객이 M이죠. 이 관계는 아주 짜릿한 관계입니다! 그 관계가 제대로 형성되면 영화를 본 관객이 극장에서 나와 파이를 먹을 때, 그 관객의 손에는 얘깃거리로 삼을 만한 구라 몇 가지가 쥐어져 있어요. 바로 그런 밤이야말로 진정으로 영화를 즐긴 밤이죠!"

타란티노를 지금과 같은 영화감독으로 만든 것이 이 두 가지 태도—관객을 묶고 있는 사슬을 거칠게 잡아당기는 상냥한 사디스트 감독, 그리고 관객의 주관성에 먹잇감을 제공하는 다정한 연인—사이에서 빚어지는 긴장이다. 그는 자신이 객석의 맨 앞줄에 앉아 있다고 생각하면서 영화를 연출한다.

"무엇보다도 나는 영화광입니다." 그는 〈저수지의 개들〉로 순식간에 영화계의 총아가 된 1992년에 인터뷰어들에게 이렇게 말했었다. 이어서 "무엇보다도 나는 영화밖에 모르는 괴짜예요."라는 말도 덧붙였다. 감독들 대다수는 자신들 내면에 존재하는, 견습생 같은 미성숙한 면을 드러내며 유쾌하게 자기비하적인 분위기로 말했을 테지만, 타란티노는 명예로운 훈장을 가슴에 달고 있는 투로 말했었다. 몇 가지 점에서 그는 자신을 영화감독 이전에 영화광으로 여긴다. 그리고 그런 관점이 타란티노의 정체성, 그 핵심을 형성한다.

타란티노는 맨해튼 비치의 비디오 아카이브에서 일할 때 브라이언 드 팔마의 신작들—1983년에는 〈스카페이스Scarface〉, 1984년에는 〈침실의 표적Body Double〉—에 대한 기사들을 오려서 영화가 개봉될 때까지 몇 달간 스크랩북에 정리하곤 했다. 영화가 개봉된 날, 그는 정오에 혼자 1회 상영을 보러 갔었다. 그 후에는 플롯을 이미 숙지했기 때문에 더 이상 플롯에 신경 쓰지 않아도 되는 상태에서 친구와 함께 그 영화의 심야상영을 보러 가고는 했다.

"열일곱 살부터 스물두 살까지, 그해에 재상영관을 포함한 영화관에서 본 모든 영화의 리스트를 작성했습니다." 타란티노는 말했다. "신작일 경우에는 그 영화 옆에 적힌 숫자에 동그라미를 쳤어요. 그런 후 좋아하는 영화들을 뽑아서 나만의 작은 시상식을 거행했죠. 당시에 내가 본 영화의 수는 해마다 항상 비슷했습니다. 197이나 202였죠. 그때는 빈털터리나 다름없는 시절이었는데도 내 돈으로 극장 입장료를 지불했어요. 가장 열심히 영화를 보러 다니던 그 시절에 내가 1년에 본 영화의 수는 평균 이백 편이었습니다."

장—뤽 고다르는 쇼핑카트에 앉아 경량 아리플렉스 카메라로 〈네 멋대로 해라Breathless, 1960〉를 촬영하면서 미국 갱스터 영화의 문법을 박살 내고 그만의 독보적인 재즈 스타일로 영화적 문법을 재구성했다. 그 작업은 결국 독립영화의 본보기를 세상에 제공하는 셈이 되었다. 타란티노도 폭발적인 폭력과 롱 테이크, 햄버거부터 마돈나까지 만물에 대한 유쾌하면서도 불경한 리프가 뒤섞인 〈저수지의 개들〉과 〈펄프 픽션〉으로 그와 유사한 일을 해냈다. 또한 독립영화로서는 두 번째로 흥행 수입 1억 달러 반열에 진입하는 길을 개척했다. 작가 클랜시 시걸의 표현에 따르면, 타란티노는 '죄책감을 느끼면서도 터뜨릴 수밖에 없는 폭소와 가학적인 잔혹함이 한곳으로 모이는 할리우드의 교차로'에 서 있다.

고다르의 영화들처럼, 타란티노의 영화들도 다른 영화들에서 차용한 요소들과 레퍼런스들, 그 영화들에 바치는 오마주들로 반짝거린다. 이 영화에서 대사를 가져오고 저 영화에서 신을 가져오며, 이 시나리오에서 캐릭터를 데려오고 저 영화에서 특정 상황을 뽑아온 다음, 급격한 좌회전을 감행해 클리셰를 허공에 붕 떠 있게 만들어버린다.

"그걸 표절이라고 불러도 좋고, 상호텍스트성이라고 불러도 좋다. 타란티노는 어느 쪽이든, 그것이 무엇이

"나는 나 자신을 감독으로
여기기보다는 보석 같은
영화로 가득한 보물단지를
끌어안고 있는 사람이라고
생각합니다.
그 보물들을 꺼내서 예전에는
결코 함께 짝지어진 적 없던
조합으로 묶어내지요."

"오랫동안 영화를 내 인생에서 제일가는 존재로 사랑해왔습니다.
안 그런 적이 있었는지 이젠 기억도 못하겠어요."

아래 | 자신의 연출작에서 단역을 자주 맡는 타란티노는 그의 첫 메이저 영화 〈저수지의 개들, 1992〉에서 도주 차량 운전사 미스터 브라운을 연기했다.

든 자신의 것으로 만들어버리는 능력을 갖고 있다." 제임스 모트램이 저서 『선댄스 키드들 The Sundance Kids』에 쓴 글이다. 1993년에 그레이엄 풀러는 타란티노를 "포스트모던 작가감독이라기보다는 포스트-포스트모던 작가감독"이라고 칭했다. "그는 앞선 작품들에서 스스로 생겨났거나, 그런 작품들의 영향을 받았거나, 그런 작품들을 통해 이해하기 쉬운 형태로 다듬어진 대중문화의 산물들과 아이디어들에 열광적인 관심을 보이기 때문이다." 타란티노가 대중문화를 인용하는 이유는, 그런 연결고리를 만들어내는 자신이 똑똑하다는 걸 과시하거나 그런 농담을 알아듣는 관객들을 자랑스러워해서가 아니다. 모든 이들이 그 결과로 빚어지리라 예상되는 과실들을 손에 쥐고서 곡예를 부릴 수 있기 때문에 그런 작업을 하는 것이다. 그가 원하는 건, 무엇보다도 한바탕 잘 노는 것이다.

"영화 열 편 중 아홉 편은 시작된 지 10분 안에 그 영화가 어떤 종류의 영화가 될 것인지를 관객에게 알려줍니다. 이 법칙은 개봉관을 잡지 못하는 영화들을 제외한, 극장에서 개봉된 다수의 독립영화들에도 적용됩니다." 타란티노는 말했다. "영화는 관객들이 그 영화를 관람하려면 기본적으로 알고 있어야 할 모든 걸 알려주죠. 영화가 좌회전할 준비를 마치는 동안, 관객들은 왼쪽으로 몸을 기울이기 시작합니다. 영화가 우회전할 준비를 하는 동안에는 오른쪽으로 몸을 기울일 채비를 하죠. 영화가 관객을 빨아들이려고 하면, 관객들은 스크린에 바짝 몸을 기울입니다. 관객은 스크린에서 무슨 일

이 일어날지 알고 있어요. 관객들은 자신이 이를 안다는 사실을 모르지만, 실은 무슨 일이 벌어질지 알고 있다는 것만큼은 확실합니다. 관객들은 자신들이 따라가고 있다는 사실조차 감지하지 못했던 빵부스러기들을 흩트러서 엉망으로 만들고, 관객들이 예상하는 뻔한 법칙을 거스르면 굉장히 재미있습니다. 그렇게 하면 관객들은 영화 관람 경험을 제대로 체험하면서 영화에 완전히 몰입할 수 있어요. 그렇습니다, 나는 그저 스토리텔러로서 그런 작업을 하는 데 관심이 있어요. 다만 영화에서 뛰는 심장박동은 인간의 심장박동이어야만 합니다."

그가 처음 영화계에 등장했을 때, 그 즉시 타란티노를 향한 비난에 가까운, 하지만 전적으로 그릇된 평가가 만장일치로 쏟아져 나왔다. 이를테면 현실 세계와는 아무런 연관도 없는 지독히도 폭력적인 영화들을 만들고 피로 철퍽거리는 스펙터클을 연출하는 풋내기 거장이 여기 있노라, 아수라장을 연신 끌어모으는 피리 부는 사나이가 여기 있노라며 비난했다. 그리고 평론가들이 써대는 리뷰들마다 동일한 주문을 거듭해서 읊었다. 폭력, 폭력, 폭력. 그런 리뷰에는 이런 문구도 달려 있었다. '어찌 됐건 리얼리티와는 아무 관련이 없음.' 영화평론가 데이비드 톰슨은 이렇게 평했다. "타란티노는 하워드 혹스의 영화들에서 언급하는 삶을 실제로 살아본 건 고사하고, 모르는 것 같다. 그의 캐릭터들은 모두 현실에 존재하는 연기자들과 연기 클래스에서 가져온 것들이다. 타란티노가 실제로 알고 지내는 갱스터는 거의 없다는 데 내기를 걸어도 좋다. 그는 박살 난 사람의 머

리를 본 적이 단 한 번도 없는 게 확실하다. 그런데 그는 미국 영화 역사에 장식된 모든 휘장들을 소중한 보물처럼 여긴다." 이런 비난이 여러 차례 거듭된 탓에 타란티노의 동료들조차 그런 표현을 되풀이해서 사용하기 시작했다. "쿠엔틴의 작품과 관련해서 사람들이 보여준 문제점 하나는 그가 만든 영화는 실생활에 대한 이야기가 아니라, 다른 영화들에 대한 이야기를 들려준다고 생각하는 겁니다." 〈펄프 픽션〉을 타란티노와 공동으로 집필했던 로저 아바리는 말했다. "영화를 만드는 중요한 비법은 실제 삶을 사는 것, 그런 다음에 그 삶에 대한 영화를 만드는 겁니다."

공정하게 말하면 타란티노는 다음과 같은 말로 인터뷰어들을 낚으면서 자신에 대한 근거 없는 통념이 세상에 퍼지는 걸 방조하고 부추겼다. "내게 있어 폭력은 철저히 미학적인 주제입니다. 당신이 영화에 등장하는 폭력을 좋아하지 않는다고 말하는 건, 영화에 등장하는 댄스 시퀀스를 좋아하지 않는다고 말하는 것과 비슷합니다." 또한 "나는 '불필요한'이라는 단어가 무슨 뜻인지 모릅니다."라고 말했다.

그런데 영화를 보면서 보내는 삶도 여전히 삶이다. 타란티노의 영화들은 사람들이 생각하는 것보다 훨씬 더 깊이 그가 겪었던 특별한 경험들의 리듬을 반영하는데, 이건 '자전적인 작품들'이라고 말하는 것과는 다른 말이다. 그는 자신이 만든 "영화 매체의 관습들을 받아들이고 그것들을 페티시처럼 숭배하는 영화 우주"를 배경으로 삼은 〈킬 빌〉 같은 영화들과 〈펄프 픽션〉과 〈저

수지의 개들〉처럼, 현실과 영화 매체의 관습들이 충돌하는 공간인 다른 우주"가 배경인 영화들 사이를 뚜렷하게 구별한다. 그가 만든 최고작은 그 두 세계가 충돌하면서 생겨난 충격파로 가득하다. 플롯들은 몹시 가파른 각도로 갑자기 궤도를 이탈하고, 자제력을 잃거나 옥신각신한다. 또한 상황이 어떻게 돌아가는지 모르거나 화장실에 앉아 있는 바람에 전체적인 상황을 파악하지 못한, 영화하고는 거리가 먼 캐릭터들의 해프닝이 쏟아진다. 총은 오발되고, 토스트가 구워져 튀어나오는 순간에 총에 맞고, 도둑들은 어떤 색깔의 이름을 고를지 이름을 두고 사이가 틀어진다. 관객들은 그런 상황

위 | 그가 매입한 웨스트 로스앤젤레스의 뉴 비벌리 극장에서 2007년에 찍은 사진. 그는 지금도 그곳에서 무척이나 많은 월간 프로그래밍과 필름 영화의 단독 시사회들을 진행하고 있다.

줄스

그럼 그 사람들은 그걸 뭐라고 부르는데?

빈센트

로얄 치즈.

줄스

(따라하며)

로얄 치즈. 그럼 빅 맥은 뭐라고 불러?

빈센트

빅 맥은 빅 맥인데, 르 빅 맥이라고 불러.

줄스

(웃으며)

와퍼는 뭐라고 불러?

빈센트

몰라, 버거킹에는 안 가봤어.

이 대화에서 진정으로 위대한 점은 끝부분을 장식하는 썰렁한 분위기다. 빈센트가 내놓는 그릇된 결론은 앞서 등장한 대사들만큼이나 관객들에게서 큰 웃음을 자주 끌어낸다. 타란티노보다 실력이 떨어지는 작가라면 빈센트에게 더 재치 있는 결말을 안겨줬겠지만, 타란티노의 예민한 귀는 평범한 대화에서 헛다리를 짚게 만드는 사소하고 기이한 문제들과 불발탄에 충실한 요소를 찾아낸다. "어쩌면 시나리오 작가로서 그가 가진 가장 뛰어난 재능은 사람들이 나누는 얘기를 귀담아듣는 데 철저히 몰입하는 성향일 것이다." 영화평론가 엘비스 미첼이 쓴 글이다. "그는 특히 언어를 통해 자신들을 표현하는 데 굉장한 자신감을 가진 사람들의 대화, 이를테면 로버트 타운의 일부분과 체스터 하임스의 일부분, 패트리샤 하이스미스의 일부분이 녹아 있는 듯한 대화를 듣는 데 몰입한다."

달리 말해, 타란티노랜드에는 리얼리티가 풍부하다. 다만 그의 영화들이 보여주는 화사한 팝-아트 프로덕션 디자인이나 장르적인 요소들을 쌓은 후 관객에게 윙크를 보내는 아상블라주(폐품 따위의 잡다한 물건들을 모아 만든 예

을 알아차리고 폭소를 터뜨린다. 관객들이 실제로 다이아몬드 강도질을 해봤거나 토스트가 구워져 나오는 순간 누군가에게 총질을 해본 적이 있어서 웃음이 터지는 게 아니다. 타란티노의 캐릭터들이 입을 열면 다음과 같은 대사들이 흘러나오기 때문이다.

빈센트

파리에서는 맥도날드에서 맥주를 살 수 있어. 근데 말이야, 파리에서 쿼터 파운더 치즈를 뭐라고 부르는지 알아?

줄스

거기서는 쿼터 파운더 치즈라고 안 해?

빈센트

그래, 프랑스는 미터법을 쓰잖아. 그들은 쿼터 파운더가 졸라 뭔지를 몰라.

술 작품)에는 리얼리티가 존재하지 않지만, 그의 캐릭터들이 입을 열 때마다 리얼리티가 빚어진다. 그의 영화들은 영화와 현실 사이의 깊은 구렁을 다룬 블랙코미디로, 이 구렁에서는 사람들이 말을 주고받는 방식을 통해 리얼리티를 공급한다. 혁명적인 아이디어들이 모두 그렇듯, 타란티노가 보여준 통찰 역시 지금 보면 너무 빤해 보인다. 그런데 그 통찰은 다음과 같은 단순한 견해에 의지한다. 언젠가 그는 "대다수의 사람들은 우리의 삶이 가진 플롯에 대해서는 이야기하지 않습니다"라고 강조했다. "우리는 온통 세상 돌아가는 형편에 대해 이야기합니다. 헛소리를 해대죠. 흥미로운 것들에 대해서도 이야기를 나누고요. 갱스터들은 갱스터 영화의 플롯과 관련이 있는 이야기만 하면서 살지는 않습니다. 갱스터라고 해서 총알을 닦으며 이 살인과 저 살인에 대한 얘기만 하면서 살지는 않는다는 겁니다. 그들은 라디오에서 들은 이야기, 간밤에 저녁으로 먹었던 닭요리에 대한 얘기도 떠들며 삽니다. 만났던 여자에 대해 떠들기도 하고요."

맞는 말이다. 〈대부The Godfather, 1972〉의 갱스터들이 살갑게 둘러앉아 좋아하는 노래의 가사에 대해 도란도란 이야기하지 않았던 건 확실하다. 마틴 스콜세지의 〈좋은 친구들Goodfellas, 1990〉 역시 좋아하는 TV 프로그램을 놓고 논쟁을 벌이지 않았다. 물론 〈비열한 거리Mean Streets, 1973〉의 당구장 장면에서 '무크'라는 단어에 대해 벌이는 논쟁은, 타란티노 영화의 캐릭터들이 입에 걸레를 물고 떠들어대는 듯한 거친 대화의 명백한 선구자이지만 말이다. 그가 등장하기 전까지, 영화에 등장하는 캐릭터들은 타란티노와 그의 친구들처럼 열심히 영화를 보러 다니지 않았다는 설정이 일반적이었다. 그런데 비디오와 홈시어터 혁명이 일어난 1980년대 말, 대중문화가 사람들의 삶에 깊숙이 침투하면서 대중문화의 레이더에 그런 경향이 서서히 포착되기 시작했다. 1990년, 시트콤 〈사인필드Seinfeld〉의 제리와 조지는 슈퍼맨에게 유머감각이 있느냐는 여부를 놓고 입씨름("슈퍼맨이 정말로 재미있는 말을 하는 건 들어본 적이 없어.")을 벌이곤 했다. 1988년 영화 〈다이 하드Die Hard〉에서 앨런 릭먼이 연기하는 한스 그루버는 존 맥클레인(브루스 윌리스)을 조롱한다. "파산한 문화가 낳은 또 다른 고아인가? 자신을 존 웨인으로 생각하는? 아니면 람보?" 이에 맥클레인이 대꾸한다. "사실 나는 늘 내 자신이 부분적으로 로이 로저스와 비슷한 놈

이라고 생각했어…… 이피 카이 예이(다이하드 전 시리즈에 걸쳐 등장하는 대사로 맥클레인의 시그니처이자 감탄사), 이 개새끼야!" 타란티노가 집필하진 않았지만 타란티노의 분위기를 물씬 풍기는 최고의 대사다.

"그는 관객이 생각하는 방식을 읽어내려는 듯 보인다. 그리고 활력이라고는 찾아볼 길 없는 시나리오들을 2분간 지켜보는 고역을 치를 때마다 그런 상황을 얼마나 역겨워하는지 파악한 듯하다." 사라 커가 『뉴욕 리뷰 오브 북스』에 쓴 〈펄프 픽션〉 리뷰의 일부다.

이후로 타란티노는 그 어느 영화감독도 하지 못한 방식으로 90년대 중반의 시대정신과 소통했다. 그는 데이비드 마멧이 1980년대의 연극 관객들에게 쏟아낸 것과 무척 유사한 방식으로 유쾌하고 격렬하게 온갖 불경한 대사를 동원하여 영화 관객들의 귀를 다시 조율했다. 그는 폭력이 재미를 주는 요소로써 주류 영화에 진입할 수 있다는 아이디어를 세상에 소개했고, 한 세대 전체의 영화감독들에게 과도할 정도로 깊은 인상을 남겼다. 〈펄프 픽션〉이 개봉한 이후로 몇 년간, 〈나쁜 녀석들Bad Boys〉부터 〈러브 앤 A. 45Love and a 45〉까지, 〈럭키 넘버 슬레빈Lucky Number Slevin〉과 〈유주얼 서스펙트The Usual Suspects〉, 〈넘버원이 되는 법Too Many Ways to Be No. 1〉까지, 범죄를 저지르는 동안 대중문화와 관련된 수다를 끊임없이 지껄이는 캐릭터들을 등장시킨 영화들을 보지 못하고 지나치는 건 불가능한 일이 되어버렸다. "캘리포니아 남부에서, 손 글씨라는 수준 낮은 테크놀로지로 끼적거리는 시나리오 작가들이 타란티노의 DIY 시나리오 집필 방식을 흉내 내고 있지 않은 카페나 공공도서관, 스테이션왜건의 뒷자리를 찾아내려면 한참 애를 먹어야 할 것이다." 미첼은 밝혔다. "타란티노의 트레이드마크인 땀자국과 커피 자국으로 얼룩진 시나리오를 자신들의 작품—애초부터 구제처럼 보이게끔 제조한 마틴 마르지엘라 구두의 영화 버전—에서 재연하고자 애쓰는 동안, 노란 연습장과 작문 노트에 빠져버릴 듯 고개를 숙이는 바람에 골격이 비틀리고 근육에 무리가 온 시나리오 작가들은 웨스트사이드의 척추 교정 전문가에게 몸을 맡겨 치료를 받아야만 하는 신세가 될 것이다."

모방자들이 우후죽순처럼 생겨나던 현상도 지금은 희미해진 과거사가 됐다. 〈저수지의 개들〉이 개봉하고 25년이 지나면서, 그 영화가 묘사하는 폭력에 대한 논란은 진기한 옛일이 된 듯하다. 평론가들은 〈저수지의

아래 | 타란티노 풍. 타란티노에게서 영감을 받은 영화들인 브라이언 싱어의 〈유주얼 서스펙트, 1994〉와 폴 맥기건의 〈럭키 넘버 슬레빈, 2006〉.

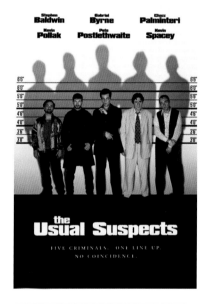

개들〉을 그저 "스타일 면에서 영화적인 아수라장을 연출한, 현란하고 대담한 작업"이었다고 생각했었다. 이후로 그들은 〈킬 빌〉이 나올 때까지 기다려야만 했다. 그런데 오늘날의 타란티노는 그때와는 다른 감독이다. 그는 초기 작품들에서 보여줬던 세상 물정에 빠삭한 내용을 담은 해체적인 코미디를 〈바스터즈〉와 〈장고〉처럼 시대극이면서도 사납게 날뛰는 통속적인 희가극으로 바꿨다. 왕년의 앙팡 테리블 타란티노는 쉰네 살(2019년 들어 쉰일곱 세) 먹은 오스카 2회 수상자다. 그리고 그가 한때 언급했던 권위 있는 협회의 일원이 되었다.

"나는 더 이상 할리우드의 아웃사이더가 아닙니다." 그가 감독 경력을 시작하고 처음 20년간 가입을 거부한 것으로 유명한 감독 조합에서 열린 〈장고〉 시사회에서 한 말이다. "나는 개인적으로 많은 감독을 알고, 그들을 좋아합니다. 그들도 나를 좋아하고요. 나는 이 커뮤니티에서 꽤 괜찮은 구성원이라고 생각합니다. 개인으로도 그렇고, 내 직업과 내가 이 직업에 기여한 것들과 관련해서 생각할 때도 그렇습니다. 나는 1994년에 조합원들 모두에게 꽤나 강한 인상을 남겼다고 생각합니다. 멋진 일이었죠. 그럼에도 나는 스스로가 아웃사이더 혹은 독불장군, 불량배 같다는 기분이 들었습니다. 하지만 이 협회를 개판으로 만드는 건 내가 바라는 일이 아니었죠. 나는 여전히 내 나름의 방식으로 작업하고 있지만, 어딘가로 훌쩍 떠난 것도 아니었어요. 나는 여전히 이 협회에 소속된 사람이라는 것을 증명하고자 늘 애쓰고 있는 기분입니다."

왼쪽 | 무비스타의 명성을 가진 감독.
2008년도 칸 영화제에서 포즈를 취하는 쿠엔틴.

EARLY YEARS
어린 시절

"스크린 전체를 꽉 채울 이름을 원했어요." 오하이오 주 클리블랜드 출신의 수습 간호사인 타란티노의 어머니 코니 맥휴가 한 말이다. 그녀는 레드넥(햇볕에 타서 붉게 변한 목을 뜻하는데, 교육 수준이 낮은 사람, 노동자 계급 등을 비하하는 표현) 가족과 거리를 두기 위해서 갖은 애를 다 썼다. 자동차 정비소를 운영했던 그녀의 아버지는 툭하면 폭력을 휘둘렀고, 어머니는 알코올 중독자였다. 처음으로 집에서 벗어날 기회를 잡은 코니는 숙모와 같이 살기 위해 캘리포니아로 달아났다. 그리고 얼마 지나지 않아 열네 살 나이에 타란티노의 아버지 토니를 만났다. 토니는 배우랍시고 우쭐대는 사내였고, 패서디나 극장에서 연기 수업을 듣는 중이라고 뻐기며 버뱅크에서 승마를 하는 한량이었다. 사내들에게 관심이 없던 코니는 순전히 집에서 벗어나겠다는 일념으로 그와 결혼했지만, 그들의 관계는 고작 4개월 만에 끝이 났다. 그녀는 토니에게 자신이 열

"나는 다문화 가정 출신입니다. 어머니는 예술 영화를 상영하는 영화관이고 아버지는 B영화를 상영하는 장르 영화관이죠. 두 분의 관계는 소원한데, 나는 커리어 내내 두 분을 한자리에 앉히려고 애써왔습니다."

24페이지 | 스물여덟 살 때인 1991년. 그의 첫 장편 영화 〈저수지의 개들〉 촬영장에서.

왼쪽 | 2015년에 찍은 사진으로 쿠엔틴과 소원한 관계인 아버지 토니 타란티노의 사진

맞은편 | 이 얼마나 놀라운 한 쌍인가! 쿠엔틴의 어머니는 아들에게 〈건스모크〉의 퀸트 애스퍼(위)와 윌리엄 포크너의 『소리와 분노』에 나오는 미스 쿠엔틴 캐릭터(아래)에서 딴 이름을 지어주었다.

네 살이라는 얘기를 결코 하지 않았다. 그녀가 임신했다는 사실을 알게 된 건, 토니가 그녀의 곁을 떠난 뒤였다.

"아이의 아버지는 쿠엔틴이 태어난 것조차 몰랐어요." 좋아하는 허구의 캐릭터 두 명의 이름을 따서 아들의 이름을 지은 코니가 한 말이다. 하나는 〈건스모크 Gunsmoke〉에서 버트 레이놀즈가 연기한 퀸트 애스퍼였고, 다른 하나는 윌리엄 포크너의 소설 『소리와 분노The Sound and the Fury』에 나오는 미스 쿠엔틴이었다. 문학계 거장의 작품 속 등장인물과 영화 〈스모키 밴디트Smokey and the Bandit〉의 스타. 타란티노는 태어나는 순간부터, 돋보이는 인물들이 뒤섞인 존재였다.

꼭 타란티노의 영화를 보는 듯한 이야기이다. 포크너와 레이놀즈의 뜻밖의 결합부터 제단에 버려진 십 대의 어린 신부와 비밀리에 양육된 그녀의 아이. 마치 〈킬 빌-1부〉의 줄거리처럼 들린다. 그 영화에서 우마 서먼이 연기한 브라이드는 자신의 결혼식장에서 죽어가도록 방치됐다. 태중에 있던 아이가 죽었다고 믿은 그녀는 유혈이 낭자한 복수의 길을 걷기 시작하고, 그 여정은 결국 그녀를 옛 연인이자 '신부의 아버지'인 척하는 빌의 자택 현관까지 안내한다.

바로 이것이 타란티노의 창작 방법이다. 제너릭(특정 브랜드가 붙어 있지 않은 제품) 내부에 거듭해서 등장하는 러시아 인형들처럼 개인적인 요소들을 끼워 넣는 것 말이다.

"내 영화들은 고통스러울 정도로 내 개인적인 삶을 반영한 작품들이지만, 사람들에게 그 작품들이 내 삶을 얼마나 반영했는지 알려주고자 애쓰는 일은 결코 하지 않습니다." 그는 말했다. "내가 하는 일은 영화를 내 개인적인 삶을 반영한 작품으로 만들어내는 것이고, 나만 또는 나를 아는 사람들만 알아챌 수 있도록 작품을 위장하는 겁니다. 〈킬 빌〉은 내 삶을 많이 반영한 영화입니다. 순전히 내 개인적인 삶을 다룬 영화죠. 그 작품에 노력을 쏟아붓고는 그걸 장르 내부에 은폐하는 것이 내가 하는 일입니다. 작품 안에는 내 인생에서 벌어지고 있는 상황들에 대한 메타포들이 내재해 있을 겁니다. 혹은 그런 상황들이 솔직하게 드러나 있을 거예요. 다만 그런 요소들은 장르의 외피 아래 묻혀 있습니다. 따라서 내 작품은 '내가 어떤 성장 과정을 거쳐 이런 이야기를 쓰게 됐나' 따위의 얘기가 아닙니다. 시나리오를 집필할 당시, 나에게 어떤 일이 발생했다면 그게 무엇이 됐건 시나리오 사이로 비집고 들어갈 겁니다. 그런 일이 벌어지지 않는다면, 도대체 나는 무슨 짓을 하고 있는 걸까요?"

〈저수지의 개들〉 촬영에 돌입하기 몇 주 전, 타란티노는 선댄스 영화제에서 열리는 디렉터스 랩 워크숍의 참가 자격을 얻었다. 스티브 부세미와 함께 워크숍에 간 그는 테리 길리엄과 스탠리 도넌, 폴커 슐렌도르프를 비롯한 전문가들로 구성된 관객들 앞에서 곧 연출할 영화

의 신 두 개를 작업했다.

"서브텍스트 작업은 마쳤나요?" 어느 영화감독이 물었다.

"아뇨. 그게 뭔데요?" 스물여덟의 젊은 감독이 대답했다.

"아하. 들어봐요. 당신은 그 시나리오를 직접 썼기 때문에 작품 전체를 속속들이 다 안다고 생각할 겁니다. 하지만 당신이 모든 걸 다 아는 건 아니에요. 당신은 시나리오 작가로서 해야 하는 작업만 마쳤을 뿐, 감독으로서의 작업은 아직 마치지 못한 거죠. 당신은 서브텍스트 작업을 해야 합니다."

젊은 감독은 자리에 앉아서 이렇게 썼다. "미스터 화이트가 이 신에서 세상의 다른 그 무엇보다도 간절히 원하는 게 뭘까? 그리고 내가 영화감독으로서 관객들이 이 신을 보며 부디 알아줬으면 하고 바라는 것은 뭘까?"

타란티노는 불현듯 깨달았다. "글을 쓰면 쓸수록, 그 영화는 부자지간을 다룬 이야기라는 걸 분명히 깨닫게 됐습니다. 미스터 화이트는 미스터 오렌지의 아버지 노릇을 하고 있더군요. 미스터 오렌지는 아들 노릇을 하고 있었고요. 그런데 그는 아버지를 배신한 아들이었죠. 하지만 아버지는 그 배신에 대해 알지 못합니다. 그래서 아들은 되도록이면 오랫동안 그 사실을 감추려 애쓰고 있습니다. 죄책감이 그를 극도로 괴롭히기 시작했으니까요. 한편으로 미스터 화이트는 이 상황에서 그의 상징적인 아버지 조 캐벗을 믿고 있습니다. 그는 계속 뭐라고 하던가요? '그건 걱정하지 마. 조가 올 때까지 기다려봐. 전부 괜찮아질 거야. 전부 괜찮아질 거라고.' 그런데 조가 그곳에 도착했을 때 무슨 일이 벌어지죠? 조는 미스터 오렌지를 죽여요. 미스터 화이트는 자신의 상징적인 아버지와 상징적인 아들 사이에서 선택을 해야만 합니다. 그리고 그는 상징적인 아들을 선택하죠. 그의 선택은 틀렸어요. 그런데 미스터 화이트가 틀린 건 여러 정당한 이유들 때문이었죠. 그 신은 꽤나 심각한 장면이었어요."

타란티노의 영화들 중 상당수가 '복수'라는 모티프와 '아버지'라는 테마를 거듭해서 다룬다. 심지어 그렇지 않은 영화들조차 이런저런 속박에서는 풀려났지만 세상살이의 요령과 지켜야 할 규칙들을 가르쳐줄 아버지가 주위에 없는, 십 대의 건방진 분위기가 예리하게 날을 세우고 있다. 그는 그런 존재를 현실이 아닌 영화에서 찾아내곤 했다. 그가 만든 영화들은 지나치게 으

스대고 로코코 양식처럼 화려하게 으름장을 놓는 스타일과 스스로 확립한 행동규범들—인정사정없이 해체하는 바람에 굴욕적일 정도로 기본적인 요소들만 남겨놓는 작업을 하면서 쾌감을 느끼는 규범들—로 팽배한 폭력적인 형태의 남성성, 그리고 거의 만화나 다름없는 형식에 매혹되어 있다.

"나는 사실상 아버지 없이 자랐는데, 이상하게도 다른 곳에서 아버지를 찾아다녔어요." 타란티노는 말했다. "사방팔방으로 아버지를 찾아다녔죠. 꼬맹이였을 때, 나는 이미 정해진 것들이라면 옳든 그르든 하나도 받아들이지 않았어요. 내 마음속에서 옳고 그름을 판단하고 싶었거든요. 가야 할 길을 보여주는 사람이 아무도 없었기 때문에, 나는 그걸 찾고자 길을 나섰어요. 그 와중에 하워드 혹스의 영화들에서 그걸 찾아낸 것 같아요. 그가 연출한 영화들을 통해 그가 제시하는 윤리관을 봤어요. 남자들, 그리고 그들끼리 맺은 관계들과 여자들과 맺은 관계들에 대해 제시하는 윤리관을…… 이 문제를 놓고 나와 얘기하던 어떤 여자는 내가 본받을 사람을 제대로 골랐다고 했어요. 내 입장에서 그는 저 바깥세상에 있는 모든 아버지들 중 절반보다 더 나은 일을 해준 사람이에요. 내 창작 의도가 그의 윤리관을 내 영화 어딘가에 집어넣겠다는 건 아니지만, 결국에는 부지불식간에 그런 윤리관이 내 영화들의 표면 위로 떠오르는 것 같아요."

어머니 코니는 간호학교에 다니는 동안 돌봐달라며 타란티노를 몇 년간 친정어머니에게 맡겼다. 열아홉 살에 하시엔다 하이츠에 있는 의원에 취직한 그녀는 몬로비아 코트에 있는 술집에서 피아노를 연주하는 스물다섯 살의 뮤지션 커트 자스토우필을 만나 그를 두 번째 남편으로 맞이했다. 염소수염을 기르고 지저분한 조끼와 티셔츠 차림으로 멋들어진 폭스바겐 카르만-기아를 모는 타입의 사내였다. 결혼한 두 사람은 중산층이 거주하는 교외지역인 맨해튼 비치로 이사하면서 쿠엔틴과 함께 살았다. 아이들보다 어른들과 어울리는 걸 더 좋아하고, 발랄하고 활동적인데다가 무척이나 조숙했던 쿠엔틴은 차를 타고 테네시 주 녹스빌에서 로스앤젤레스로 이동하는 사흘 동안, 눈에 띄는 옥외 광고판과 광고물을 하나도 빼놓지 않고 모조리 읽으려고 들었다. 새아버지를 끔찍이도 따랐던 그는 성(姓)을 새아버지의 성으로 바꾸겠다며 고집을 부렸고, 사진 촬영 부스에서 새아버지와 사진 찍는 일에 집착했으며, 등교할 때는 새아버지의 튼튼한 등산화를 신고 갔다.

위 | 초기에 쿠엔틴에게 영향을 준 인물은 〈리오 브라보Rio Bravo〉의 감독 하워드 혹스였다.

맞은편 | 영화를 향한 애정을 처음으로 고취시킨 영화들 중에는 존 부어맨의 〈서바이벌 게임〉과 마이크 니콜스의 〈애정과 욕망〉이 있었다.

"사실 우리는 소꿉장난을 하는 어린애들이나 다름없
었어요." 코니가 한 말인데, 나중에 그녀는 한동안 같이
살자며 남편 커트의 남동생 클리프와 자신의 남동생 로
저를 집으로 불러들였다. 코니가 의료 보험회사인 시그
나에 취직한 후, 한 지붕 아래 모인 그들은 쿠엔틴을 돌
봐주는 남성 패거리를 형성했다. "남동생은 쿠엔틴의
상황이 디즈니랜드에서 자라는 것과 비슷하다고 했어
요. 쿠엔틴과 함께 집에 있을 때, 우리 인생은 그 아이
위주로 돌아갔죠. 우리한테는 사냥용 송골매들이 있었
어요. 집에 송골매 우리를 설치했죠. 발코니에서 송골
매를 키우는 별난 취미 때문에 아파트에서 쫓겨난 적도
있었어요. 남편은 다방면에 조예가 깊었죠. 우리가 사
귄 친구들도 여러 면에서 조예가 깊었고요. 우린 쿠엔
틴을 베이비시터에게 맡기고 외출한 적이 한 번도 없었
어요. 양궁을 하러 갈 경우, 우리는 아이를 차 뒷좌석
에 태우고 갔죠. 영화를 보러 갈 때마다 쿠엔틴을 데려
갔고요. 세 살 때부터 말이에요. 아이가 보기에 적절한
영화인지, 그런 것에는 조금도 신경 쓰지 않았죠." 그
가 샘 페킨파의 지독히도 폭력적인 웨스턴 〈와일드 번
치The Wild Bunch, 1969〉와 힐빌리(제대로 교육받지 못한 시골 사람들을
가리키는 경멸적인 호칭)들이 등장하는 존 부어맨의 공포 영
화 〈서바이벌 게임Deliverance, 1972〉을 동시상영으로 본 건
여섯 살 때였다.

"그 영화는 정말 무시무시했어요." 타란티노는 말했
다. "네드 비티가 남자한테 강간당하고 있다는 걸 이해
했느냐고요? 아뇨. 하지만 그가 그 상황을 조금도 재미
있어 하지 않는다는 건 알았어요." 여덟 살 때, 어른들
과 같이 마이크 니콜스의 〈애정과 욕망Carnal Knowledge, 1971〉
을 상영하는 극장에 간 타란티노는 아트 가펑클이 캔디
스 버겐에게 섹스하자고 사정하는 신("어서, 하자, 하자니까.")
을 보고는 뒷줄에서 큰 소리로 물었다. "엄마, 저 남자
가 뭘 하고 싶어 하는 거야?" 극장 안은 관객들의 웃음
소리로 가득 찼다.

"엄마하고 친구들은 끝내주는 리듬 앤 블루스를 생
음악으로 연주하는 멋진 술집들에 나를 데려가곤 했어
요. 70년대 칵테일 라운지와 비슷한 라바 라운지 같은
곳에서 지미 소울과 쿨한 밴드가 연주하는 동안, 나는
셜리 템플(어른들의 식사 자리에 동석한 아이에게 제공되는 음료)을 마
시면서—나는 셜리 템플이라는 이름이 마음에 들지 않아서 그걸 제임스 본
드라고 불렀던 것 같아요—멕시코 음식을 먹고는 했어요." 타란
티노는 말했다. "정말 신나는 일이었죠. 그 일은 나를 홀

쩍 성장시켰어요. 다른 애들하고 어울릴 때마다 그 애들이 정말 유치하다고 생각하곤 했죠. 나는 멋진 어른들과 어울려서 즐거운 시간을 보냈으니까요."

모두들 원하는 걸 얻고자 애쓰면서도 그렇게 하기 위해 동원한 방법들을 제대로 통제하지 못하는 혼란스러운 상황이 재미있게 보일 수도 있다. 상황이 지나치게 불안정해지기 전까지는 말이다. 불안한 상황이 연출되면, 사람들은 그런 상황에 적용되는 규칙들이 어떤 것들인지 알고 싶어 한다. 타란티노가 아홉 살 때 어머니와 새아버지는 이혼했다. 하교한 타란티노를 기다리고 있던 것은 갑자기 텅 비어버린 집이었다. 커트는 자취를 감췄다. 코니는 이혼과 관련된 얘기를 하고 싶어 하지 않았다. 쿠엔틴은 만화책에 몰두했다. 부모의 결별은 곧 어린 쿠엔틴과 커트가 결별한 것이나 다름없었다. 연극반 선생님이 그에게 성(姓)이 정말 멋지다고 말하자, 그는 조용히 타란티노로 성을 다시 바꿨다. 그즈음 그는 시나리오를 쓰고 있었는데, 시나리오 집필은 버트 레이놀즈의 출연작 〈스모키 밴디트〉를 모델로 삼은 '캡틴 피치퍼즈와 앤초비 밴디트'라는 제목의 모방작을 공책에 휘갈겨 썼던 6학년 때 이후로 해오던 일이었다. 더불어 조숙한 십 대 스타 테이텀 오닐에게 홀딱 반한 그는 학교에 있는 그의 사물함 전체를 그녀의 사진들로 도배하고 그 일에서 영감을 받은 또 다른 시나리오를 썼다.

"그 애는 어머니날이면 나를 위한 이야기들을, 짧막

한 드라마를 쓰곤 했어요." 코니는 말했다. "매년 그해의 어머니날 스토리를 들었죠. 그런데 그 이야기들에서 쿠엔틴은 항상 나를 죽이곤 했어요. 그 후 이어지는 스토리는 내가 죽어서 자신이 얼마나 낙담했는지, 그리고 나를 얼마나 사랑하는지에 관한 내용이었죠."

모자의 관계는 악화되고 있었다. 두 사람은 로스앤젤레스의 사우스 베이로 이주했다. 로스앤젤레스 국제공항 근처에 있는, 싸구려 건축재로 지은 규격형 주택들이 우울한 분위기로 무질서하게 흩어져 있는 이 지역은 호화로운 해변들과 불량배들이 판치는 위험천만한 구역 사이에 있었다. 코니는 쿠엔틴을 다른 학교로 전학시켰는데, 그는 어머니가 출근할 때까지 화장실에 숨어 있다가 등교하는 대신 집에서 만화책을 읽고 텔레비전을 보면서 시간을 보내기 시작했다. 귀가한 코니는 아들이 G. I. 조 피규어들을 들고 카슨 트윈 극장에서 본 쿵푸 영화들에 등장했던, 상스러운 말들이 오가는 격투 장면을 큰 소리로 재연하는 소리를 들어야 했다. 그녀가 아들의 말버릇에 대해 싫은 소리를 하면 그는 계단을 뛰어 내려오면서 소리쳤다. "내가 욕을 하는 게 아니에요, 엄마. G. I. 조가 그러는 거예요!" 그녀는 회상했다. "그 아이는 낮엔 종일 잠을 잤고, 밤에는 밤새 TV를 보면서 공책에 글을 휘갈기고 있었어요…… 그게 천재성이라는 걸 알아차리지 못한 날 용서해줬으면 해요. 나는 그 아이의 행동을 지켜보면서 현실의 책임을 회피한 채 망상 속에서 살아가고 있다고 생각했어요. 그 애는 영화라면, 할리우드라면 껌뻑 죽었지만 그 외의 다른 건 모두 하찮게 여겼어요…… 그래서 나는 미칠 지경이었죠."

쿠엔틴은 유치원을 끝으로 더 이상 학교를 좋아하지 않았다. 수업에 집중할 수 없었고, 영화를 연상시키는 역사 수업을 제외한 다른 모든 과목이 따분했기 때문이다. 그는 9학년 때 학교를 중퇴했다. "학교에서 엄마한테 전화를 했어요. 엄마가 물어보시기에 대답했죠. '맞아요, 때려치웠어요.'라고요." 그는 회상했다. "이틀 후에 엄마가 말했어요. '학교를 그만두는 건 허락할게. 하지만 취직을 해야 한다.'"

열다섯 살 나이에 무슨 일을 해야 할지 갈피를 잡지 못한 그는 집 밖을 떠돌며 밤늦게까지 술을 마시다가 말썽에 휘말리곤 했다. 어느 날에는 K마트에서 엘모어 레너드의 소설을 슬쩍하기까지 했다. 그 사건으로 경찰에 체포된 후, 코니는 그에게 여름 내내 외출 금지령을 내렸고, 그는 방에서 책을 읽으며 여름을 보냈다. 그리고 얼마 후에는 톨루카 레이크에 있는 제임스 베스트 연기

"내 영화들은 고통스러울 정도로 내 개인적인 삶을 반영한 작품들이지만,
사람들에게 그 사실을 알려주고자 애쓰는 일은 결코 하지 않습니다.
내가 하는 일은 영화를 내 개인적인 삶을 반영한 작품으로 만들어내는 것이고,
나만 또는 나를 아는 사람들만 알아챌 수 있도록 작품을 위장하는 겁니다."

"부모님은 말씀하셨죠. '얘는 언젠가 영화감독이 될 거야.'
그런데 나는 영화감독이 뭔지도 몰랐어요.
나는 배우가 되고 싶었어요.
어렸을 때는 누구나 영화에 출연하고 싶어 하잖아요."

학교에 다니게 해달라고 애원했는데, 이 학교의 이름은 〈해저드 마을의 듀크 가족The Dukes of Hazzard〉에서 로스코 P. 콜트레인 보안관을 연기했던 배우의 이름에서 따온 것이었다. 갱단 멤버처럼 가죽 재킷 차림에 반다나를 걸치고 한쪽 귀에만 귀걸이를 한 타란티노는 연기강사 잭 루카렐리에게 실베스터 스탤론의 장점들을 설득시키려 애쓰면서 긴 논쟁을 벌이곤 했다. 동료 수강생 리치 터너는 그를 집까지 태워다주곤 했는데, 타란티노는 항상 집 앞이 아니라 차들이 밀리는 405번 주간(州間)고속도로의 출구에서 내렸다. "차에서 내린 그는 고속도로 아래로 사라지곤 했습니다." 터너는 회상했다. "그래서 그가 사는 집을 한 번도 못 봤죠."

타란티노는 나이를 속이고 캘리포니아 남부에 있는 푸시캣 포르노 극장들 중 한 곳에 좌석 안내원으로 취직했다. "내 입장에서는 극도로 아이러니한 상황이었어요. 마침내 극장에 취직했는데, 상영되는 영화를 보고 싶다는 생각이 들지 않는 그런 극장이었죠." 그는 토런스에 있는 집 근처 쇼핑몰에서 시장 조

오른쪽 | 연기강사 잭 루카렐리가 2000년 4월에 비벌리 힐스 영화제에 참여한 모습. 타란티노에게 영화 산업 내부의 삶에 대해 가르쳤던 그는 훗날 타란티노의 오스카 수상작 〈장고〉에 라이플맨으로 출연했다.

사하는 일을 하기도 하고, 항공 우주산업의 고객들을 상대하는 회사와 관련된 헤드헌터로 일하다가, 맨해튼 비치에 있는 비디오 아카이브로 이어지는 길을 찾아냈다.

세풀베다 불러바드의 분주한 교차로 근처, 6동의 건물로 구성된 미니 쇼핑몰에 위치한 비디오 아카이브는 손님들이 비디오 전시대 사이의 통로를 간신히 통과할 수 있을 정도로 협소했다. 매장의 모니터들에서는 온종일 영화들이 상영됐고, 직원들은 보고 싶은 영화들을 감상했다. 피에르 파올로 파솔리니가 보고 싶으면 파솔리니를 틀었다. "지금껏 본 중에 제일 멋진 곳이라고 생각했습니다." 타란티노는 말했다. "어쩌면 그 상황은 지나치게 끝내주는 상황이 될 수도 있었죠. 일을 시작하고 3년이 지나는 동안 그 전까지 품고 있던 야심이 몽땅 사라졌으니까요."

1985년에 점원 한 명이 일을 그만두자, 로저 아바리는 스물한 살의 타란티노를 정직원으로 채용하라고 매장 주인을 설득했다. 오래지 않아 타란티노는 선반 두 개를 이용해 좋아하는 서브장르 중 일부를 반복 상영하는 상영 공간으로 활용하면서 고객들을 위한 미니 영화

제를 기획하고 있었다.

'두 남자와 한 여자' 영화 〈줄 앤 짐Jules and Jim〉, 〈국외자들Bande à part〉, 하워드 혹스의 〈모든 항구의 여자A Girl in Every Port〉; '임무를 수행하러 나선 사내들' 영화 〈독수리 요새Where Eagles Dare〉, 〈나바론 요새The Guns of Navarone〉; '결코 못 잊을 선생님' 영화 〈언제나 마음은 태양To Sir, with Love〉, 〈죽은 시인의 사회Dead Poets Society〉; '미쳐 날뛰는 대자연' 영화 〈개구리들Frogs〉, 〈윌러드Willard〉, 〈토끼들의 밤Night of the Lepus〉.

"매주 새로운 영화제를 열었죠. 데이비드 캐러딘 위크나 니콜라스 레이 위크, 스워시버클러 영화 위크 같은 식으로요." 타란티노는 말했다. "대체로 나는 고객들을 잘 응대하려고 애썼어요. 예를 들어, 어떤 주부가 와서 이러이러한 영화가 보고 싶으니 추천해달라는 부탁을 했다고 가정해보죠. 나는 스물네 살이고 그 주부는 마흔다섯 살이에요. 나는 〈이레이저 헤드Eraserhead〉나 〈포비든 존Forbidden Zone〉 혹은 쿵푸 영화를 추천하려고 애쓰지는 않을 거예요. 그분이 톰 행크스를 좋아한다면? 그렇더라도 〈총각 파티Bachelor Party〉를 추천하지는 않을

위 | 그가 영화를 보고 싶어 하지 않았던 곳. 쿠엔틴의 첫 직장은 서던 캘리포니아에 있는 푸시캣 포르노 극장이었다.

"영화를 만들 때,
나는 그 영화가 속해 있는
장르를 새롭게 변형시키길
원해요. 내 나름의 방식으로
그런 일을 하는 것이죠.
즉 그 장르의 '쿠엔틴 버전'을
만드는 겁니다.
나는 스스로를 영화학도로
간주합니다. 영화를 가르치는
교수가 되고자 하는 것과
비슷하죠.
내가 죽는 날이 곧 졸업하는
날입니다. 이건 평생토록
계속되는 배움이니까요."

"사람들이 나한테 필름스쿨을 다녔느냐고
물어보면 이렇게 대답합니다.
'아뇨. 나는 영화들을 보러 다녔습니다.'"

34-35페이지 | 늘 영화에 집착했던 타란티노가
90년대 초반에 스코틀랜드의 글래스고에 있는
비디오 매장에서 찍은 사진.

아래 | 타란티노가 비디오 아카이브에서 일하는
동안 매장 내부에서 상영하며 연구했던
많은 영화들 중에서.

거예요. 대신 〈광고 대전략Nothing in Common〉을 적극 추천
할 겁니다. '톰 행크스와 재키 글리슨 나오는 〈광고 대
전략〉 보셨어요?'"

비디오 아카이브는 생업의 터전에만 머물지 않았다.
"그 매장은 나의 『빌리지 보이스Village Voice』였고, 나는 앤
드류 새리스(뉴욕에서 발행되는 주간지 『빌리지 보이스』에 평론을 기고
하는 영화평론가)였죠." 타란티노의 이 말은 곧 비디오 아카
이브가 그의 영화 취향을 갈고 닦고 개인적으로 높게 평
가하는 작품들의 목록을 취합한 장소라는 의미이다. 아
니, 그런 차원조차 뛰어넘는 곳이었다. 훗날 그는 사람
들의 일상 언어와 대중문화의 탁월한 작품들을 놓고 현
학적인 논쟁을 벌이는 사람들의 언어를 정확하게 포착
하는 귀를 가진 사람으로 유명해진다. 비디오 아카이브
는 그가 주장해온 것들의 토대가 되었던 곳이고, 영화
에 파묻혀 사는 이 열혈 영화광이 사람들의 대화를 면
밀히 포착하는 능력을 고양시킨 장소였다. 또한 그가
구사하는 수사학적 전략들을 세밀하게 조정해가며 많

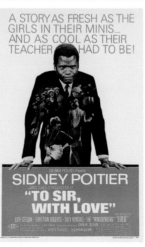

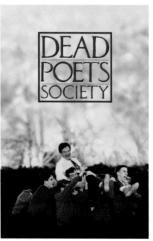

은 시간을 보낸 곳이었다. "매장은 '누가 더 영화에 해박한가?'를 놓고 경기를 벌이는 곳이었죠." 아바리는 말했다. "그때마다 타란티노가 이겼습니다. 그는 데이터베이스 그 자체였죠. 그를 이겨보겠다는 생각 같은 건 일찌감치 포기했습니다."

이렇게 3년이라는 시간이 지났을 무렵, 타란티노는 문득 자신이 시간을 낭비하고 있다는 생각이 들기 시작했다. 영화를 만드는 게 아니라 영화에 대해 떠들어대기만 하면서 평생을 보내야 한단 말인가? 그의 야망이 다시금 꿈틀거리며 서서히 모습을 드러냈다. 그는 직원들이 힘을 모아 매장을 인수하는 문제를 논의하자며 전 직원을 한자리에 모았다. "'너하고 너, 그리고 너는 부모님께 6,000달러를 빌리도록 해. 이건 철저하게 합법적인 일이야.' 그런데

아무도 관심을 갖지 않더군요. 나는 비디오 아카이브가 정말 좋았어요. 나는 진심으로 열과 성을 다했죠. 그런데 지금에 와서 되돌아봤을 때, 만약 그 일이 성사되었다면 나는 〈저수지의 개들〉을 만들지 못했을 거예요. 그 일이 성공했다면 나는 비디오 아카이브의 소유주로 지금도 그곳에서 일하고 있었을 겁니다."

아바리의 생각도 다르지 않았다. "쿠엔틴 입장에서 당시 상황은 어마어마한 성공을 향해 나아가느냐, 아니면 비디오 대여점 점원으로 남느냐를 선택하는 상황이었습니다. 두 선택의 중간 지점에는 아무것도 없었죠."

이 수다쟁이가 목청껏 수다를 떨 시간이 마침내 도래했다.

위 | 비디오 대여점 점원에서 오스카 수상자로. 쿠엔틴 타란티노와 로저 아바리는 1995년에 〈펄프 픽션〉으로 아카데미 각본상을 수상했다.

THE SCRIPTS
시나리오들

어느 날 밤, 타란티노는 연기학교에서 만난 친구 크레이그 하면과 같이 샌 페르난도 밸리의 집에 있었다. 두 사람이 블랙 러시안 칵테일을 홀짝거리며 연속으로 방송되는 〈마이애미 바이스Miami Vice〉 재방송을 시청하던 중, 시즌 3의 열여섯 번째 에피소드 '테레사'가 방영됐다. 헤로인에 중독된 스물세 살의 헬레나 본햄 카터가 크로켓의 여자 친구로 출연한 에피소드였다.

"와우!" 하면은 탄성을 질렀다. "저 인간들, 저런 여배우를 어떻게 데려온 걸까?"

"우와, 저 와이드 숏 좀 봐." 타란티노는 말했다.

"그런데도 싼티 풀풀 나는 장면 전환으로 화면 망치는 걸 좀 보라고."

"야, 크레이그! 우리는 직접 영화를 만들어야 해, 짜샤."

"끝내주는 얘기야, 퀸트. 그런데 제작비는 어떻게 마련할 건데?"

두 사람은 잔뜩 취한 터라 그날 밤에는 그럴싸한 방안을 궁리해내지 못했다. 그런데 이튿날 아침, 타란티노는 하면과 통화하던 중에 그 아이디어를 다시 꺼냈다.

"우리는 영화를 만들어야 해, 크레이그. 아이디어 좀 있나?"

"으음, 하나 있어."

"뭔데? 나불거려봐."

"그게……."

"내 첫 번째 관심사는 사람들의 마음을
훔칠 만한 이야기를 들려주는 겁니다.
중요한 건 그 이야기가 사람들에게
먹혀드는 것, 그리고 관객들이 내 영화에
사로잡혀 끌려다니는 거예요."

"어서, 꾸물대지 말고 말해보라니까."

"제일 친한 친구한테 줄 생일 선물로 창녀를 고용하는 남자에 대한 이야기야. 그러다가 상황이 완전 엉망이 돼버리는 거지."

괜찮은 아이디어라고 생각한 타란티노는 그걸 시나리오로 써보라고 말했다. 몇 달 후, 그는 벤추라 불러바드의 카페에서 30~40페이지 분량의 시나리오를 받았다. 타란티노는 물었다. "내가 이걸 집에 가져가서 신 몇 개하고 설정 몇 가지를 첨가해도 될까?" 그는 그 시나리오를 80페이지 분량의 장편 영화 〈내 제일 친한 친구의 생일My Best Friend's Birthday〉로 확장했고, 이후로 3년간 불과 5,000달러의 제작비를 들여 촬영하다 말았다를 반복했다. 그들은 필름을 고작 100피트만 담을 수 있는 구형 16mm 볼렉스 카메라를 사용했는데, 이 말은 즉 2분 30초마다 필름을 바꿔 끼워야 했다는 뜻이다. 현상소에 발생한 화재 탓에 현상을 맡긴 필름의 상당 부분이 소실되면서 겨우 36분 분량의 필름만 온전한 상태로 남았다. 하지만 쿠엔틴 타란티노의 영화를 쿠엔틴 타란티노의 연기로 간신히 구해낸, 세상에 알려진 유일한 사례일지도 모른다. 이 점을 확인하는 데 그 정도 분량이면 충분했다.

타란티노는 지역 방송국 케이-빌리 라디오에서 일하는, 입을 잠시도 가만두지 못하는 DJ 클라렌스를 연기했다. 조명이 어둡고, 덜컹덜컹 연출된 일련의 흑백 신들에서 그는 유일하게 빛을 발하는 존재다. 영화에 처음으로 등장한 그는 세 살 때 〈파트리지 패밀리The Partridge Family, 1970년대 초에 방송된 미국의 뮤지컬 시트콤〉가 자신의 자살을 어떻게 막았는지에 대한 장광설("이런 생각을 했죠. 〈파트리지 패밀리〉를 보고 나서 자살해야겠다.")을 늘어놓는다. 그러고는 전화를 걸어온 청취자에게 모욕을 준다. "아뇨, 나는 신청곡은 받지 않아요…… 언룰리 줄리가 그녀의 프로그램에서 무슨 짓을 하는지 신경 안 써요." 영화가 전개되는 동안, 그는 가려움을 유발하는 가루를 코카인이라고 믿고 흡입한 다음, '제일 친한 친구'를 위해 창녀를 찾아간다. 스위트의 「볼룸 블리츠Ballroom Blitz」가 배경 음악으로 깔리는 가운데 말론 브란도와 엘비스의 장점들을 주제로 논쟁을 벌인다. "난 호모는 아니야. 그렇지만 항상 말했듯이 남자랑 떡을 쳐야만 하는 상황이라면, 그러니까 그 짓거리에 내 목숨이 달려 있어서 그럴 수밖에 없는 상황이라면, 엘비스랑 떡을 칠 거야." 타란티노의 목소리는 귀에 쏙쏙 꽂힌다. 영화는 엉망진창이지만, 이

런 대사들은 결국 〈트루 로맨스True Romance〉에서 사용되었고, 포주 곁을 떠난 콜걸 여주인공도 마찬가지였다.

미스티

있잖아, 나는 지난 3년간 클리블랜드의 K마트에서 일했어.

클라렌스

정말? 어느 부서에서?

미스티

음반 테이프.

클라렌스

끝내주게 운이 좋았네. 나도 K마트에서 일했어.

미스티

정말?

클라렌스

그래. 음반 테이프 부서에 가려고 늘 기를 썼지만, 윗사람들은 나를 여성용 신발 부서에 처박았어.

미스티

진짜? 여성화 매장에 있는 남자들이 늘 불쌍하다고 생각했는데. 할망구들 중에는 매장에 와서 50켤레나 신어보고서야 결정을 내리는 사람들도 있잖아.

클라렌스

그렇지. 그래도 난 발 페티시가 있었어. 저절로 안정이 되더라고.

타란티노는 필름 현상 비용을 지불할 형편이 되지 않아 그렇게 몇 년을 보낸 후에야 필름을 되찾았고, 자신이 찍은 장면들이 어떤 상태인지 확인했다.

"필름들을 하나로 이어 붙이기 시작했죠. 그랬더니 마음이

38페이지 | 〈트루 로맨스〉 출연진이 1993년에 찍은 홍보용 사진

39페이지 | 〈트루 로맨스〉에서 타란티노 자신을 부분적으로 반영한 캐릭터인 영화광 도망자 클라렌스 월리 역할을 연기한 크리스천 슬레이터.

위와 맞은편 | 먼 길에 나선 사랑에 빠진 연인들. 〈트루 로맨스〉에서 앨라배마(패트리샤 아퀘트)와 클라렌스는 훔친 다량의 코카인을 들고 달아난다.

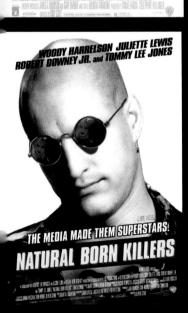

찢어지더군요. 내가 머릿속으로 그려보던 영화가 아니었어요. 아무짝에도 쓸모없는 영화였죠. 그 작품을 완성하려고 작업을 한다는 건 '좋아, 이제 우리는 후반 작업에 들어가는 거야'라고 말하면서 1년 반을 더 보내야 한다는 뜻이었어요. 그래서 말했죠. '그래, 이걸로 영화학교 다닌 셈 치자.' 영화를 만들 때 하지 말아야 할 짓들을 배운 거였어요. 그래서 진짜 영화를 만들기 위해 제작비를 마련하려고 시나리오를 쓰기 시작했죠."

에이전트 캐스린 제임스의 어시스턴트로 일하던 하먼은 그녀를 타란티노에게 소개했다. 젊은 영화감독에게 도박을 해보기로 결심한 그녀는 할리우드를 돌아다니며 그의 초기 작품을 옹호하기 시작했다. 이 시기에 타란티노에게 영감을 준 뮤즈는 기이하다 싶을 정도로 활발한 존재였다. 타란티노는 다른 사람이 집필한 시나리오들을 넘겨받았을 때−그 시나리오에 지울 수 없을 정도로 선명하게 그의 인장을 찍어서 자신의 작품으로 만들어버릴 때−가 제일 편안한 듯 보였다. 그가 착수한 다음 프로젝트들은 둘 다 〈오픈 로드The Open Road〉라는 작품에서 생명을 얻은 것들이었다. 〈오픈 로드〉는 타란티노가 비디오 아카이브에서 알게 된 친구 로저 아바리가 쓴, 〈특근After Hours〉 분위기의 80페이지짜리 '위기에 빠진 여피족을 다룬 영화'였다. 미치광이 히치하이커를 태웠다가 중서부의 지옥 같은 소도시에 다다른 비즈니스맨이 주인공이었다. 타란티노가 수정 작업을 하면서, 주인공의 직업은 비즈니스맨에서 디트로이트의 만화책 서점 점원이 되었다. 주인공

의 이름은 이번에도 클라렌스였고 히치하이커가 아니라 앨라배마라는 이름의 창녀와 길을 떠난다. 일필휘지로 시나리오를 써나가는 동안, 그는 미키와 맬로리라는 난폭한 도망자들을 다룬 이야기도 작업하고 있었다. 손글씨로 작성한 후 폴더에 넣어 고무줄로 한데 묶은 이 시나리오는 결국 걷잡을 수 없이 이야기가 퍼져 나가는 바람에 500페이지 분량의 작품이 되어버렸다.

"작품을 마무리할 방법이 도무지 보이지 않더군요." 타란티노는 말했다. 그는 결국 그 시나리오를 두 편으로 갈라냈고 〈트루 로맨스〉와 〈올리버 스톤의 킬러Natural Born Killers〉로 나뉬다. 타란티노가 시네텔 영화사의 룻거 하우어의 출연작인 〈한밤의 침입자Past Midnight〉 시나리오를 수정하고 같은 영화사에서 만든 토니 스콧의 〈마지막 보이 스카웃The Last Boy Scout〉 촬영장을 우연히 방문한 이후, 〈트루 로맨스〉는 결국 토니 스콧에 의해 영화화됐다. 타란티노를 파티에 초대한 스콧은 그가 쓴 시나리오들을 읽을 수 있게 해달라고 요청했다. 타란티노는 〈트루 로맨스〉와 〈저수지의 개들〉을 건네면서 말했다. "처음 3페이지만 읽어보시고, 마음에 들지 않으면 내다버리세요."

타란티노가 심약한 겁쟁이들을 골라내서 제거해버릴 심산으로 사용하는 방식이었다. 〈트루 로맨스〉의 오리지널 시나리오는 커닐링구스에 대한 장황한 논의로 시작된다. 그 결과, 타란티노의 시나리오들은 스튜디오의 지반을 지키고 있는 시나리오 평가자들을 통과할 수

없었다. 그는 이런 말들을 귀가 닳도록 들었다. 지나치게 폭력적이다. 지나치게 패륜적이다. 지나치게 천박하다. 미라맥스에서 일하는 어느 평가자는 "우웩! 지긋지긋한 캐릭터들"이라고 평가했다. "세상의 어느 누가 이런 놈들의 사연에 신경 쓰겠는가? 캐릭터들의 대사를 인용하자면, 그들은 모두 똥 덩어리다." 시나리오에 잔뜩 적혀 있는 상스러운 욕설에 혐오감을 느낀 또 다른 평가자는 타란티노의 매니저에게 이런 편지를 보냈다.

친애하는 캐스린에게.

어떻게 나한테 이런 염병할 똥 덩어리를 보낼 수 있는 겁니까? 당신은 졸라 정신이 나간 게 분명합니다. 내가 이 시나리오를 읽고 기분이 어땠는지 알고 싶나요? 여기, 당신이 보낸 염병할 똥 덩어리를 돌려보냅니다. 엿이나 처드쇼.

유럽으로 향하는 비행기에서 두 작품을 다 읽어본 스콧은 무척이나 기분이 좋았다. "비행기가 착륙할 무렵에는 두 편 다 영화로 만들고 싶었습니다. 쿠엔틴에게 그 얘기를 했더니 이러더군요. '감독님은 그중 딱 한 편만 만들 수 있어요.'" 스콧은 〈트루 로맨스〉를 골랐다. "내 입장에서 그 작품은 그때까지 읽어본 시나리오 중 가장 뛰어나고 완성도 높

은 시나리오에 속했습니다. 기이한 요소들이 뒤섞인 빼어난 혼합물이죠. 내가 보기에 그 작품은 블랙 코미디였습니다."

스콧이 시나리오에서 가장 크게 수정한 부분은 사건들을 발생 시간 순으로 배열한 것이었다. 애초의 시나리오는 〈저수지의 개들〉처럼 사건들의 시간대가 마구 뒤섞여 있었고, 클라렌스가 막다른 상황에서 목숨을 잃고, 앨라배마는 현금을 들고 달아나는 것으로 끝났다.

실내. 빨간 무스탕-이동 중-낮

앨라배마가 고속도로를 질주하고 있다. 라디오 DJ는 청취자를 웃기려고 안간힘을 쓰는 중이다. 리피 리의 노래 「리틀 애로우즈Little Arrows」가 시작된다. 앨라배마가 감정을 주체하지 못하고 울먹이기 시작한다. 그녀가 차를 갓길에 세운다.

실내. 빨간 무스탕-갓길-낮

노래가 계속 이어진다. 그녀가 주머니에서 꺼낸 냅킨으로 눈물을 훔치고는 냅킨을 대시보드 위에 툭 던진다. 45구경을 집어 들고 총구를 입에 넣는다. 공이치기를 젖힌 후 백미러에 비친 자신의 모습을 보려고 고개를 든다. 백미러에

아래 | 크리스천 슬레이터가 로스앤젤레스의 로케이션에서 〈트루 로맨스〉의 토니 스콧 감독에게 연기 지시를 받고 있다.

서 시선을 돌려 정면을 똑바로 바라본다.

방아쇠에 걸린 그녀의 손가락에 힘이 들어간다.

그녀의 시선이 대시보드에 놓인 냅킨에 걸리고, 거기 적힌 단어들이 눈에 들어온다.

앨라배마
(냅킨에 적힌 글을 읽으며)
당신은 정말 멋진 사람이야.

그녀가 총을 옆으로 툭 던진다.

앨라배마가 차에서 내려 트렁크를 열고 서류 가방을 꺼낸다. 가방 안을 살피다가 마침내 클라렌스가 사준 『서전트 퓨리the Sergeant Fury』 만화책을 찾아낸다.

한 손에는 만화책을, 다른 손에는 서류 가방을 든 앨라배마가 무스탕에서 멀어지며 한없이 걸어간다.

페이드아웃

"클라렌스는 나였습니다. 당시의 나는 펑크록의 가사처럼 내 머리를 스스로 날려버릴 수도 있는 상태였

위 왼쪽 | 핑크 캐딜락의 후드에 몸을 기댄 앨라배마.

위 오른쪽과 맞은편 | 크리스토퍼 월켄(빈센초 코코티)은 클리포드(데니스 호퍼)를 고문하는 마피아 히트 맨을 연기했다. 그는 〈트루 로맨스〉에 출연하는 것으로 〈저수지의 개들〉에 출연하지 않았던 아쉬움을 만회했다.

어요." 타란티노는 말했다. "〈트루 로맨스〉는 내 개인적인 삶이 가장 많이 반영된 시나리오일 겁니다. 클라렌스 캐릭터는 그 시나리오를 쓰던 당시의 나였으니까요. 그는 만화책 가게에서 일하고, 나는 비디오 대여점에서 일하고 있었죠. 당시에 나와 사귄 친구들은 〈트루 로맨스〉를 보고 우울해했습니다. 그 영화가 우리를 특정한 시기로 데려갔으니까요. 그 영화를 처음 봤을 때 기분이 묘했어요. 내가 만든 홈 무비, 또는 내 머릿속의 기억을 거액의 제작비가 들어간 영화 버전으로 보고 있었으니까요."

타란티노의 시나리오를 바탕으로 만들 수 있는 가장 명랑한 영화인 스콧의 〈트루 로맨스〉는 광고업계에서 종사했던 스콧의 밝은 벌꿀 색깔로 타란티노의 지독히 현실적인 허무주의를 누그러뜨린다. 〈트루 로맨스〉는 훔쳐낸 다량의 코카인을 들고 도망길에 오른 〈황무지Badland〉 스타일의 커플, 크리스찬 슬레이터와 패트리샤 아퀘트가 주인공을 맡았고, 두꺼운 필터로 촬영한 하늘을 배경으로 핑크 캐딜락이 등장하는 활기찬 팝-아트 분위기의 동화 같은 작품이다. 플롯에는 악당들이 연달아 등장하는데, 악당들 각자는 몇 분간 으스대며 무대를 돌아다니다가 다음에 등장할 악당에게 자리를 내주고 퇴장한다. 눈빛이 흐릿한 드레드락 헤어스타일의 마약 딜러 게리 올드만, 약에 취한 탓에 현관에 나타난 무장 폭력배들을 제대로 알아보지 못하는 사내 역의 브래

드 피트("내 앞에서 잘난 체 마쇼."), 할리우드 제작자의 심부름꾼인 브론슨 핀초트 등이 그런 인물들이다.

그중에서도 이 영화를 자신들의 작품으로 만들어버린 배우는 클라렌스의 경비원 아버지 클리포드를 연기한 데니스 호퍼와 그를 심문하려고 파견된 마피아 히트맨 역할의 크리스토퍼 월켄이다. 〈저수지의 개들〉에 출연할 기회가 왔을 때 그 기회를 잡지 않았던 두 배우는 쿨한 사내들이 스파링을 하는 듯한 근사한 장면을 빚어내는 것으로 아쉬움을 만회했다. 이 장면에서 호퍼는 체스터필드 담배를 빨면서 "시칠리아 사람들의 심장에는 흑인의 피가 펌프질되고 있다" 같은 화려한 입담을 뽐낸다. 월켄이 눈앞에 있는 사내가 보여주는 배짱을 무척이나 흥미로워하는 모습을 보면서, 관객들은 몇 초간 월켄이 호퍼를 살려줄지도 모른다는 생각까지 한다. 많은 테이크를 가는 내내 폭소를 참지 못했던 배우들은 열광적인 분위기에 도취되어 "당신의 일부분은 가지야"와 "당신은 칸탈루프(껍질은 녹색이고 과육은 오렌지색인 멜론)야"라는 대사들을 즉흥적으로 뱉어냈다.

시칠리아 사람들에 대한 대사는 한때 타란티노의 아파트에 빌붙어 살던 어떤 친구에게서 비롯된 대사였다. "내가 아는 건, 클리포드는 코코티가 흥분해서 자신을 당장 죽이도록 그를 모욕해야만 한다는 겁니다. 고문을 당하면 클라렌스의 행방을 털어놓고 말 텐데, 그건 클리포드가 원하는 일이 아니었죠." 타란티노는 말했다. "그 신이 어떻게 끝나야 하는지는 알고 있었지만, 꼼꼼한 전략을 세우고 대사를 집필하지는 않았습니다. 신을 정교하게 가다듬고 작업에 착수하시는 않았던 거죠. 나는 그저 그 인물들을 같은 공간에 집어넣기만 했습니다. 클리포드가 결국에는 시칠리아 사람들에 대한 얘기를 꺼내게 된다는 건 알았지만, 코코티가 무슨 말을 하게 될지는 몰랐어요. 그들은 그냥 대화를 시작했고, 나는 그걸 받아 적기만 했습니다. 대사를 잘 썼다는 칭찬을 들을 때마다 솜씨를 발휘한 사기꾼이 된 것 같았어요. 그 대사를 쓰고 있는 건 캐릭터들이니까요. 내게 있어 그 작업은 모든 캐릭터들을 연기하고 있는 나와 함께 즉흥적으로 대사를 내뱉는 배우들과 깊은 관련이 있습니다. 내가 펜을 들고 종이에 끼적이며 시나리오 쓰는 걸 좋아하는 이유 중 하나가, 그렇게 하면 그 과정에 도움이 되기 때문이죠. 어쨌든 내 입장에서는 그렇습니다."

아버지가 아들을 위해 희생하려는 것을 암시하는 대사를 쓰고자 그가 얼마나 마음속 깊은 곳까지 들어가야

"사람들이 나에게 '당신이 쓰는 대사는 정말 뛰어나요'라고 말해주면 솜씨를 제대로 발휘한 사기꾼이 된 것 같았어요. 실제로 그 대사를 쓴 인물은 캐릭터들이니까요."

만 했는지 선명하게 드러난다. 이 작품 이후로 타란티노의 작품에는 헌신과 파괴성이 뒤섞인 부자간의 이야기가 많아진다. 〈저수지의 개들〉에서 미스터 오렌지와 하비 케이틀이 연기하는 미스터 화이트("내가 결코 가져본 적 없는 아버지")의 관계는 충성심에서 배신을 거쳐 살인으로 발전한다. 〈펄프 픽션〉에는 버치 쿨리지가 있다. 아버지 없이 자란 그는 아버지에게서 물려받은 시계를 애지중지한다. 그런데 그중에서도 이런 인물들을 모두 아우르는 인물은—아버지들을 향한 애증을 몽땅 망각하려고 만든 작품처럼 보이는—〈킬 빌〉의 빌이다. 타란티노는 아버지, 그리고 유사 아버지들을 '텍스트와 거의 일치하는 서브텍스트'라고 불렀다. 그런 관계를 그린 신 중에서도 가장 단도직입적이며 감동적인 신은 〈트루 로맨스〉에서 클라렌스와 클리포드가 빚어내는 신이다. 소원한 관계로 3년을 보낸 부자가 마침내 화해하는 이 신을 타란티노는 "내가 집필한 장면들 중에서 가장 자전적인 신"이라고 고백한다.

클라렌스

보세요, 젠장. 저는 아빠한테 망할 짓거리 좀 해달라고 부탁한 적이 한 번도 없어요! 저는 아빠가 부모로서 마땅히 해야 할 의무를 되도록 쉽게 해낼 수 있도록 애써왔어요. 엄마랑 아빠가 이혼한 뒤로 내가 아빠한테 뭘 해달라고 부탁한 적 있어요? 아빠를 반년이나 1년 동안 보지 못할 때도 아빠한테 뭐라고 한 적 있어요? 없었어요! 늘 이런 식이었죠. '괜찮아요.' '문제없어요.' '아빠는 바쁘잖아요, 이해해요.' 아빠가 술에 빠져 사는 내내, 내가 아빠한테 손가락질하면서 싫은 말 한 적이 있었어요? 없었다고요! 남들은 다 그렇게 했지만 나는 절대로 그러지 않았어요. 있잖아요, 난 아빠가 나쁜 부모라는 걸 알아요. 아빠는 부모 노릇을 정말 못해요. 하지만 아빠가 날 사랑한다는 건 알아요. 까놓고 보면 난 제법 머리가 돌아가는 놈이에요. 내가 정말로 필요한 일이 아니었다면 아빠한테 부탁하지도 않았을 거예요. 아빠가 못하겠다고 말할 거라면 그 문제는 걱정하지 마세요. 갈게요. 나는 괜찮아요.

〈올리버 스톤의 킬러〉는 운이 썩 좋은 편이 아니었다. 타란티노는 제작비 50만 달러를 들여 그 영화를 직접 연출하려고 시도하다가 실패한 후, 1년 반 동안 제작비를 모으려고 갖은 애를 다 썼다. 그러다가 결국 〈저수지의 개들〉이 제작에 돌입한 시점인 1991년에 10,000달러를 받고 그 시나리오를 야심만만한 필름스쿨 졸업생 제인 햄셔와 돈 머피에게 팔았다. 〈저수지의 개들〉이 의외의 히트작이 되자, 그는 시나리오를 되사려고 시도했지만 너무 늦어버렸다. 시나리오는 올리버 스톤 감독을 위한 기획영화로 워너 브러더스에 팔린 상태였다. 그리고 스톤은 팀 로스와 스티브 부세미, 마이클 매드슨을 비롯한 〈저수지의 개들〉의 출연진 중 절반을 자신의 영화에 출연시키려고 했다. 매드슨은 당시를 이렇게

회상했다. "올리버 스톤이 전화해서 이러더군요. '내가 당신과 이 영화를 만들면, 내 연출료는 250만 달러고 영화 제작비는 2,000만 달러가 될 거야. 그런데 이걸 우디 해럴슨과 만들면, 제작비는 3,000만 달러가 되고 내 연출료는 500만 달러가 될 거야. 그래서 그러려고 해.' 한편 쿠엔틴은 나한테 전화를 걸어서 '올리버하고 〈킬러〉를 찍지 말아요. 그는 그 영화를 개판으로 만들 테니까요!'라고 하더군요."

스톤은 시나리오를 수정했지만, 오프닝 신에서 맬로리가 떠벌리는 "이니, 미니, 마이니, 모."와 웨인과 미키가 연쇄살인범 랭킹을 놓고 떠들어대는 논의("맨슨은 당신을 능가해." "맞는 말이야, 제왕을 능가하는 건 무척 어려운 일이지.")를 비롯한 타란티노 특유의 대사 일부는 그대로 남겨두었다. 그런데 타란티노의 버전에서 미키와 맬로리는 조역에 불과했었다. 대신 그가 주로 초점을 맞춘 캐릭터들은 스톤 영화에서 로버트 다우니 주니어가 연기한, 제럴도 리베라(미국의 변호사 겸 방송인) 스타일의 TV 저널리스트 웨인 게일과 그의 제작진이었다. 참고로 제작진들의 이름은 비디오 아카이브에서 타란티노와 같이 일했던 동료들의 이름을 빌려왔는데, 스콧과 로저, 줄리라는 이름의 카메라맨, 사운드맨, 어시스턴트는 그렇게 만들어졌다.

실내. 뉴스 밴-이동 중-낮

로저가 도넛 상자를 뒤진다. 스콧이 카메라를 팬해서 그에게로 향한 후, 천천히 줌 인한다.

로저

초콜릿 크림 필드는 대체 어디 있는 거야? 내 초콜릿 크림 필드 가진 사람? 너한테 있으면, 그건 내 거야.

카메라를 노려보는 로저의 클로즈업.

로저

내가 초콜릿 크림 필드를 찜했어. 너, 내가 찜하는 거 봤지, 그렇지?

웨인이 이야기를 시작한다. 카메라가 팬하면서 로저에게서 웨인의 CU로 이동한다.

웨인

너도 거기 있었잖아. 점원이 박스에 넣는 거 봤어?

카메라가 팬하면서 로저의 CU로 돌아간다.

로저

그때는 스콧한테 영화의 장점들을 설명하느라 정신이 없었어.

카메라가 줌 아웃해서 와이드 숏으로 돌아간다.

스콧(오프 스크린 O.S.)

그래, 맞아. 쟤가 뭐랬는지 알아? 〈인디아나 존스 Indiana Jones and the Temple of Doom〉가 스필버그의 최고작이래.

웨인이 깔깔거리기 시작한다. 스콧이 깔깔거리는 소리도 들린다.

웨인

(로저에게)

너, 세상을 진지하게 살 수는 없겠나?

로저

(딴 데 정신이 팔려)

도넛 가게로 다시 가볼까. 내 초콜릿 크림 필드를 깜빡한 죄로 그 멍청한 멕시코 놈의 머리를 도넛 반죽에 처박을지 어쩔지 진지하게 고민 중이야. 다른 박스 줘봐.

맞은편 | 미화된 범죄. 〈올리버 스톤의 킬러〉에서 미디어는 재소자인 미키와 인터뷰하는 동안. 그가 내뱉는 말 한 마디 한 마디를 기다린다.

위 | 올리버 스톤 감독은 〈킬러〉의 상당 부분을 45도 각도로 카메라를 기울여서 촬영했고, 캐릭터들이 느끼는 긴장감과 광기를 표현하기 위해 색채 필터를 장착하고 촬영했다.

"내 작품을 좋아하는 사람이라면 이 영화를 마음에 들어 하지 않을 겁니다.
하지만 올리버의 작품을 좋아하는 사람이라면 아마도
이 영화를 사랑하게 될 겁니다."

최종적으로 만들어진 작품에서는 재기가 번득이면서도 느긋한 분위기의 유머가 담긴 이런 신은 보기 어렵다. 올리버 스톤 영화에는 2연발 소총으로 갈겨대는 극단적이고 폭력적인 공격만이 살아남았다. 그래도 최소한, 촬영감독 로버트 리처드슨이 〈올리버 스톤의 킬러〉에서 촬영한 밀도 높고 다층적인 콜라주는 그가 훗날 타란티노와 함께했던 작업들-〈킬 빌〉, 〈바스터즈〉, 〈장고〉-에 도입한 스타일과 유사한 스타일을 보여줬다. 『뉴욕타임스』의 재닛 마슬린은 "풍자작가로서 스톤은 코끼리 발레리나다"라고 평했다. "미쳐 날뛰듯 운동에너지가 과잉된 〈킬러〉의 표면을 긁어내면, 당신은 미키와 맬로리, 그리고 악마 같은 미디어라는 눈에 띄게 따분한 관념들을 발견하게 될 것이다." 다른 이들의 의견도 같았다. 『워싱턴 포스트』의 핼 힌슨은 "풍자를 하려면 어느 정도 냉정하고 객관적인 태도가 필요하다. 그런데 스톤의 감수성은 지나치게 뜨겁고 개인적이다"라고 평했다. "우리 문화는 스톤이 〈킬러〉에서 묘사한 재앙 비슷한 것을 향해 표류하고 있는지도 모른다. 하지만 그가 묘사하는 히스테리는 그의 내면에서 비롯된 것으로 보인다."

그런데 그 영화를 향해 가해진 비판 중에서도 으뜸가는 비판은 타란티노가 내놓은 의견이었다. "스콧이 그 영화를 졸라 개판으로 만들어버렸기를 바랍니다." 그가 자신이 받을 시나리오 크레디트를 '원안'으로 강등시켜달라고 스스로 요청한 후에 한 말이다. 폴린 카엘이 내놓은 가치 있는 분석은 이러했다. "스톤이 가진 최대의 문제점은 그의 빤한 특징이 그의 에너지를 갉아먹고, 그의 에너지는 그의 빤한 특징을 증폭시킨다는 것이다. 그는 독특한 스타일을 갖춘 스탠리 크레이머(메시지가 담긴 영화들을 만든 것으로 유명한 미국 영화감독)다."

타란티노가 〈올리버 스톤의 킬러〉 시나리오를 팔아 받은 돈으로 구입해, 존 트라볼타가 〈펄프 픽션〉에서 운전하게 될 체리-레드 말리부를 비롯한 모든 것들이 그에게 주어지고 있었다. 이십 대 중반 무렵의 타란티노는 행복하지 않았다. 1980년대가 저물어갈 무렵, LA 국제공항 비행경로 아래에 있는 원룸 아파트에 거주하면서 폐차 직전인 혼다 시빅을 몰며 연기수업에 출석하고, 그가 제출한 시나리오의 채택을 거절하는 쪽지들을 수집하고 있었다. 그는 영화 비즈니스의 변두리를 전전하는, 그래도 싹수가 보이는 스물다섯 살의 또 다른 천재에 불과했다. 친구들은 쿠엔틴에게 편지를 보내고 싶으면 주소를 '영화계 변두리, 쿠엔틴 타란티노'라고 쓰면 될 거라는 농담을 주고받고 있었다. 그는 이런 상황이 괴로웠다. "이십 대의 대부분을 성난 젊은이로 보냈던 게 분명해요. 사람들이 나와 내가 쓴 쓰레기 같은 시나리오를 진지하게 받아들여주기를 원했으니까요. 나는 그런 상황에 대해 지나칠 정도로 화가 나 있었어요." 그가 한 말이다. "그렇게 낙담한 상태에서 〈저수지의 개들〉을 썼죠."

1989년 7월 4일에 동료 배우 스콧 스피겔의 집에서 열린 바비큐 파티에 참석한 타란티노는 제작자 로렌스 벤더와 인사했다. 벤더는 호리호리하고 잘생긴 브롱크스 출신의 유대인 청년으로 발레를 하다가 부상당한 이후 연기자로, 그 다음에는 제작자로 방향을 튼 상태였다. 스피겔의 1989년작 스토커-슬래셔 영화 〈인트루더 Intruder〉의 제작비를 끌어모았지만, 극장 개봉도 못한채 비디오로 직행하는 결과만 지켜봤다. 그는 당시에 영화계를 떠날까 고심하는 중이었다. 달리 말해, 그는 타란티노와 마찬가지로 야심의 후유증과 환멸을 치유하는 중이었다. "우리는 둘 다 몸부림을 치고 있었어요." 벤더는 말했다. "우리는 아웃사이더였죠. 둘 다 시스템으로 들어가는 길을 뚫고자 분투하고 있었습니다."

스물다섯 살의 청년과 인사를 한 벤더는 잠시 멈칫했다. "타란티노라…… 많이 들어본 이름인데. 어떤 시나리오를 읽었어요. 그런데 그 시나리오를 쓴 사람은 다른 타란티노인 것 같군요. 〈트루 로맨스〉나 그와 비슷한……."

"그거, 내가 쓴 시나리오예요!" 타란티노는 큰 소리로 외쳤다.

"와아, 정말요? 정말 쿨한 시나리오였어요. 정말로 멋졌다고요."

벤더는 타란티노에게 지금은 무슨 작업을 하고 있는지 물었다. 타란티노는 실패한 강도 행각을 다룬 영화에 대해 이야기를 꺼냈다. 작전이 끝난 후 집결하기로 한 장소를 배경으로 영화는 실시간 전개되고, 서서히 관련자 전원이 모습을 드러낸다. "누군가는 총에 맞았고, 누군가는 부상을 당했으며, 누군가는 목숨을 잃었고, 누군가는 신분을 위장한 경찰이지만, 강도 행각 자체는 영화에 전혀 등장하지 않습니다."

"이야기를 듣는 동안, 우리가 출발선에서 튀어 나가 정말 끝내주는 결승점을 향해 달려가고 있다는 걸 본능적으로 느꼈습니다." 벤더가 한 말이다. 그는 타란티노에

맞은편 | 〈올리버 스톤의 킬러〉에서 부부 살인자 미키와 맬로리 녹스를 연기한 우디 해럴슨과 줄리엣 루이스

위 | 1993년에 할리우드에서 잘 나가던 한 청년.

게 어서 가서 시나리오를 쓰라고 말했다. 시트콤 〈골든 걸스The Golden Girls〉
에 출연해서 받은 출연료로 어찌어찌 생계를 꾸리던 타란티노는 문구점
에서 공책과 사인펜 세트—빨간색 두 자루와 검정색 두 자루—를 샀다. 그 후에 그가
〈저수지의 개들〉의 시나리오를 쓰는 데에는 고작 3주일 반밖에 걸리지 않
았다. 영화의 아이디어는 〈리피피Rififi〉와 〈토프카피Topkapi〉, 〈토머스 크라
운 어페어The Thomas Crown Affair〉 같은 하이스트 영화들로 별도의 선반을 꾸렸
던 비디오 아카이브 시절 이후 그의 머릿속을 채운 것들이었다.

"등장인물들이 강도 행각을 벌이는데, 몇 가지 사소한 우연들과 운명
이 개입해서 그들 모두를 엿 먹이는 부분이 싫었어요. 지독히 싫었죠."
타란티노는 말했다. 대신 그가 훗날 '대답 먼저, 질문은 나중에'라고 특징
지은 스타일로, 갱들의 계획이 궤도에서 이탈하는 소재가 영화의 출발점
이 된다. 그런 후에 캐릭터들은 각자의 '챕터'를 갖게 될 테고, 영화 전반
에 걸친 미스터리에 부분적인 해답을 제공하게 될 것이었다. "나는 항상
〈저수지의 개들〉을 내가 결코 쓰지 않을 펄프 소설로 간주해왔어요." 그
는 말했다. "그런 드라마 구조가 제대로 작동할지, 장담할 수 없었어요.
다만 소설풍의 구조를 취해서 영화에 집어넣으면 대단히 영화적인 구조

가 될 거라는 게 내 생각이었죠. 영화를 소설처럼 편집하고, 소설 형식으
로 스토리를 들려주는 것 말이에요."

몇 주 후 어느 날 밤, 벤더는 웨스트 할리우드의 아파트에서 타란티노
로부터 전화를 받았다. "그에게는 차가 없었고 나는 시나리오 사본을 제
작할 형편이 아니었죠. 그래서 그의 거처로 차를 몰고 갔습니다." 제작자
인 벤더가 한 말이다. 그는 여자 친구가 남겨놓고 간 구형 스미스 코로나
앞에 쭈그리고 앉아 한 페이지씩 힘들게 타이핑하는 타란티노의 모습을
봤다. 이 무렵에는 타란티노의 시나리오를 타이핑하는 작업에 동원되었
던 친구들의 인맥이 모두 고갈된 상태였다. 벤더가 읽은 시나리오는 오
자투성이였고 양식도 완전히 엉망이었으며 판독이 불가능한 부분이 곳
곳에 있었지만, 빼어난 시나리오인 것만큼은 확실했다.

"와우, 이건 대단한 시나리오예요. 제작비 모을 시간을 좀 줄 수 있
겠어요?"

"안 돼요. 그런 말은 귀가 닳도록 들었어요." 지나치게 상처를 많이
받았던 타란티노는 딱 잘라 말했다. "그런 말이라면 관둬요. 난 그런 말
은 믿지 않아요."

타란티노는 〈저수지의 개들〉의 제작비 10,000달러를 직접 조달해서 친구들을 캐스팅하고, 자신이 미스터 핑크를 연기하고, 벤더가 나이스 가이 에디를 연기하는 초저예산 16mm 흑백 영화를 만들고 싶어 했다. "나한테 제작비를 지원해주려는 사람은 아무도 없을 거예요. 영화 제작을 놓고 입만 죽어라 놀려대면서 또다시 망할 놈의 1년을 보내고 싶진 않아요." 그는 회상했다. "나는 영화 제작 계약을 따내려고 내리 6년을 허비했어요. 도박 한번 해보자며 '100만 달러 여기 있어'라고 말할 사람은 아무도 없을 거예요."

벤더는 6개월만 시간을 달라고 요청했다.

"안 돼요. 2개월, 옵션으로 추가 1개월을 더 줄게요."

그들은 종이 냅킨에 계약서를 작성하고는 서명했다. 타란티노는 임대료를 아끼고자 어머니 집으로 다시 들어갔고, 벤더는 그의 시나리오를 들고 업계를 돌아다녔다. 어느 물 주는 죽었던 인물 전원이 벌떡 일어나 되살아나는 〈스팅The Sting〉 비슷한 엔딩으로 영화를 끝낼 경우 160만 달러를 주겠다고 제의했다. 또 다른 사람은 자기 여자 친구가 미스터 블론드 역할을 연기한다는 조건으로 50만 달러를 주겠다는 의향을 내비쳤다. 소문에 의하면, 어느 잠재적인 구매자는 자기 집을 담보로 대출받을 준비가 되어 있었다. 하지만 자신이 직접 그 영화를 연출하겠다는 조건을 달았다. "우리가 뭔가 대단히 위대한 작업을 눈앞에 두고 있다는 느낌을 내색은 못하고 속에만 담아두고 있었습니다." 벤더는 회상했다. "경험을 통해 알 수 있는 느낌이 아니었어요. 본능 깊은 곳에서 감지되는 그런 느낌이었죠."

그들은 7개월 내로 촬영에 돌입할 예정이었다. "게릴라 스타일로 작업할 생각이었어요. 닉 고메즈가 〈중력의 법칙Laws of Gravity〉을 작업했던 방식처럼 말이에요." 타란티노는 말했다. "난 당시 제작비를 지원해주는 사람에 대한 믿음을 잃은 상태였어요…… 그런데 그제야 돈이 구해지더군요."

위 | 마침내 큰 기회를 잡은 타란티노가 1994년에 〈펄프 픽션〉의 촬영장에서 제작자 로렌스 벤더와 휴식을 취하는 모습.

54-55페이지 | 레번 블리스가 2012년에 찍은 사진.

THE DIRECTOR

감독

RESERVOIR DOGS

1992

저수지의 개들

**"영감을 준 분들에게 이 영화를 바친다.
티모시 캐리, 로저 코먼, 안드레 드 토스, 주윤발,
장-뤽 고다르, 장-피에르 멜빌, 로렌스 티에니,
라이오넬 화이트…."**

〈저 수지의 개들〉의 시나리오 첫 페이지는 이렇게 선언하면서 여러 곳에서 차용한 요소가 많은 작품이라는 사실을 스스럼없이 밝혔다. 차용의 출처는 다음과 같다. 스탠리 큐브릭의 영화 〈킬링〉의 원작자 라이오넬 화이트와 그 영화에 출연한 티모시 캐리, 가부장적인 대머리 보스 아래 있는 갱단과 보석상을 털려는 이들 무리에 잠입한 비밀경찰이 등장하는 1987년 영화 〈용호풍운〉에 출연했던 주윤발, 1945년작 〈딜린저〉의 주연 배우로 타란티노가 자신의 영화에 강도단 보스 조 캐벗으로 캐스팅하게 될 베테랑 성격파 배우 로렌스 티에니, 트렌치코트를 말쑥하게 빼입은 갱스터들을 누벨바그 시크의 완벽한 본보기로 만든 프랑스 감독 장-피에르 멜빌, 그리고 〈네 멋대로 해라 (1960)〉와 〈국외자들 (1964)〉로 타란티노의 뒤섞고 결합하기 미학의 상당 부분을 형성시켜준 고다르.

"위대한 아티스트들은 도용을 하지, 오마주를 하지는 않습니다." 그는 당당히 선언했다. "내 작품에 뭔가 중요한 게 있다면, 그건 내가 이곳과 저곳과 그곳에서 가져와 함께 뒤섞은 겁니다. 사람들이 그걸 마음에 들어 하지 않는다면 정말 곤란한 상황이 되겠죠. 영화를 보러 오지 않을 테니까요. 그렇죠?"

타란티노의 초기 시나리오들을 탄생시켰던 집필 방법은 이제, 향후 30년간의 집필 활동에서 대들보 역할을 하게 될 창작 방법으로 발전한 상태였다. 타란티노는 다른 작가들이 곤란할 정도로 여러 작품에서 영감을 얻고, 전체적인 플롯 아이디어를 플롯 뱅크에서 끌어낸 후, 그렇게 얻은 아이디어를 자신의 버전으로 옮기는 작업에 착수한다. 결국엔 '타란티노 풍'이라는 형용사가 뿜어내는 후끈한 열기로 표절이라는 비난을 완전히 불태워버린다. 리믹스 전문가들, 래퍼들, 앤디 워홀, 장-뤽 고다르 같은 사람들은 그를 이해할 것이다. 예를 들어, 그는 〈지옥의 하이재킹(1974)〉에서 가담자 전원이 각각의 색상으로 불리는 강도단이라는 아이디어를 취했지만, 거기에 머물지 않고 어떤 색깔의 이름을 누가 가져야 옳은지를 놓고 언쟁을 벌이게 만드는 식으로 강도단 멤버들이 서로 대립하게 만들었다. 그런데 사실, 본인의 말에 따르면 그것도 타란티노가 한 일이 아니었다. "캐릭터들은 초등학생들처럼 자기들이 어떤 색깔의 이름을 차지해야 할지, 이를 두고 티격태격하기 시작했습니다. 그들은 그저 서로를 향해 계속 떠들어댔고, 나는 그걸 받아 적으면서 생각했죠. '와우!'" 타란티노는 자신이 만든 캐릭터들이 그가 탄탄하게 통제하는 내러티브 구조 안에서 자유로이 핀볼게임을 하며 놀게끔 놔뒀다. "어떤 캐릭터가 내가 세운 집필 계획과

위 | 선댄스 영화제의 연출 랩 워크숍에서 스티브 부세미(가운데), 톰 시즈모어(오른쪽)와 함께 〈저수지의 개들〉 신을 작업 중인 타란티노.

왼쪽 | 타란티노의 데뷔작은 스탠리 큐브릭의 〈킬링, 1956〉과 맥스 노섹의 〈딜린저, 1945〉를 비롯한 갱스터 영화들에서 플롯 구조와 주제들을 대놓고 차용했다.

"이 영화는 모든 사람이 즐길 수 있는 작품으로 만들어진 게 결코 아니에요. 사람들에게 큰 충격을 주기 위해 만들었다는 뜻도 아닙니다. 이 영화는 그저 나 자신을 위해 만들었고 다른 이들은 모두 이 영화에 초대받은 사람들이라는 뜻입니다."

위 | 그의 첫 장편 영화 촬영장에서 깊은 생각에 잠긴 모습. 타란티노는 〈저수지의 개들〉이 어째서 '인내심을 발휘한 것에 대한 완벽하고 완전한 보상'이었는지를 자주 밝혀왔다.

맞은편 | 개들. 엉클 밥스 팬케이크가 배경인 신들은 타란티노가 한껏 성장한 감독으로서의 첫 촬영이었다.

일치하지 않는 행동을 할 경우, 나는 그 행동을 하도록 그냥 놔뒀습니다. 나는 신처럼 굴면서 그가 하는 행동을 방해하지 않았어요. 그게 내 작업 방식입니다. 캐릭터들이 즉흥적으로 행동하도록 놔두고 법정의 속기사처럼 그걸 고스란히 받아 적는 겁니다."

크게 한탕을 계획하는 사람처럼, 무척 많은 감독이 하이스트 영화로 데뷔했다. 〈저수지의 개들〉로 데뷔한 타란티노뿐 아니라, 우디 앨런이 〈돈을 갖고 튀어라Take the Money and Run〉로, 마이클 만이 〈도둑〉으로, 웨스 앤더슨이 〈바틀 로켓〉으로, 브라이언 싱어가 〈유주얼 서스펙트〉로 데뷔했다. 그러면서 대규모 절도 행각과 초짜 영화 감독의 치고 달리기 미학 사이에 잠복해 있는 유사점이 드러나기 시작한다. 양쪽 모두―그 영화의 내용과 그 영화를 만드는 행위 모두―오랫동안 잉태해온 계획을 실행에 옮기려고 한자리에 모인 낯선 이들을 작업에 참여시키는데, 이 계획의 성패 여부는 세상의 눈에 발각되지 않은 채 실행에 옮겨지느냐 마느냐에 달려 있다. 양쪽 모두 실행 당일에 발생하는 예상치 못한 사태와 사건들 때문에 계획이 틀어질 수 있고, 그래서 실행에 가담한 멤버들에게는 그 상황에 재빨리 적응해야만 하는 탁월한 임기응변이 요구된다. 양쪽 모두 성공할 경우 다량의 현금을 챙길 수 있다. 그리고 양쪽 모두 머피의 법칙("잘못될 가능성이 있는 일은 잘못된다.")에서 자유롭지 못하다.

타란티노가 지휘하는 '갱단'에 합류한 첫 멤버가 로렌

스 벤더였다면, 두 번째 멤버는 타란티노가 좋아하는 웨스턴 〈복수의 총성The Shooting〉과 〈바람 속의 질주Ride in the Whirlwind〉를 연출한 컬트 감독 몬테 헬먼이었다. 타란티노는 벤더의 연줄을 통해 할리우드 불러바드에 있는 C. C. 브라운스라는 아이스크림 가게에서 헬먼을 만났다. 그 자리에 나온 헬먼은 처음엔 자신에게 영화를 연출해달라는 감독 제의가 들어올 거라고 생각했다. 그렇지만 얼마 전에 〈트루 로맨스〉 시나리오를 팔아 치우면서 세상 무서울 게 없어진 타란티노는 자신의 입장을 고수했다. 이 영화는 자신이 연출하려는 작품이었다. 대신, 이그제큐티브 프로듀서로 작품에 합류한 헬먼은 한때 포르노 비디오를 유통했던 회사인 라이브 엔터테인먼트를 찾아갔다. 그곳의 임원 리처드 글래드스테인은 배우 열 명의 이름이 적힌 명단을 건네면서 프로젝트를 받아들였다. 그는 제작진이 명단에 적힌 배우들 중 한 명을 확보하면 130만 달러를 내놓고, 두 명을 확보하면 200만 달러를 내놓을 생각이라고 밝혔다. 명단에 이름이 적힌 배우들 중에는 크리스토퍼 월켄과 데니스 호퍼, 하비 케이틀이 있었다.

벤더를 가르친 연기코치의 부인 릴리 파커가 액터스 스튜디오 때부터 케이틀과 알고 지내는 사이였고, 그녀는 어찌어찌 시나리오를 케이틀에게 건넸다. "그녀는 이렇게만 말하더군요. '당신이 좋아할 만한 시나리오가 있어요.'라고요." 케이틀은 말했다. "시나리오를 읽고는 큰

위 | 하비 케이틀(미스터 화이트)은 경험이 풍부한 배우이자 제작자로서 이 영화의 주요한 자산이었다.

맞은편 | "1파인트만 더 흘리면 그는 죽은 목숨이에요." 팀 로스는 피를 철철 흘리며 죽어가는 신들의 촬영을 위해 시럽을 뒤집어쓴 채 바닥에 들러붙어서 몇 시간을 보냈다.

충격을 받았습니다. 쿠엔틴은 동지애와 신뢰, 배신, 구원이라는 유서 깊은 주제들을 새로운 시각으로 보고 있었어요."

토요일 밤 늦은 시간에 시나리오를 읽은 케이틀은 일요일 아침, 벤더에게 전화를 걸어 딴사람으로 오해할 여지가 전혀 없는 특유의 브룩클린 억양으로 자동응답기에 메시지를 남겼다. "안녕하세요, 로렌스 벤더라는 분께 전화 드렸습니다. 저는 하비 케이틀입니다. 〈저수지의 개들〉 시나리오를 읽었는데, 그 작품에 대해 이야기를 나눴으면 합니다."

타란티노가 케이틀을 캐스팅하기 전, 처음으로 만남을 가졌던 순간을 케이틀은 이렇게 회상했다. "문을 열었는데 크고 흐느적거리는 몸을 주체하지 못하는 듯한 젊은 남자가 나를 노려보고 있었습니다. '하비 키이-텔이신가요?'라고 묻더군요. 그래서 '키에-텔(이하 본문에서는 '케이틀'로 표기)입니다.'라고 대답했죠. 거기서부터 일이 시작됐습니다. 그에게 뭘 좀 먹겠느냐고 물었는데, 엄청나게 먹더군요. 내가 물었죠. '이 시나리오는 어떻게 쓰게 된 건가요? 터프 가이들이 판치는 험한 동네에서 자랐나요?' 아니라고 하더군요. 그래서 또 물었습니다. '가족 중에 터프 가이들하고 어울린 사람이 있었나요?' 이번에도 아니라고 하더군요. 그래서 또 물었어요. '으음, 그럼 이런 시나리오는 도대체 어떻게 쓰게 된 건가요?' 그러자 그가 대답하더군요. '그런 영화를 많이 봤어

요.'라고 말입니다."

제작진은 미스터 화이트를 확보했다. 케이틀을 프로젝트에 승선시키면서 150만 달러를 조달받을 수 있게 된 타란티노와 벤더는 타란티노를 감독 자리에 앉힌 채로 나머지 멤버들의 캐스팅을 진행했다. 크리스토퍼 월켄과 데니스 호퍼하고 아는 사이였던 케이틀은 그들을 설득해 프로젝트에 합류시키려고 애썼다. 그들은 모두 고개를 저었지만, 이즈음 시나리오는 에이전트들과 배우들 사이를 돌아다니며 유망한 시나리오라는 평판을 쌓고 있었다. 케이틀은 자기 주머니를 털어 제작진의 뉴욕행 항공료를 지불—케이틀 자신은 1등석으로, 타란티노와 벤더는 이코노미석으로—했다. 57번가에 있는 작은 사무실에서 치러지는 오디션 때문이었다. 예순 명이 넘는 배우들이 오디션에 참여해 붙잡힌 경찰을 연기하는 벤더를 차례차례 괴롭혔다. 지원자들 중에는 조지 클루니와 사무엘 L. 잭슨, 로버트 포스터, 빈센트 갈로 등이 있었다. 제임스 우즈는 대다수 사람들이 미스터 오렌지 역할이었을 것으로 추정하는 역할을 제의받았는데, 훗날 그는 러닝 개런티 없이 현금으로만 출연료를 지불하겠다는 제의를 거절한 에이전트를 향해 노발대발했다. 타란티노는 이렇게 말했다. "우리는 제대로 된 사내들을 컬렉션으로 꾸리기 위해 전력을 다했습니다."

마이클 매드슨은 원래 미스터 핑크 역할을 염두에 두고 시나리오를 읽었는데, 미스터 핑크는 타란

"관객들이 한바탕 폭소를 터뜨리고 있는데 '쾅' 하는 굉음과 함께
다음 순간, 사방의 벽에 피가 튀어 있는 아이디어를 좋아합니다."

티노가 시나리오를 집필할 때부터 직접 연기하려고 점찍어둔 캐릭터였다. 매드슨은 그 전까지 감독을 만난 적이 없었다. "타란티노는 팔짱을 낀 채 서 있었고, 하비는 맨발로 카우치에 앉아 있었어요." 매드슨은 첫 만남을 회상했다. "내가 미스터 핑크를 연기하고 싶다는 의사를 내비쳤죠. 그랬더니 쿠엔틴이 말하더군요. '좋아요, 그럼 당신이 가진 걸 보여줘요.' 그 작품을 위해 평생 몇 번 해보지도 않은 연기 리허설을 했었죠. 나는 미스터 핑크의 신 두 개를 연기했습니다. 연기를 마치자 쿠엔틴이 나를 노려보며 말했어요. '끝났요? 좋아요. 당신은 미스터 핑크가 아니에요. 미스터 블론드예요. 미스터 블론드가 싫다면, 당신은 이 영화에 출연하지 못해요.'"

스티브 부세미는 원래 나이스 가이 에디와 미스터 오렌지를 눈여겨봤지만, 시나리오를 읽고 나서는 미스터 핑크를 원했다. 오디션 마지막 날, 부세미를 만나러 대기실로 찾아간 타란티노가 말했다. "이렇게 말했죠. '미스터 핑크는 내가 직접 연기하려고 쓴 캐릭터예요. 그러니까 당신은 저 안에 들어가서 그 배역을 쟁취해야 해요. 실패한다면 미스터 핑크 역은 맡지 못할 거예요. 당신의 오디션을 망치려는 속셈으로 이러는 게 아니에요. 당신한테 딱히 특혜를 주려는 것도 아니고요. 당신은 쟁취해야 해요. 바로, 나한테서요. 자, 안에 들어가서 잘해봐요.' 그랬더니 부세미가 그 일을 정말 해내더군요." 그날 늦은 시간에 화장실에서 우연히 부세미를 만난 타란티노는 그에게 캐스팅이 됐다고 전했다. "쿠엔틴이 들어와 내 옆 변기에서 볼일을 보며 말하더군요. '아아, 그런데

말이에요, 당신을 미스터 핑크로 캐스팅했어요.'" 부세미가 한 말이다.

다시 로스앤젤레스로 돌아와 보자. 영국 배우 팀 로스는 미스터 오렌지 역할이 마음에 들었지만, 배역을 따내려고 시나리오를 낭독하는 건 거부했다. 케이틀은 그를 식당으로 데려가 설득하려 애썼지만, 그는 여전히 낭독을 거부했다. 결국 타란티노는 로스가 좋아하는 술집인 선셋 불러바드의 코치 앤 호시스로 데려갔고, 두 사람은 완자지껄한 술자리를 벌였다. "감독님을 위해서라면 무엇이든 읽을게요!" 새벽 2시, 로스가 선언했다. 타란티노는 맥주잔 받침에 대사를 휘갈기기 시작했고, 세븐 일레븐에서 맥주를 더 산 다음 로스의 아파트로 서둘러 갔다. 그곳에서 그들은 시나리오를 처음부터 끝까지 다섯 번이나 읽었다. "우리는 술에 취해 완전히 맛이 간 상태였어요." 로스가 훗날에 한 회상이다. "그 낭독은 당시 몇 년간 내가 했던 유일한 시나리오 낭독이었습니다." 로스는 미스터 오렌지 역할을 따냈다.

갱단의 마지막 멤버는 편집감독 샐리 멘케였다. 그 시점까지 그녀가 직업적으로 거둔 가장 큰 성취는 〈닌자 거북이 Teenage Mutant Ninja Turtles〉를 편집한 것이었다. "제작진에게 연락을 했더니 타란티노가 〈저수지의 개들〉이라는 시나리오를 보내왔어요. 놀라운 작품이라는 생각이 들더군요." 그녀는 말했다. "기막힐 정도로요. 나는 스콜세지를 영웅시했어요. 그가 셀마 스쿤메이커라는 여성 편집감독과 일한다는 점에서 특히 더 그랬죠. 그런데 그 시나리오는 딱 스콜세지 분위기였어요. 하비 케이틀이 참여

위 | 로렌스 티에니(오른쪽)가 연기하는 강도단의 보스 조 캐벗은 배우들에게 역할을 나눠주는 영화감독처럼, 강도들에게 각자가 쓸 가명을 배정한다.

맞은편 | 총을 겨눈 미스터 블론드(마이클 매드슨).

하고 있다는 걸 알게 된 후에는 더더욱 무슨 수를 써서라도 이 일을 따내야겠다고 다짐했죠. 캐나다 밴프의 외진 산에서 하이킹을 하던 중에 전화 부스를 발견하고는 LA에 전화를 걸어 내가 그 일을 맡게 되었다는 걸 확인했어요. 내가 터뜨린 함성이 온 산에 쩌렁쩌렁 메아리쳤죠."

말리부에 있는 하비 케이틀의 집에 모인 배우들 중 일부—에디 벙커와 로렌스 티에니—는 자신들이 복역하면서 겪은 교도소 생활에 대해 이야기를 주고받기 시작했다. "리처드 글래드스테인과 나는 서로를 보며 말했어요. '바로 이거야. 바로 이게 영화라고. 우리는 영화 안에 들어와 있는 거야.'" 벤더는 말했다. 출연진 사이가 끈끈해지자, 케이틀은 그들을 〈그리스도 최후의 유혹The Last Temptation of Christ〉에 나오는 12사도에 비유하기까지 했다. 모임이 있은 후, 타란티노는 술기운 때문에 알딸딸한 상태로 글렌데일에 있는 아파트로 운전해 돌아갔다. 그에게 이보다 더 행복한 기억은 없었다. '영화를 찍는 내내 이렇게 집중된 분위기를 유지하기만 한다면 끝내주는 영화를 만들게 될 거야'라고 생각했던 당시를 회상했다. '흰색 셔츠 차림의 이 작자들을 흰색 벽 앞에 세울 수 있다면 나는 근사한 영화를 만들게 될 거야.'

1991년 7월 29일에 시작된 〈저수지의 개들〉 촬영은 샌 페르난도 밸리의 로케이션에서 5주, 정확히 30일 만에 끝났다. 촬영 1주차 때는 식당 '엉클 밥스 팬케이크'와 사무실에서 오프닝 신을 찍었다. 2주차 때는 추격전과 총격전, 미스터 핑크의 차량 탈취 장면을 비롯한 실외 시퀀스들을 작업했다. 3주차와 4주차는 창고 내부의 신들을 촬영하는 데 집중했는데, 이 창고는 하일랜드 파크의 노스 피구에로아와 59번가가 교차하는 모퉁이에 자리한 오래된 장례식장이었다. 촬영감독 안드레이 세큘라는 코닥이 제조하는, 빛에 대한 감도가 가장 낮은 필름 50 ASA로 촬영했다. 그 필름으로 촬영하면 타란티노가 원하는 것처럼 컬러들이 폭발하는 듯한 느낌을 자아내기 때문이었다. 제작진은 창고에 조명을 잔뜩 설치해야만 했고, 덕분에 실내 기온이 섭씨 43.3도까지 올라갔다. 실내가 몹시 더운 탓에 배우 팀 로스 주위에 고여 있던 피—실제로 그 피는 시럽이었고 촬영장에 상주하는 의료요원이 관리했다("좋아요. 지금부터 피를 1파인트(0.47리터)만 더 흘리면 그는 죽은 목숨이에요.")—가 끈적끈적하게 말라붙으면서 그는 바닥에 엉겨 붙어버린 신세가 됐다. 로스를 바닥에서 떼어내는 데만 15분이 걸렸다.

"빨간색은 눈이 튀어나올 정도로 새빨갰으면 싶었고 파란색, 검정색 역시 아주 선명하길 원했어요. 어정쩡한 색감은 원치 않았죠." 타란티노는 말했다. "영화에 들어

있는 숏들은 하나같이 고생고생해서 얻은 겁니다. 그 창고는 오븐이나 다름없었거든요. 창고 안에 있는 사람들은 통구이가 됐죠. 하지만 그럴 만한 가치가 있었습니다. 그 덕에 그토록 짙고 강렬한 컬러를 얻었으니까요."

타란티노는 대부분의 촬영 기간 동안, 누군가가 그의 어깨를 툭툭 치면 촬영지에서 쫓겨나게 되리라는 걸 염두에 둔 채 영화를 연출했다. 그와 벤더는 촬영장 경험이 가장 일천한 사람들이 바로 자신들이라고 농담했다. 미스터 핑크의 총격전과 탈출 장면을 촬영할 때, 제작진에게는 거리 전체를 폐쇄하는 데 필요한 경비가 없었다. 게다가 교통을 통제하러 파견된 경찰은 두 명뿐이었다. 타란티노는 경악하는 부세미에게 지시했다. "자, 이제 어떻게 하냐면, 총을 집어 들고 총알이 떨어질 때까지 경찰한테 총질을 해요. 신호가 파란불이면, 차를 몰고 그냥 내빼는 거예요."

"파란불이면?" 부세미는 되물었다. "교통을 통제하지 않고 있다는 뜻이에요?"

"그게 그러니까…… 그런 셈이죠. 우리는 이쪽하고 저쪽만 교통을 통제하고 있어요. 경찰들이 '신호를 받으면 가도 된다'고 했고요."

결국 부세미는 빨간불인데도 차를 몰고 질주했다. 차 뒷좌석에 웅크리고 있던 타란티노는 치직거리는 무전기 소리를 들었다. "이건 완전 위법 행위야! 빨간불을 무시하고 달렸잖아. 경찰들 머리 뚜껑이 열렸어!"

그들은 리허설을 할 때, 강도 행각을 연습했다. 그래서 제작진 전원이 강도질을 하던 중에 무슨 일이 벌어졌는지 알고 있었지만, 그 장면을 실제로 촬영하지는 않았다. 고문 장면을 위해, 타란티노는 경찰을 연기하는 배우 커크 볼츠에게 자신의 몸에 불을 붙이지 말라고 마이클 매드슨에게 애걸하는 대사를 즉흥적으로 요청했다. 그가 쓴 시나리오에는 그런 대사가 없었다. "이 경찰이 얼마 전에 아버지가 됐다는 걸 알고 있었습니다." 볼츠는 말했다. "리허설 중 어느 순간에 그 대사를 쳤죠. '이제 나는 자식이 있는 아버지예요……' 내가 그 대사를 치자마자 마이클이 연기를 중단했어요. 그냥 연기를 멈춰버린 겁니다. 그는 나를 돌아봤다가 쿠엔틴을 돌아보고는 말했어요. '저 친구가 저 대사를 치지 않았으면 좋겠군요.' 그러자 쿠엔틴이 말했죠. '나는 그 대사가 마음에 들어요. 그 대사를 영화에 그대로 넣을 거예요.'라고요."

감독의 속을 썩인 유일한 배우는 타란티노가 시나리오를 헌정한 대상 중 한 명인 티에니(영화에서 그는 "딜런저처럼 튀어져버린"이라는 대사를 친다)였다. 티에니는 음주 운전과 폭행

으로 3개월간 복역한 전력이 있었다. 촬영이 시작되기 전, 타란티노는 뉴욕의 액터스 스튜디오에서 열린 파티에 참석했다가 자작 소설을 각색한 영화 〈터프가이는 춤을 못 춰 *Tough Guys Don't Dance*〉를 연출하면서 티에니를 캐스팅했던 노먼 메일러를 만났다. 타란티노는 이렇게 회상했다. "그에게 가서 물었습니다. '안녕하세요, 로렌스 티에니와 작업하셨죠? 그를 캐스팅할까 생각 중입니다.' 그랬더니 메일러는 티에니에 대해 골칫거리라면서 이러더군요. '봐요, 로렌스 때문에 당신의 작업 속도는 20퍼센트쯤 느려질 거요. 그래도 괜찮다면, 별 문제없겠지만.' 노먼 메일러 그 양반, 엿이나 처먹으라고 해요! 로렌스 때문에 작업 속도가 80퍼센트는 느려졌다고요! 20퍼센트라는 그 헛소리는 대체 뭔가요? 내 친구가 문더군요. '로렌스가 너한테 악감정이 있어서 자꾸 부딪치는 거야?' 아니에요. 로렌스는 나를 마음에 들어 했어요. 그는 좋은 사람이에요. 우리가 충돌하는 건 개인적인 악감정 때문이 아니었어요. 그냥 영화를 만든다는 개념 자체에 악감정이 있어서 부딪치는 거였죠."

촬영을 시작하고 며칠쯤 지났을 때, 로렌스 티에니는 마이클 매드슨 때문에 대사를 자꾸 잊어버리게 된다면서 매드슨을 비난하기 시작했다.

"이렇게 하죠." 타란티노는 말했다. "당신과 마이클이 따로 연습했으면 해요. 그래야 이 장면을 제대로 연출할 수 있을 것 같아요."

"네깐 놈의 충고 따위는 필요치 않아, 이 개자식아!" 일흔두 살의 노배우는 으르렁거렸다.

"엿이나 처먹어요, 래리." 타란티노도 맞받아쳤다.

어느 날에는 당일 촬영을 마치고 귀가한 티에니가 술에 취해 매그넘 357구경의 탄창이 빌 때까지 총을 쏴댔는데, 그가 쏜 총알들이 어느 가족이 잠들어 있는 옆집으로 날아들어 갔다. 제작진은 구치소에 내동댕이쳐진 그를 보석금을 내고 촬영장으로 데려왔다. "바로 그 시점에 그의 머리에는 징역 5년형 정도가 걸려 있는 셈이었어요." 타란티노는 격분했다. "그는 일찍이 40년 전에 별을 단 중죄인이었어요. 그래서 애초부터 총을 소지해서는 안 되는 사람이었죠." 촬영이 끝날 무렵, 그는 티에니 문제에 있어서는 두 손 두 발 다 든 상태였다. 타란티노는 나이스 가이 에디를 연기한 크리스 펜에게 털어놨다. "이 사람은 도저히 감당을 못하겠어."

편집을 완료한 건 1992년도 선댄스 영화제가 개막하기 딱 사흘 전이었고, 영화제에 배달된 프린트는 아직 마르지도 않은 상태였다. 영화제 프로그램은 이 영화를 '짐 톰슨(미국의 하드보일드 소설가)이 사무엘 베케트를 만나다'라고 묘사했다. 글래드스테인은 귀 절단 신 때문에 불붙은 항의의 불길이 활활 타오르는 것을 목격했다. "영화제에 출품할 당시에는─명청하게도, 바보 같이, 천치처럼─선댄스에서 이런 장르의 영화를 상영한 적이 없다는 걸 알지 못했습니다." 글래드스테인이 작가 피터 비스킨드에게 한 말이다. "이런 장르의 영화를 처음으로 상영하는 영화제에 참석한 관객들과 함께 영화를 감상한 건 충격적인 경험이었습니다. 사방에서 숨을 제대로 쉬지 못해 헉헉거리는 소리가 나더군요."

타란티노는 양보를 거부했다. 이집션 시어터에서 마지막 시사회가 열렸을 때, 그는 이런 질문을 받았다. "그래, 당신은 이 영화에 담겨 있는 모든 폭력을 어떻게 정당화하나요?"

그는 대꾸했다. "나는 댁이 어떤 사람인지 몰라요. 그런데 나는 폭력적인 영화들을 사랑합니다. 내가 역겹게 여기는 건 머천트 아이보리가 만든 똥 덩어리 같은 영화들이에요."

타란티노의 영화는 선댄스 영화제에서 단 하나의 상도 받지 못했지만, 『로스앤젤레스 타임스』가 평한 것처럼 '영화제에서 가장 많이 입에 오른 영화'로 등극했다. "영화제를 완전히 휩쓸었죠." 팀 로스는 말했다. "영화제 셔틀버스에서는 우리 영화의 티켓이 장당 100달러에 팔리고 있었으니까요."

그런데도 여전히 배급업자가 없었다. 미라맥스의 하비 와인스타인은 귀 절단 신 때문에 전전긍긍했다. "그 신만 없으면 당신 영화는 주류 영화예요." 하비는 타란티노에게 말했다. "그 신을 그대로 두면, 당신은 영화를 관 속에 집어넣는 것이나 다름없어요. 그 신만 없으면, 나는 이 영화를 삼백 개 극장에서 개봉시킬 수 있어요. 반대로 그 신을 그대로 둔다면, 내가 확보할 수 있는 극장은 딱 한 곳밖에 없을 겁니다. 30초짜리 그 신의 존재 여부가 미국 시장에서의 운명을 바꾸게 될 거란 말이에요."

와인스타인은 부인 이브와 여동생 모드를 실험용 기니피그로 활용했다. "귀 절단 신이 시작되자 두 사람은 튀어 오르듯 객석에서 벌떡 일어섰어요." 그는 말했다. "두 여자는 '작작 좀 해'라며 나가버렸죠."

이브는 밖으로 나가는 길에 남편을 돌아보고는 말했다. "이 영화가 얼마나 좋은 영화인지는 관심 없어, 이 영화는 역겨워!"

위와 맞은편 | 폭력 행위 자체는 스크린에 전혀 등장하지 않지만, 논란 많은 귀 절단 신 때문에 영화는 주류 관객들로부터 외면당하는 대가를 치렀다.

"그 신은 노래가 없었으면 그렇게까지 충격적이지는 않았을 거예요.
관객은 기타 선율과 함께 그 장면에 빨려 들어가 발을 까딱거리면서
마이클 매드슨이 춤추는 걸 즐기게 되니까요.
그러다가 쾅! 하지만 그때 정신을 차려봐야 너무 늦었어요.
관객인 당신도 공모자가 됐으니까요."

"끝내주게 멋진 영화들을
만들고 싶어요.
그리고 그 영화들이 전부
<저수지의 개들>처럼
같은 장소에서,
같은 아티스트에게서,
같은 사람에게서 탄생한
작품들이면 좋겠어요."

68-69페이지 | 영화의 아이콘이 된 조지 베이커의 노래 「리틀 그린 백」이 배경음으로 깔리는 오프닝 크레디트. 자신이 맡은 역할 미스터 브라운을 연기하는 타란티노의 모습을 맨 오른쪽에서 볼 수 있다.

위와 맞은편 | 하비 케이틀과 스티브 부세미, 커크 볼츠와 함께 창고 신을 리허설하고 촬영하는 타란티노.

와인스타인은 이렇게 회상했다. "두 여자는 시사실 밖에서 맴돌고 있었습니다. 나 때문에, 쿠엔틴 때문에, 영화 때문에 단단히 열받은 채로요. 머리끝까지 화가 나 있었죠." 민망해진 와인스타인은 감독에게 사과했다. 그러자 타란티노는 딱딱거렸다. "당신 부인 보라고 만든 영화가 아니에요."

이브와 모드는 극장 밖에서 15분간 서성거렸다. 그러더니 두 사람은 극장으로 돌아와 영화의 나머지를 감상했다. "이 영화를 싫어한다고 생각했는데, 왜 돌아온 거야?" 그가 묻자 이브는 대답했다. "무슨 일이 일어났는지 알고 싶어서."

귀 절단 신은 영화에 그대로 남았다.

〈저수지의 개들〉은 1992년 10월 23일에 개봉됐다. 우리는 그 영화와 관련된 많은 것들을 알고 있다. 그 영화의 시대적 배경을 파악하려는 모든 시도들에는 강조의 의미로 별표가 달린다. 그렇다, 타란티노의 갱스터들은 카페에 둘러앉아 마돈나의 「라이크 어 버진Like a Virgin」의 의미에 대해 떠들어대지만, 그 외에 언급되는 대중문화들—스틸러스 휠, 팸 그리어의 출연작들, TV 드라마 〈겟 크리스티 러브〉와 〈허니 웨스트〉 등—은 타란티노가 자신의 유년기인 1970년대에 귀를 기울인 결과물이고, 그들이 입은 말쑥한 검은 정장과 가느다란 타이들은 그보다 앞선 1960년대가 보내온 신호다. 외모만 보면 60년대의 갱스터 같은 그들은 70년대

음악을 즐기며 90년대 카페에 모인 철학자들처럼 재미있는 이야기를 신나게 떠들어댄다. 우리는 이미 타란티노의 상상력이 쌓아 올린, 까치가 하나씩 물어다 놓은 듯한 대중문화의 자그마한 장식품들이 모여 이뤄진 세계에 들어섰다. 순전히 제인 맨스필드가 비번이라서 마릴린 먼로가 버디 홀리의 어깨를 털어주는 곳인 〈펄프 픽션〉의 잭 래빗 슬림스—존 트라볼타가 연기하는 빈센트 베가가 '맥박이 펄떡펄떡 뛰는 밀랍인형 박물관'이라고 말하는 곳으로, 타란티노가 이후로 우리에게 선사할 영화들을 깔끔하게 압축해서 보여주는 곳—는 그런 자그마한 장식품의 대표적인 사례라 할 수 있다.

〈저수지의 개들〉이 구닥다리 영화가 되지 않은 건 분명한 것 같다. 반면, 당시 그 영화의 리뷰들은…… 맙소사! 그 리뷰들은 1992년이 아니라 1892년에 나온 리뷰들 같다. 영화가 개봉된 1992년의 상황은 다음과 같았다. 밥 돌(1996년 미국 대선의 공화당 후보)은 '타락한 악몽'이라며 할리우드를 꾸짖고, 학자들은 영화의 '새로운 잔혹성'을 다룬 학술 논문들을 발표했다. 마이클 메드베드(라디오 진행자 겸 정치평론가, 영화평론가)는 폭력적인 영화들의 행렬이 혼외정사와 상스러운 욕설을 장려하면서 기독교적 가치관을 폄훼한다며 밤마다 떠들었고, 신을 두려워하는 순진한 미국인들은 침대 시트를 겨드랑이 사이로 끌어올리며 자신들을 보호하려고 했던, 별나고 칙칙한 시기였다.

"단일 신을 촬영하는 방법에 대한 아이디어조차 없었어요…
하지만 내 평생 그렇게 행복했던 적은 없었죠.
나는 꿈에서나 꾸던 삶을 현실에서 실현하고 있었고, 내 꿈은 위대해지고 있었어요."

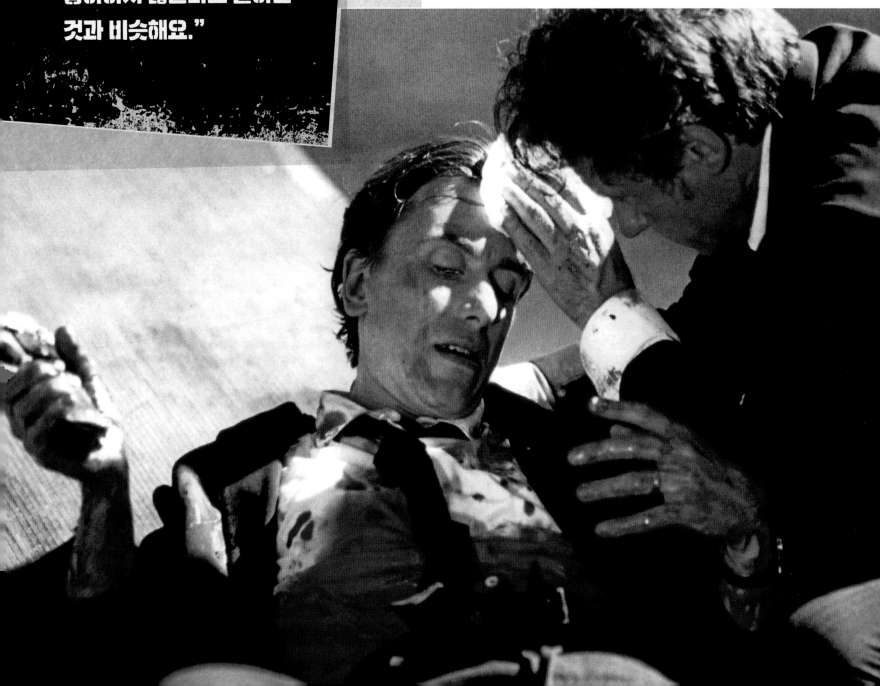

"내게 폭력은 우리가 영화에서 볼 수 있는 많은 요소들 중 하나일 뿐이에요. 당신이 영화에 등장하는 폭력을 좋아하지 않는다고 말하는 건, 슬랩스틱을 좋아하지 않는다고 말하는 것이나 댄스 시퀀스를 좋아하지 않는다고 말하는 것과 비슷해요."

이런 사회적 분위기가 바로 타란티노의 영화가 당면한 시대적 상황이었다.

"타란티노가 자세히 설명하는 유일한 대상은 폭력이다."라고 『월스트리트 저널』의 줄리아 새먼은 말했다.

"이 영화는 딱히 어느 것도 제대로 다루지 않는다. 그저 영화적인 아수라장을 현란하고 대담한 스타일로 연출해낸 작품일 뿐이다." 『뉴욕 데일리 뉴스』는 '〈저수지의 개들〉에는 폭력이 넘쳐흐른다'라는 헤드라인이 달린 리뷰에서 이렇게 밝혔다.

이 영화를 지지하는 팬들조차 폭력의 향연이 한없이 이어진다는 데에는 동의했다. 『뉴 리퍼블릭』의 스탠리 카우프먼은 이렇게 말했다. "잘 만들어진 영화지만 폭력이 쓸데없이 많이 등장한다. 전반적인 반응은 대단히 즐거운 영화라는 것이지만, 무의미한 폭력 신만큼은 주의를 기울여야 한다."

25년이 지난 지금, 이 영화를 비판한 평론가들에게 점잖은 목소리로 다음과 같은 비보를 전해도 될 만큼 충분한 시간이 흐른 듯하다. 〈저수지의 개들〉은 그다지 폭력적이지 않다.

총격전이 두 번 등장하고, 심하게 구타당하는 경찰이 보이지만, 입에서 입으로 전해지는 전설과는 달리 귀가 잘리는 모습은 스크린에 등장하지 않는다. 미스터 블론드가 경찰의 무릎 앞에 자리를 잡을 때, 카메라는 그 모습을 피하면서 벽으로 시선을 옮긴다. 유명한 사실이지만, 우리는 강도 행각 자체는 전혀 보지 못하고, 미스터 블론드가 은행에서 미쳐 날뛰는 모습도 보지 못한다. 영화에 등장하는 것은 강도 행각 이전 단계와 이후의 여파가 전부다.

"하이스트가 등장하지 않는 하이스트 케이퍼, 속수무책으로 수다와 사랑에 빠진 액션 영화, 스토리텔링의 섹시함을 노래하는 시, 삶에 대한 조숙한 지혜를 담은 한 조각"이라고 『LA 위클리』는 평하면서, 타란티노를 "분위기를 획획 바꿔버리는 거장"이라고 칭했다. 그는 관객의 레이더를 고장 나게 만드는 걸 즐기고, 무척이나 웃기는 분위기를 공포스럽게 전환시켰다가 다시 원래 분위기로 되돌려놓는 지그재그 행보로 기분 좋게 한 수 앞서가며 관객을 즐겁게 만든다. 관객이 깔깔거리며 웃는 이유는 누군가가 살인을 농담처럼 가볍게 다루었기 때문이다. 곧이어 관객은 그런 장면을 보고서도 깔깔거릴 수 있다는 사실을 깨닫고는 또다시 깔깔거린다. 그 후 관객은 자신이 웃고 있다는 단순한 이유에서, 그리고 영화가 빌어먹을 정도로 잘 만들어진 영화라서 다시 한 번 깔깔거린다.

영화에는 불필요한 군더더기가 눈곱만치도 없다. 영화는 99분의 러닝 타임 동안 총알처럼 빠르게 전개된다. 사람들이 폭력에 대해 불평하는 것도 놀라운 일이 아니다. 그런데 사람들이 불평하는 대상은 캐릭터들이 행하는 폭력이나 캐릭터들이 주고받는 대화에 담긴 폭력성이 아니라, 영화의 형식에 가해진 폭력이다. 상세한 설명? 사라졌다. 사건의 발생 순서? 뒤죽박죽이다. 플래시백 중 어느 것도 플래시백으로 느껴지지 않고—관객은 조금도 힘들지 않게 창고로 돌아온다—비밀경찰의 정체가 드러났을 때에도 그 사실은 서스펜스를 전혀 갉아먹지 않는다. 오히려 그 사실은 서스펜스를 한껏 고조시킨다. 이 사내들이 서로를 신뢰하는 건 있을 법하지 않은 일이다. 하지만 그들을 함정으로 몰아넣은 자의 정체를 명명백백히 밝혀내려면, 그들은 서로를 신뢰할 수밖에 없는 입장이다.

미스터 핑크
우리가 아는 한, 저 자식이 밀고자야.

미스터 화이트
저기 있는 녀석을 죽어가게 만든 망할 총알이 저 녀석 몸에 맞는 걸 내 눈으로 똑똑히 봤어. 그러니까 저 애를 밀고자라고 부르지 매!

시나리오는 꼬리를 물고 이어지는 일련의 대화들로 구성된다. 그 대화에서 화자 A는 화자 B에게 실제로 벌어지는 상황이 그가 생각하는 것과는 반대라는 걸 설득하려 한다. 가령 미스터 브라운은 「라이크 어 버진」이 남근에 대한 노래라고 모두를 설득하려 한다. 미스터 핑크는 팁을 주는 건 말도 안 되는 사회적 규범이라고 모두를 설득하려 한다. 미스터 화이트는 미스터 오렌지에게 죽지 않으리라는 것을 설득하려 한다. 미스터 핑크는 멤버 전원이 함정에 빠졌다고 미스터 화이트를 설득하려 한다. 경찰은 자신을 고문하지 말라고 미스터 블론드를 설득하려 애쓴다. 이런 장면은 계속 이어진다.

아리스토텔레스는 『수사학』에서 수사법의 유형 세 가지를 제시했다. 화자를 믿음직한 존재나 신뢰할 만한 존재로 만들어주는 에토스, 관객의 감정에 호소하는 파토스, 순수한 논리에 호소하는 로고스. 미스터 화이트는 미스터 오렌지의 무고함을 주장하고자 파토스를 활용한다. 이 친구는 고통을 겪고 있다. 그러니 그를 밀고자라고 부르지 마라. 반면 조 캐벗은 그의 신뢰성과 성격, 곧 에토스에 호소하면서 혐의를 벗는다.

미스터 화이트
나하고 조는 오래전부터 알고 지낸 사이야. 다 까놓고 말할 수 있어. 조는 이 개짓거리와 아무런 관련도 없는 게 분명해.

이 이야기를 들은 미스터 핑크는 미스터 화이트의 멍청함에 대한 대응으로 순수한 로고스가 가득 담긴 깡통을 따서 개봉한다.

미스터 핑크
아하, 당신하고 조는 오래전부터 알고 지내셨다? 나도 소싯적부터 조하고 알고 지낸 사이야. 그런데 조가 그런 짓을 할 리 없다고 못 박는 건 웃기는 얘기야. 내가 그런 짓을 하지 않았다는 건 분명히 말할 수 있어. 내가 한 짓이 뭐고 하지 않은 짓이 뭔지 잘 아니까. 그런데 다른 사람에 대해서는 그렇게 확신하지

맞은편과 위 | 미스터 화이트(케이틀)는 부상당한 미스터 오렌지(팀 로스)를 다독이고 간호한다.

위 | 미스터 블론드는 음료수를 조용히 홀짝거리다가 잡아온 경찰을 고문한다.

맞은편 | 최후의 총격 신을 촬영하기에 앞서 그의 스타 케이틀에게 연기 지시를 하는 타란티노.

못하겠어. 확실하게 알지 못하니까. 내가 아는 한, 당신이 밀고자야.

미스터 화이트

내가 아는 한, 네가 밀고자야.

미스터 핑크

이제는 당신도 머리를 굴리시는군.

이것이 타란티노 특유의 분위기다. 냉정하고 공격적이며, 날카롭게 지적이고, 회의적인 분위기. 누군가에게 지나치게 많이 데여본 적이 있는 사람의 목소리. 강도 행각이 영화 제작을 빗댄 알레고리라면, 캐릭터들 각자는 벌어진 사건들에 대한 다른 이들의 설명에 맞서 자신들 버전의 설명을 제시하면서 사실이라고 주장하는 스토리텔러들이다.

경찰이 자신을 고문하지 말라며 미스터 블론드를 설득하려 애쓸 때, 미스터 블론드는 몹시 섬뜩한 대사로 대응한다.

미스터 블론드

자, 너한테 헛소리는 않겠어. 나는 네가 아는 게 뭐고 모르는 게 뭔지 눈곱만큼도 신경 쓰지 않아. 어찌 됐든 널 고문할 거야. 정보를 얻으려고 그러는 게 아니야. 경찰을 고문하면 기분이 좋아지니까 그러는 거지. 네가 할 수 있는 말은 하나도 없어. 몽땅 다 이미 들은 얘기니까. 네가 할 수 있는 일은 하나도 없어. 빨리 죽게 해달라고 기도하는 것 말고는. 그런데 말이야, 네가 바라는 대로 빨리 죽지도 못할 거야.

매드슨을 포착하는 타란티노의 프레이밍은 탁월하다. 천천히 이동하는 카메라의 움직임은 매드슨이 음료수를 마시면서 실내에 그들과 함께 있다는 걸 드러낸다. 타란티노는 숏 바깥에 있는 존재가 숏 안에 있는 존재만큼이나 중요하다는 걸 안다. 고문 신의 가장 충격적인 점은 우리가 결코 보지 못하는 귀를 절단하는 행위가 아니라, 차 트렁크에서 가솔린을 가져오려고 창고 밖으로 나가는 미스터 블론드를 따라가는 긴 스테디캠 숏이다. 음악 소리가 약해지면서 지저귀는 새소리와 아이들이 뛰노는 소리의 사운드 트랙이 그 자리를 대체한다. 영화 자체가 갈라지면서 틈새가 생기고, 그 장면을 생생히 실감하고 있던 관객은 어느 순간

마법이 깨지면서 저 너머에 존재하는 햇빛 쨍쨍한 세상으로 들어갈 수 있을 것 같은 기분에 사로잡힌다.

"바로 그 점이 내가 영화에서 좋아하는 요소입니다. 앞으로 영화를 만들면서 계속 작업하게 될, 내가 좋아하는 요소 중 하나죠." 타란티노가 훗날에 한 말이다. "동일한 숏에서 그는 가솔린 통을 들고 창고로 돌아갑니다. 부릉부릉, 노래가 다시 흐르고 그는 곧바로 춤을 추죠…… 내게는 그것이 순수한 영화입니다."

또 다른 사례가 있다. 크레디트 시퀀스에서 컷 한 번으로 미스터 오렌지가 자동차 뒷좌석에서 고통스러워하며 몸을 뒤척이는 장면을 보여주는 두 번째 신으로 넘어간다. 타란티노는 페이드아웃―나중에 〈펄프 픽션〉이 입증하는 것처럼, 그가 구사하는 가장 강력한 영화적 도구 중 하나―으로 그 일을 해내고, 우리는 미스터 오렌지의 모습을 보기에 앞서 그가 내는 신음 소리부터 듣는다. 그 이후 빚어지는 효과는 무자비하고, 조롱하는 분위기마저 생겨난다. 앞서 1분간, 그들은 기막히게 멋들어진 슬로모션으로 식당에서 나온다. 그들이 주고받은 농담이 아직도 우리 귓가에 맴돌고, 조지 베이커의 「리틀 그린 백」이 힘차게 울려 퍼진다. 그런데 다음 순간, 그들은 차량 뒷좌석에서 피를 흘린 채 울먹이며 서로를 부둥켜안는다. 그들이 세운 계획은 산산조각 났고 그들이 뽐내던 사내다운 모습은 초라한 몰골만 남았다. 단 한 번의 컷으로, 신―또는 그 다음 가는 존재인 영화감독―께서 심중에 품고 있던 계획을 펼쳐 보이셨다.

"완전 범죄라는 것이 현실적으로는 불가능한 일이라는 걸 보여주고자 복잡한―하지만 실패한―강도 계획들을 활용한 존 휴스턴과 스탠리 큐브릭처럼, 타란티노는 〈저수지의 개들〉에서 정말 잘 수립한 계획들을 인간 본성이 어떻게 약화시키는지에 대한 허무주의적 코미디를 만들어냈다." 오웬 글레이버먼이 『엔터테인먼트 위클리』에 쓴 글이다.

그러는 동안, 불운하고 가여운 미스터 블루(에디 벙커)와 미스터 브라운(타란티노)은 자신들을 기다리고 있는 운명을 까맣게 모르고 있다. "오프닝 신에서, 그 사내들은 자신들이 주변적 캐릭터라는 사실을 모릅니다." 타란티노는 말했다. "그들이 생각하는 한, 자신들은 그 영화의 스타들이거든요."

이 영화에는 〈펄프 픽션〉에서 주인공을 풍자하는 내용으로 구성된 팝의 우주가 배아(胚芽) 상태로 등장한다. 그 영화에서 한 이야기의 주인공은 다음 이야기의 조연이고, 모든 등장인물은 자신들이 그 영화 안에서

이 페이지와 맞은편 | 서로를 공격하는 등장인물들. 클라이맥스의 총격전이 쿠엔틴 타란티노가 만든 첫 영화의 끝을 장식한다.

스타라는 믿음을, 때로는 착각을 지지한다. 타란티노는 비디오 아카이브 시절 이후로 앤솔로지 영화라는 아이디어를 궁리해왔다. 그가 페르난도 디 레오의 '사회적 환경 3부작'–〈캘리버 Caliber, 1972〉, 〈맨헌트Manhunt, 1972〉, 〈보스The Boss, 1973〉–과 비슷한, 서로 연결된 영화들로 구성된 시리즈라는 아이디어를 처음으로 내놓은 게 그때였다. 디 레오의 3부작에는 보스를 배신하는 마피아 조직원뿐 아니라, 서로의 성격 탓에 티격태격하는, 한 명은 흑인이고 한 명은 백인인 히트 맨 듀오도 등장한다. 타란티노는 〈저수지의 개들〉을 편집하는 동안 그 아이디어를 실현할 수 있는 돌파구를 찾아냈다. 그가 자신의 작품을 앤솔로지 영화로 만들지 않더라도, 소설가 J. D. 샐린저의 '글래스 가족'과 유사한 방식으로 작업한다면? 샐린저의 작품에서 가족 구성원들은 이 책에서 다음 책으로 이동하고, 한 이야기의 주인공은 두 번째 이야기에서 사소한 캐릭터가 됐다가 세 번째 이야기에서는 조역이 된다. "캐릭터들 각자가 자신들만의 영화에서 주인공이 될 수 있다는 아이디어가 무척 마음에 들었어요." 타란티노는 말했다. "그리고 그들이 관심을 갖는 한, 그들이 작품에 등장하면 그 안에서 존재감을 발휘했습니다."

〈저수지의 개들〉이 미국에서 개봉된 뒤 거둔 흥행 수입은 300만 달러에 불과했다. 하지만 이 영화는 세계 시장에서 2,000만 달러를 벌어들인 성공작이었다. "그는 이후로 1년간 팬들에게 사인을 해주고 있었어요." 그의 매니저 캐스린 제임스는 말했다. 타란티노가 그 영화를 들고 영화제들을 찾아다니면서 국제적인 성공을 향해 차근차근 계단을 밟아가는 동안 겪었던 경험 역시 그의 신작에 반영된다. 그러는 와중에 어느 캐릭터의 여자 친구는 프랑스인이 됐고, 다른 여자 친구는 아일랜드인이 됐다. 그는 팀 로스와 게리 올드만을 위한 기획영화를 구상하면서 히트 맨 2인조를 영국인으로 설정할 뻔했다. 하지만, 둘 중 한 명이 얼마 전 암스테르담 여행을 다녀왔다는 설정과 그가 존 카사베츠 회고전을 보러 파리로 떠났던 여행에서 그러모은 관찰 결과들을 히트 맨들에게 공급하는 것으로 만족했다. "파리의 맥도날드에서는 맥주를 팔더군요." 그는 믿기지 않는다는 듯이 말했다. "그리고 그들은 그걸 쿼터 파운더라고 부르지 않습니다. 프랑스에서는 미터법을 쓰기 때문이죠. 그래서 그들은 그걸 르 로얄 치즈라고 부릅니다! 그들은 망할 놈의 쿼터 파운더가 뭔지 통 모르더군요."

PULP FICTION

1994

펄프 픽션

타란티노가 앤솔로지 영화라는 아이디어를 떠올린 건, 비디오 아카이브에서 일할 때 쥐꼬리만한 돈으로 영화를 촬영할 수 있는 방법이 뭐 없을까 고민하던 중 떠올린 생각이다. "그 스토리들은 세상에서 가장 케케묵은 이야기들일 겁니다." 그는 말했다. "그런 스토리라면 누구든 1억 번은 봤을 거예요. 보스의 여자를 모시고 외출해야 하지만 '그녀를 건드리면 안 되는' 사내, 경기에서 패하기로 되어 있었지만 그러지 않은 권투 선수."

세 번째 이야기에 대해 타란티노는 "조엘 실버가 제작한 모든 영화의 오프닝 5분과 엇비슷한 이야기"라고 주장했다. 이를테면, 히트 맨 두 명이 누군가를 죽이러 간다. "그들은 사납고 험상궂게 생겼습니다. 진짜 악당들처럼, <저수지의 개들>의 강도들처럼요. 나는 영화의 나머지 부분에서 그 캐릭터들을 해체하며 보냈습니다. 당신이 그날 오전 나머지 시간 동안 그 캐릭터들의 뒤를 따라가 보면 그들의 옷이 더러워지고 피에 젖고 구겨지는 걸 보게 됩니다…… 그들은 말 그대로 당신 눈앞에서 모조리 분해됩니다."

타란티노는 인터뷰를 할 때마다 항상 이 영화는 1920년대와 1930년대 레이먼드 챈들러와 대실 해밋 같은 작가들

이 펄프 잡지들에 기고했던 오리지널 스토리들의 분화된 리프라고 설명했다. 그런데 그는 〈저수지의 개들〉을 분명하게 언급하는 것으로 자신을 따라다니는 '총잡이'라는 세간의 이미지를 해체하고 있을 뿐 아니라, 〈저수지의 개들〉의 출연진이 전원 남성들로만 구성되었다면서 그에게 몰매를 가한 이들을 향해 가운뎃손가락을 치켜들기도 한다.

"내가 창조했던 캐릭터들 중 가장 흥미로운 캐릭터는 미아였습니다. 그녀가 탄생한 곳이 어디인지 나는 도무지 모르겠거든요." 그는 말했다. "나도 빈센트처럼 미아에 대해 아는 게 하나도 없었습니다. 아는 거라고는 루머들밖에 없었죠. 나는 그녀가 어떤 사람인지 전혀 몰랐습니다. 그들이 잭 래빗 슬림스에 도착한 후 그녀가 입을 열기 전까지는요. 그러다 갑자기 그녀가 구사하는 언어의 리듬과 함께 그녀의 캐릭터가 모습을 드러내더군요. 나는 그녀가 어디서 생겨났는지 모릅니다. 그래서 그녀를 사랑하죠."

타란티노는 〈저수지의 개들〉로 벌어들인 50,000달러를 갖고,

〈펄프 픽션〉에 900,000달러를 투자하겠다는 트라이스타 픽처스의 다짐을 받고서 여행 가방에 범죄 소설을 가득 채운 채 암스테르담으로 날아갔다. 전화기도 팩스도 없는, 운하에 이웃한 원룸 아파트를 거처로 정한 그는 아침에 일어나 암스테르담 주변을 산책하고, 커피를 열두 잔씩 마시면서 공책 수십 권에 글을 쓰며 오전을 보냈다. 집필에 열중하는 틈틈이, 잘 알려지지 않은 프랑스 갱스터 영화들을 감상하고, 리 브래킷의 『시체에는 득 될 게 없다 No Good from a Corpse』, 아나이스 닌의 일기 등 여러 권의 책을 게걸스레 읽으며 〈저수지의 개들〉 글로벌 투어에 계속 동행했다.

타란티노의 최종 원고—스튜디오의 간섭을 미연에 방지하고자 표지에 '마지막 원고'라고 적어 넣은, 1993년 5월에 완성된 159페이지 시나리오—를 읽은 트라이스타의 마이크 메다보이는 곤혹스러웠다.

"트라이스타는 그 시나리오를 검토하고는 겁을 먹었습니다. 재미있는 영화가 되리라는 생각은 조금도 못하더군요." 시나리오와 함께 출연진 리스트도 제출했던 타란티노는 말했다. "예를 들어, 그 리스트의 펌프킨 역에는 이렇게 적혀 있었어요. '이

맞은편 | 〈펄프 픽션〉은 타란티노를 유명하게 만든 작품일 뿐 아니라, 사무엘 L. 잭슨(줄스 윈필드)의 출세작이 되었고, 존 트라볼타(빈센트 베가)는 다시 한번 스포트라이트를 받을 수 있었다.

위 | 미아 우마 서먼는 그녀와 빈센트가 잭 래빗 슬림스의 테이블로 안내되었을 때 어색한 상황에서도 나름대로 최선을 다한다.

역할―결국에 그 역할을 연기한―은 팀 로스에게 제의하려고 합니다. 팀이 출연을 거절할 경우, 이 역할은 리스트에 있는 다음 배우에게, 그 배우도 거절할 경우에는 그 다음 배우에게 제의하는 식으로 이어질 겁니다.' 배우들의 출연 가능성에 대한 내용은 리스트에 적혀 있지 않았어요. 배우들의 이름뿐이었죠. 메다보이는 그 리스트를 읽었고, 우리는 그 문제로 대규모 회의를 열었습니다. 그가 이렇게 말하더군요. '팀 로스는 대단히 훌륭한 배우입니다. 그런데 당신이 제출한 리스트에는 조니 뎁도 있더군요. 나라면 그 배역을 조니 뎁에게 제의할 겁니다. 그가 거절하면, 크리스천 슬레이터를 찾아가는 게 좋을 것 같군요. 지금 이야기한 이 순서가 배우들에게 출연 여부를 묻는 합당한 의사 타진 순서라고 생각합니다.'라고 말이죠."

타란티노는 그에게 물었다. "정말로 조니 뎁이 펌프킨 역할―영화의 마지막과 첫 장면에만 등장하는―을 맡을 거라고 생각하는 거예요? 그를 캐스팅하면 박스 오피스에서 1달러라도 더 벌게 될 거라고 생각하는 건가요?"

"그를 출연시키더라도 더 벌지는 못하겠죠. 하지만 그렇게 하면 내 기분은 한결 나아질 겁니다." 메다보이는 대꾸했다.

"그 말을 듣고 나니 더 이상 할 말이 없더군요." 타란티노는 말했다. "그것만으로도 그들의 의중이 파악됐어요. 나는 그딴 식으로 영화를 만들고 싶지는 않았습니다."

다른 메이저 스튜디오들도 시나리오를 검토한 후 하나

같이 고개를 저었다. 그러자 벤더는 시나리오를 들고 미라맥스의 대표를 찾아갔고, 그는 마사스 비녀드로 휴가를 가는 길에 그 시나리오를 읽었다. "이게 뭐야? 망할 놈의 전화번호부야?" 그는 159페이지 분량의 시나리오를 쓰윽 훑어보고는 물었다. 3시간 후, 그는 미라맥스의 제작부 책임자로 일하고 있는 리처드 글래드스테인에게 전화를 걸었다. 훗날 그는 작가 피터 비스킨드에게 그들이 나눈 대화를 상세히 설명했다.

"세상에, 기막힌 시나리오야. 오프닝은 믿어지지 않을 정도라고. 나머지 부분도 이 정도 수준을 유지하나?"

"그 정도 수준을 계속 유지해요."

"좋았어, 사무실 떠나지 마. 계속 읽어볼 테니까."

45분 후, 대표는 다시 전화를 걸어왔다.

"메인 캐릭터가 방금 전에 죽었어."

"그렇죠."

"끝은 어떻게 돼?"

"그냥 쭉 읽어봐요."

"리처드, 해피엔딩이지?"

"그래요."

"이런, 맙소사! 그 친구가 돌아왔어! 내 말 맞는 거지? 다시 전화할게."

30분 후, 그가 다시 전화를 걸어왔다.

"젠장, 이 영화는 우리가 만들어야 해. 믿어지지 않아…… 협상 시작해!"

"당시 나는 끝내주는 캐스팅에 한껏 흥분했어요. 내가 항상 좋아했지만 영화에 그리 많이 캐스팅되지 않던 배우를 캐스팅해서 영화에 출연시키고, 세상 사람들에게 그가 어떤 연기를 펼칠 수 있는 배우인지 보여준다는 아이디어가 마음에 들었습니다."

"내가 정말 원했던 건
자신들 나름대로 스토리를 갖고
어디에든 모습을 드러낼 수 있는
캐릭터들이 작품에 들어왔다
빠져나가는 그런 소설을 스크린에
올려놓는 것이었어요."

잠시 후, 그가 또다시 전화를 걸어왔다.

"협상 아직 안 끝났나?"

"하는 중이에요."

"서둘러! 이 영화는 우리가 만드는 거야."

원래 타란티노는 히트 맨 빈센트 베가 역에 존 트라볼타를 염두에 두고 있지는 않았다. 그가 그 역할을 쓸 때 염두에 둔 배우는 마이클 매드슨이었다. 그가 트라볼타에게 처음으로 접근한 건, 몇 년 전에 집필을 끝냈지만 〈저수지의 개들〉이 성공을 거둔 이후 그제야 다시 수면으로 떠오른 뱀파이어 시나리오 〈황혼에서 새벽까지From Dusk Till Dawn〉의 세스 게코 역할을 맡기기 위해서였다. 팀 로스와의 경험 때문에, 타란티노는 주인공 역할로 캐스팅 문제를 고려 중인 배우와 적어도 하루 정도 어울려보는 습관이 생겼다. 그래서 그는 웨스트 할리우드의 크레센트 하이츠에 있는 그의 아파트로 트라볼타를 초대했다. 타란티노는 이렇게 회상했다. "문을 열었더니 트라볼타가 이러더군요. '자, 감독님 아파트를 설명해볼게요. 감독님 아파트의 화장실에는 이런 종류의 타일이 깔려 있어요. 그리고 이러쿵저러쿵…… 내가 이런 걸 아는 이유는, 이곳이 바로 할리우드로 처음 이사 왔을 때 내가 살았던 아파트였기 때문이죠. 〈웰컴 백, 코터Welcome Back, Kotter〉에 출연할 때 얻었던 아파트가 바로 여기예요.'라고 말이죠."

두 사람은 타란티노가 수집한, 영화 〈그리스〉와 〈토요일 밤의 열기Saturday Night Fever〉를 바탕으로 만든 보드게임들을 하며 동이 틀 때까지 이야기를 나눴다. "존하고 게임을 하면서 논 건 정말이지 즐거운 일이었어요." 그는 말했다. "내 꿈은 〈저수지의 개들〉 게임을 하는 겁니다." 결국 그는 트라볼타의 현재 커리어 상태에 대한 자신의 견해를 허심탄회하게 털어났다. 영화광인 그조차도 〈마이키 이야기2Look Who's Talking Too〉는 차마 볼 수가 없었다. "폴린 카엘이 당신에 대해 했던 이야기 기억해요? 트뤼포가 당신에 대해 했던 얘기는요? 베르톨루치가 했던 얘기는 기억해요? 미국 영화계에서 당신이 어떤 의미를 가진 배우인지 모르는 거예요, 존?"

트라볼타는 자신의 커리어를 향해 보여주는 타란티노의 뜨거운 애정에 상처와 감동을 동시에 받았지만("그런 상황에서 목석처럼 무뚝뚝하게 반응할 수 있겠어요?"), 그럼에도 〈황혼에서 새벽까지〉에는 마음이 영 끌리지 않았다. "나는 뱀파이어가 별로예요." 그는 타란티노에게 솔직히 말했다.

"존을 만난 후, 시나리오를 쓸 때마다 그를 생각했습니다." 타란티노는 말했다. 매드슨이 〈와이어트 어프 Wyatt Earp〉의 출연 계약서에 서명했다는 사실을 타란티노가 알게 된 후, '빈센트를 눈여겨봐요'라는 간단한 문장이 적힌 쪽지와 함께 〈펄프 픽션〉의 시나리오 사본이 트라볼타의 집 현관에 도착했다. 트라볼타는 시나리오를 읽은 후 타란티노에게 말했다. "내가 여태껏 읽어본 시나리오 중 가장 뛰어난 시나리오에 속해요. 내가 지금껏 맡았던 역할들 중에서도 가장 훌륭한 역할에 속하고요. 하지만 감독님, 행운을 빌어요. 감독님이 이 영화에 나를 출연시키긴 어려울 거예요."

타란티노는 젖 먹던 힘까지 끌어내며 분투해야 했다. 미라맥스 대표는 숀 펜이나 다니엘 데이-루이스를 원했다. 제임스 갠돌피니도 물망에 올랐다. 타란티노의 에이전트인 마이크 심슨은 대표와 나눈 심야 통화에서 타란티노가 요구하는 조건들—최종 편집권, 러닝 타임 2시간 반, 출연 배우들의 최종 선택권—을 통보하면서 이렇게 말했다. "지금 당장 합의해야 할 겁니다. 그렇지 않으면 이 협상은 없는 일이 될 테니까요. 이 작품을 확보하기 위해 기다리고 있는 구매자가 밖에 두 명이나 있어요. 이 조건에 합의하는 시간으로 15초 줄게요. 내가 전화를 끊으면 협상은 그걸로 끝이에요." 심슨은 이렇게 회상했다. "대표는 계속 주절거리며 자기주장을 굽히지 않았어요. 그래서 내가 말했죠. '좋아, 15초, 14초……' 8초까지 세자, 대표 동생까지 끼어들었어요. '형, 그렇게 하겠다고 말해.' 결국 그가 말하더군요. '좋아요, 젠장.'"

브루스 윌리스가 캐스팅되자 미라맥스 대표는 숨을 쉬는 게 한결 편해졌다. 〈저수지의 개들〉의 열혈 팬인 윌리스는 몸값을 깎는 한이 있더라도 젊은 감독과 작업하기를 원했다. 그가 〈다이 하드 2 Die Hard 2〉로 받은 출연료는 〈펄프 픽션〉의 제작비 총액과 비슷했다. 처음에 윌리스는 버치 역할에 의구심을 품었다. 심슨은 당시를 이렇게 회상했다. "브루스의 반응은 이게 다였죠. '뭐요? 내가 주인공이 아니라고요? 존 트라볼타가 주인공을 연기할 수 있도록 나는 전당포에서 변태 성욕자에게 결박당하게 된다고요?'라고 되묻더군요." 하지

맞은편 | "그와 작업해야 한다면 지금 당장이라도 다시 작업할 겁니다." 타란티노에게 있어서 대스타인 브루스 윌리스와 함께한 작업은 놀라울 정도로 수월한 작업이었다.

위 | 촬영장에서 존 트라볼타에게 귓속말을 건네는 타란티노.

만 윌리스는 하비 케이틀의 저택에서 열린 바비큐 파티에서 타란티노와 만나 해변을 함께 산책한 후에 정신을 차렸다.

"〈펄프 픽션〉에 브루스 윌리스를 캐스팅한 이유 중 하나는, 내가 보기에 그는 당시에 활동하는 배우들 가운데 1950년대 영화의 주인공을 연상케 하는 유일한 스타 배우였기 때문이에요." 윌리스는 같이 작업하기 어려운 배우라는 소문을 익히 들어 알고 있던 타란티노가 말했다. "브루스보다 더 심한 소문이 난 배우를 찾기 힘들 정도였죠. 그가 감독을 상대로 카메라에 껴야 하는 렌즈 문제까지 참견한다는 소문도 있었으니까요." 그런데 윌리스가 참견한 건, 시나리오에 있는 대사 중 딱 한 단어를 바꿔달라는 것뿐이었다. "미안해, 베이비. 그 혼다는 박살 났어."라는 대사의 '혼다' 자리에는 원래 '차'라는 단어가 적혀 있었다. 타란티노는 윌리스의 요구대로 바꾼 대사가 더 재미있다는 걸 인정했다. "브루스와 같이 작업한 후로는 어떤 스타가 되었든 같이 작업하기 까다로운 사람이라는 식의 소문은 조금도 귀담아듣지 않아요. 그와 작업해야 한다면 지금 당장이라도 그와 함께 작업할 겁니다."

윌리스를 승선시킨 미라맥스는 해외 판권을 1,100만 달러에 판매할 수 있었고, 와인스타인은 초반 투자금 850만 달러를 단박에 회수했다.

사무엘 L. 잭슨은 선댄스에서 만난 타란티노로부터 그를 염두

"내가 창조했던 캐릭터들 중
가장 흥미로운 캐릭터는 미아였습니다.
그녀가 탄생한 곳이 어디인지
도무지 모르겠거든요. 나는 그녀가
어떤 사람인지 전혀 몰랐습니다.
그들이 잭 래빗 슬림스에 도착한 후
그녀가 입을 열기 전까지는요."

에 두고 줄스 역할을 집필 중이라는 말을 들었다. 하지만 푸에르토리코 배우 폴 칼데론이 오디션을 보러왔고 타란티노가 박수를 칠 만한 연기를 선보이는 바람에 그 배역을 놓칠 뻔했다. 미라맥스 대표는 곧바로 로스앤젤레스로 날아와 "타란티노의 불알을 걷어차라"고 잭슨을 부추겼다. 허기진 탓에 햄버거를 움켜쥐고서 화가 머리 끝까지 난 채로 오디션장에 도착한 잭슨에게 캐스팅 사무실에서 일하는 누군가가 인사를 건넸다. "당신 연기를 정말 좋아해요, 피시번 씨." 잭슨은 뚜껑이 열렸다. "사무엘은 한 손에는 버거를, 다른 손에는 음료수를 든 채 패스트푸드 같은 악취를 풍기며 오디션장에 들어왔습니다." 글래드스테인이 『베니티 페어』에서 밝힌 말이다. "나와 쿠엔틴, 로렌스는 카우치에 앉아 있었죠. 오디션장에 들어온 사무엘이 셰이크를 홀짝거리고 버거를 베어 물면서 우리를 노려봤어요. 나는 겁에 질렸습니다. 이 사람이 당장이라도 총을 갈겨대며 내 머리를 날려버릴 것 같더군요. 그의 눈은 금방이라도 툭 튀어나올 것만 같았습니다. 사무엘은 그렇게 그 배역을 빼

앗아 갔어요."

미아 역할을 따내려고 할리우드의 거의 모든 여배우—미셸 파이퍼, 멕 라이언, 홀리 헌터, 로잔나 아퀘트—가 오디션을 봤지만, 타란티노는 자신이 원하는 배우가 우마 서먼이라는 것을, 작업을 시작할 때부터 알고 있었다. 벤더는 말했다. "비행기를 타고 LA로 돌아올 때, 그의 시선이 우마에게 꽂혀 있다는 걸 알 수 있었습니다." 하지만 그녀는 처음엔 그 역할을 거절했다. 조폭 보스인 미아의 남편 마르셀러스 월러스(빙 레임스)가 항문 강간당하는 신에 질겁하고는 뒷걸음질 친 것이다. 그러나 로스앤젤레스의 아이비에서 3시간 동안 함께 저녁 식사를 한 후, 뒤이어 서먼의 뉴욕 아파트에서 강간 장면에 대한 긴긴 회의를 거친 다음, 그녀는 출연 계약서에 서명했다.

"연인 관계와 비슷했습니다." 벤더는 말했다. "한쪽은 다른 쪽이 먼저 'NO!'라고 말할까봐 그 장면에만 전념하는 걸 두려워했죠. 그 과정은 두 사람이 느릿느릿 춤을 추는 것과 비슷했습니다."

그 강간 신을 접하고 심란해한 사람은 우마 서먼만이

맞은편과 위 | 우마 서먼은 타란티노의 뮤즈가 됐다.

아래 | 사무엘 L. 잭슨은 줄스 윈필드 역할을 따내기 위해 오디션을 받았고 감독과 프로듀서들의 넋을 빼놓으면서 타란티노와 작업한 여섯 번의 공동 작업 중 첫 번째 작업이 되었다.

아니었다. 그 신은 타란티노가 마르셀러스 역할을 맡기려고 얘기해봤던 거의 모든 흑인 배우들이 거절하게 만드는 강력한 요인으로 작용했다. "흑인 남자 배우에게 그가 강간을 당하는 장면이 들어 있는 영화에 출연해달라고 하는 건 무척 힘든 일이었습니다." 그가 『플레이보이』에서 밝힌 말이다. "내 생각은 이랬어요. '제발, 빙만큼은 남들처럼 강간 신을 큰 문제로 보지 않게 해줘. 그는 정말 훌륭한 배우란 말이야.' 빙은 내 생각을 감지하고는 이렇게 물었어요. '하나만 물어볼게요. 이 빌어먹을 장면을 얼마나 노골적으로 보여줄 건가요?' 난 바로 대답했어요. '그렇게까지 나쁘지는 않을 거예요. 하지만 무슨 일이 벌어지고 있는지 관객들이 알 수 있을 만큼은 보여줄 거예요. 그 정도 수위도 문제가 있다고 생각해요?' 그러자 빙이 그러더군요. '나한테는 문제가 안돼요. 하지만 감독님도 이건 이해해줘야 해요. 내가 생긴 게 이래서 나한테 약골 캐릭터 제안이 들어오는 일은 그리 많지 않아요. 이 남자는 내 평생 연기하게 될 캐릭터들 중 제일 약해빠진 개자식이 될 공산이 커요.'"

강간 신을 촬영할 때가 되자, 빙 레임스는 공언했던 것만큼 좋은 태도를 보였다. 그렇지만 어느 순간 타란티노에게 고개를 돌려 이렇게 물어보긴 했다. "알겠어요, 그러니까 우리는 저 친구의 엉덩이를 보게 되는 거죠? 흠, 저 친구 아랫도리에 공사를 하면 어떨까요?" 레임스는 제드를 연기하는 피터 그린의 사타구니를 가리켰다.

"관객들은 그쪽을 보지 못할 거예요." 타란티노가 그를 안심시켰지만 레임스는 손을 내저으며 말했다.

"감독님이 보여주려는 화면을 말하는 게 아니에요. 저 친구 똘똘이가 카메라에 잡히는지 안 잡히는지, 똘똘이에 포커스가 맞춰졌는지 비켜났는지는 관심 없어요. 그냥 저 친구 똘똘이가 내 똥꼬에 닿는 걸 원치 않아서 이러는 거라고요. 저걸 어떻게 공사할 건가요?"

88

결국 공사를 위해 파견됐던 소품 담당자가 청록색 벨벳 보석 파우치를 들고 돌아왔다. 사람들은 하나같이 배꼽을 잡았다. 레임스는 말했다. "이봐, 피터. 당신이 이 작은 주머니에 똘똘이를 집어넣기만 하면 난 한결 기분이 편해질 거야."

1993년 9월 20일, 로스앤젤레스 교외의 호손 그릴에서 본격적인 촬영이 시작됐다. 이 영화에 사용된 일흔 가지의 로케이션과 세트 중 첫 번째 장소는, 팀 로스와 아만다 플러머가 연기하는 커플이 아침을 먹다가 강도로 돌변하는 곳이다. 타란티노는 헐렁한 코듀로이 바지와 꼬질꼬질한 스피드레이서 티셔츠, 꾀죄죄한 스웨이드 야구재킷 차림으로 놀이공원에 온 꼬맹이처럼 세트 곳곳을 깡충깡충 뛰어다녔다. 그는 〈저수지의 개들〉을 촬영하면서 초조함을 감추지 못하던 초짜 감독과 달리 느긋하고 자신감 넘치는 인물이 되어 있었다. 그는 전작을 함께 작업했던 촬영감독 안드레이 세큘라와 편집감독 샐리 멘케, 의상 디자이너 베치 헤이만, 프로덕션 디자이너 데이비드 워스코를 비롯한 여러 스태프들을 상당수 다시 채용했다.

워스코는 150,000달러를 들여 영화의 메인 세트를 지었다. 컬버 시티에 있는 창고 안에 원자력 시대(핵폭탄이 터진 1945년 이후의 역사적 시대)와 구기 스타일(자동차 문화와 우주 시대가 맞물린 스타일)의, 영화 관련 키치들—로저 코먼의 포스터들, 부스 역할을 하는 자동차들, 댄스플로어에 설치된 거대한 속도계 등—이 가득한 잭 래빗 슬림스라는 식당을 재창조했다. 타란티노는 '창조적이고 상상력 넘치는 분위기에 흠뻑 취해' 있었다. 그는 "잠을 잘 때나 꾸던 꿈을 현실에서 실현시키고 있었습니다."라고 말했다.

촬영장에는 그의 오랜 친구 크레이그 하먼도 있었다. 한때 헤로인 중독자였던 그는 출연진에게 '장비(헤로인을 주입할 때 필요한 주삿바늘과 수저)'를 얼마나 사랑스럽게 어루만져야 하는지 보여주고, 헤로인이 선사하는 황홀경은 단번에 들이닥치는 게 아니라 물결치듯 차츰차츰 밀려든다는 조언을 해줬다. 그는 트라볼타에게 헤로인이 빚어내는 황홀경과 유사한 느낌을 재연하려면 "테킬라를 최대한 많이 마신 후 온수가 담긴 수영장이나 욕조에 누워보라"고 말했다. 트라볼타는 아내와 함께 투숙한 호텔 스위트룸에서 이를 경험해보고는 대단히 만족스러워했다. 약물을 과다흡입한 미아가 심장에 아드레날린 주사를 맞고 되살아나는 장면을 찍을 때, 제작진은 촬영의 정확성을 높이고자 주사를 찔러 넣는 장면을 거꾸로 촬영했다.

"그녀가 아드레날린 주사에 어떤 반응을 보여야 할지, 우리 모두 생각이 다 달랐어요." 서먼은 말했다. "내가 떠

맞은편 | 조폭 보스 마르셀러스 월러스 역할의 빙 레임스.

맨 위 | 미아의 약물 과다흡입 촬영 현장. 오른쪽에 타란티노의 차 체리-레드 말리부가 보인다.

아래 | 데이비드 워스코가 디자인한 잭 래빗 슬림스 세트에서.

"대부분의 편집 작업은 고생스럽지만,
그 신은 짜릿한 기분으로 편집한 신이었죠.
에너지가 가득했고 누가 보더라도 마력이
느껴지는 신이니까요.
작업하는 화면에는 내 눈앞에서
춤을 추는 트라볼타가 있었죠."
-샐리 멘케

올리고 연기로 옮긴 아이디어는, 직접 목격한 건 아니지만 〈바론의 대모험The Adventures of Baron Munchausen〉에 출연했을 때, 출연진과 스태프들을 통해 들은 이야기에서 영감을 받은 거였죠. 스페인에서 그 영화를 촬영할 때, 제작진은 안전한 촬영을 위해 호랑이에게 지나치게 많은 진정제를 투여했어요. 그러고는 호랑이를 소생시키려고 소량의 아드레날린을 투여했죠. 그 사건에서 영감을 받았어요."

그런데 그녀가 제일 무서워한 신은 트라볼타와 추는 댄스 신이었다. 타란티노는 고다르의 〈국외자들〉 비디오를 가져와 그 영화에 등장하는 안나 카리나의 춤—전문적인 댄서의 춤이 아니라, 사전 준비 없이 십 대 소녀가 자기 방에서 추는 막춤—을 보여줬다. 그는 춤 실력이 좋건 나쁘건 혹은 그저 그렇건 상관없다고 말했다. 그는 서먼과 트라볼타가 그 장면을 촬영할 때 마음껏 즐기기를 원했다.

"쿠엔틴은 트위스트를 추천하더군요." 트라볼타는 말했다. "그래서 내가 이랬죠. '으음, 나 존 트라볼타는 여덟 살 꼬맹이일 때 트위스트 콘테스트에서 우승했던 사람이에요. 그래서 난 트위스트의 모든 버전을 다 알아요. 그런데 그 장면을 위해 특별하고 색다른 춤들을 가미하는 것도 괜찮을 것 같네요.' 그러자 그게 무슨 뜻이냐며 감독이 묻더군요. '트위스트 말고도 배트맨, 히치하이커, 스윔 등이 있어요.'라고 대답한 후 그에게 각각의 춤들을 보여줬죠. 무척이나 마음에 들어 하더군요. 그래서 내가 그랬어요. '우마한테 스텝을 가르칠게요. 다른 스텝을 보고 싶으면 말만 해요.'"

핸드헬드 카메라로 그 신을 촬영하는 동안, 타란티노는 스웨트 셔츠와 배기팬츠 차림으로 두 사람 옆에서 춤을 추며 두 사람이 춤을 바꾸고 싶어 할 때 "와투시! 히치하이커! 배트맨!"을 외쳤다. 긴 하루가 끝났을 때, 그는 자신의 스타들에게 박수갈채로 고마움을 표했다.

"〈펄프 픽션〉에서 우마 서먼과 존 트라볼타가 잭 래빗 슬림스에서 춤을 추는 신은 척 베리 노래를 실제로 틀어놓고 그 음악에 맞춰 촬영했다는 점에서 흔치 않은 신이었어요." 편집감독 샐리 멘케는 말했다. "그래서 편집하기가 수월했죠. 세상에, 기막히게 근사한 신이었어요. 우리는 롱숏과 미디엄 클로즈업들을 사용하는 것과 핸드헬드의 초점을 맞춰야 할 시점에 대해 떠들썩하게 의견을 주고받았어요. 대부분의 편집 작업은 고생스럽지만, 그 신은 짜릿한 기분으로 편집한 신이었죠. 에너지가 가득했고 누가 보더라도 마력이 느껴지는 신이니까요. 작업하는 화면에는 내 눈앞에서 춤을 추는 트라볼타가 있었죠."

1993년 11월 30일에 촬영이 종료된 후, 타란티노의 최초 러프 컷의 길이는 무려 3시간 30분이 넘었다. 처음 상영하던 날, 영사 기사가 멘케에게 물었다. "내가 릴의 순서를 혼동해서 튼 건가요?" 제일 큰 난제들 중에는 잭 래빗 슬림스 시퀀스를 잘라내는 작업도 포함되어 있었다. 오리지널 시나리오의 이 시퀀스에는 미아 월러스가 빈센트를 칭찬하는 의미에서 침묵을 지키는 순간이 많았다("어째서 우리는 편한 분위기를 연출한답시고 헛소리를 늘어놓으려는 욕구를 느끼는 걸까요?). 오리지널 시나리오에서 빈센트와 미아는 그녀의 집에서 처음 만났을 때 상당히 긴 시간을 함께 보냈는데, 그 자리에서 미아는 깜짝 퀴즈를 내며 그의 모습을 비디오카메라에 담기도 한다.

미아

자, 나랑 같이 저녁 식사할 사람이 어떤 사람인지 알아보려고 간단한 질문 몇 개를 던질 거예요. 나는 어떤 사람이 중요한 주제들과 관련해서 대답할 수 있는 방법은 딱 두 개뿐이라고 생각해요. 예를 들어, 세상에는 두 종류의 사람이 있어요. 엘비스 피플과 비틀스 피플이요. 자, 비틀스 피플은 엘비스를 좋아할 수 있어요. 엘비스 피플도 비틀스를 좋아할 수 있고요. 하지만 세상 어느 누구도 양쪽을 똑같이 좋아할 수는 없어요. 우리는 중간 지점 어딘가에서 선택을 해야만 해요. 그리고 그 선택은 우리가 어떤 사람인지 말해주죠.

빈센트

무슨 말인지 알겠어요.

미아

알아들을 거라고 생각했어요. 첫 질문, 〈브래디 번치 Brady Bunch〉인가요, 아니면 〈파트리지 패밀리〉?

빈센트

당연히 〈파트리지 패밀리〉죠. 비교가 안 돼요.

미아

〈야망의 계절 Rich Man, Poor Man〉에서 피터 스트라우스와 닉 놀테 중에서 좋아하는 쪽은?

빈센트

당연히 닉 놀테죠.

90-91페이지 | 타란티노는 미아와 빈센트의 댄스 신을 촬영할 때, 프레임 바로 밖에서 배우들에게 박수를 쳐가며 핸드헬드 카메라로 작업했다.

이 페이지와 맞은편 | "누가 보더라도 분명한 마력." 멘케와 타란티노는 잭 래빗 슬림스의 신들을 편집하는 동안, 긴장감과 내밀함의 알맞은 균형점을 찾아내고자 롱숏과 강렬한 클로즈업 사이를 오가는 데 집중했다.

미아

〈그녀는 요술쟁이|Bewitched〉를 좋아하나요, 〈내 사랑 지니| Dream of Jeannie〉를 좋아하나요?

빈센트

쭉 〈그녀는 요술쟁이〉를 좋아했어요. 지니가 래리 해그먼한테 꼬박꼬박 "주인님!"이라고 부르는 걸 늘 좋아했지만요.

개봉일이 가까워지자, 타란티노는 800만 달러의 제작비로 3,400만 달러를 벌어들인 데이먼 웨이언스의 영화 〈머니 머니|Mo' Money〉를 들먹이면서 사람들의 기대치를 낮추려고 최선을 다했다. 하지만 와인스타인이 세운 계획은 달랐다. 5월에, 미라맥스는 출연진과 스태프 일부를 칸에 데려갔다. 그곳에서 와인스타인은 영화를 위한 '철의 장막' 전략이라고 부른 계획을 실행에 옮겼다. 강력한 임팩트를 가하려는 의도로, 영화의 프리미어가 열리기로 예정된 날 오전에 기자 시사회를 딱 한 번만 연 것이다.

『뉴욕 타임스』의 재닛 마슬린이 영화를 극찬하는 리뷰("무척이나 깊이 있고 위트 넘치며 꿈틀거리는 독창성을 가진 이 작품은 그를 미국 영화감독의 랭킹 앞자리에 데려다 놓는다.")를 쓴 후, 와인스타인은 그 리뷰를 복사해서 심사위원들이 묵는 숙소의 문 아래로 밀어 넣었다. 타란티노는 〈저수지의 개들〉이 선댄스에서 그랬던 것처럼 〈펄프 픽션〉이 수상할 가능성이 없다면 시상식 행사에 참석할 생각이 없다고 와인스타인에게 말했다. 그런데 시상식이 열리던 밤, 영화제의 질 자콥 위원장은 와인스

타인에게 그를 비롯한 출연진이 시상식 행사에 반드시 참석해야 한다고 신신당부했다.

"각본상이나 감독상, 아니면 그에 준하는 상을 받게 될 거라고 짐작했습니다." 와인스타인은 말했다. "그런데 그 상들이 모두 다른 작품들에게 수여되는 겁니다. 그래서 쿠엔틴을 보고 말했어요. '아무래도 우리가 큰 걸 받을 것 같아.' 난 자리에서 안절부절못하고 있었죠. 쿠엔틴은 어처구니가 없다는 표정으로 나를 쳐다보기만 했습니다. 그러다가 쾅! 클린트 이스트우드가 무대에 올라왔고 〈펄프 픽션〉은 황금종려상을 받았어요. 미쳐 날뛰는 나를 진정시켜준 브루스 윌리스가 고마울 따름입니다."

어떤 여성이 "〈펄프 픽션〉은 쓰레기야!"라고 외치며 시상 결과에 항의하자, 타란티노는 그녀를 향해 가운뎃손가락을 들어 올렸다. "나는 사람들을 하나로 묶어주는 영화를 만들지는 않습니다." 그가 상을 받으면서 한 말이다. "나는 사람들을 갈라놓는 영화를 만듭니다."

시상식이 끝난 후, 윌리스는 오텔르 뒤 캅에서 파티를 주최하고 10만 달러가량의 비용을 사비로 지불했다. 결과적으로 그는 영화에 출연한 덕분에 손해를 본 셈인데, 그가 손해 본 액수는 트라볼타가 손해 본 액수보다 컸다. 트라볼타로 말할 것 같으면, 전용기를 몰고 칸으로 날아와 처자식들과 함께 다른 호텔에 묵기를 원했는데 최종 결산을 해본 결과, 타란티노 영화에 출연한다는 특권을 누린 대가로 출연료보다 30,000달러 많은 비용을 지출한 셈이 됐다. "이 영화에 출연하는 데 따른 대가를 지불한 걸로 생각합니다. 하지만 충분

아래 | 1995년 제47회 칸 영화제에서 황금종려상을 받다.

맞은편 | 아이콘이 된 포스터 아트와 함께

히 그럴 만한 가치가 있는 일이었죠. 쿠엔틴의 시나리오는 셰익스피어의 희곡 같았으니까요."

타란티노는 틀렸다. 그는 단순히 사람들을 분열시키는 영화들을 만든 게 아니다. 그는 사람들을 하나로 묶었다가 분열시키는 영화를 만들었다. 그들은 우연히 마주치고, 서로가 서로를 죽인 후에는 아침으로 팬케이크와 베이컨을 먹으려고 호손 그릴을 찾아가는 영화들을 만들어낸 것이다.

"오래전에 E. M. 포스터가 제시했던 스토리와 플롯의 구분은 누구나 다 안다. '왕이 승하했고 왕비가 승하했다'는 스토리다. '왕이 승하했고 왕비가 비탄에 잠겼다가 승하했다'는 플롯이다. 〈펄프 픽션〉이 그해 여러 영화관에서 개봉됐을 때 『뉴요커』의 안소니 레인이 리뷰에서 독자들에게 상기시킨 내용이다. "좋다. 그런데 포스터가 예견하는 데 실패한 건 쿠엔틴 타란티노 플롯이라는 세 번째 카테고리의 등장이다. 쿠엔틴 타란티노 플롯은 '왕이 라임-그린 코르벳의 후드에서 섹스를 하던 중에 승하했고, 궁정 광대와 동석한 왕비는 비탄에 젖어 욱한 마음에 훔친 45구경으로 방금 전 해치워버린 귀족들과 귀부인들의 유혈 낭자한 시신들을 찬찬히 살피면서 LSD와 다이어트 펩시의 상대적인 장점에 대한 대화를 즐기던 중, 궁정 광대에게 얻은 순도 낮은 저질 마약 때문에 승하했다.' 같은 식으로 전개된다."

심지어 이 영화를 십여 번 이상 감상한 지금도, 모든 대사가 사람들 뇌리에 각인되고 코카콜라나 맥앤치즈를 다룬 끔찍한 논문들을 발표하는 숱한 흉내쟁이들이 등장했다 사라진 지금도, 타란티노의 섹시한 걸작을 감상하면서 깜짝깜짝 놀라는 건 여전히 가능하다. 식당을 터는 와중에 소변이 급한 무장강도("사람들은 레스토랑은 털지 않아. 왜 그러는 거지?"), 변기에 앉아 있다가 암살을 당하는 히트 맨, 〈내 사랑 지니〉에서 곧장 튀어나온 듯한 결혼 생활의 분쟁 한복판에 투입된 약물 과다흡입의 희생자, 패스트푸드 음식과 콜라가 담긴 종이 트레이를 들고 교차로를 걷던 살벌한 조폭 보스-발 마사지 때문에 상대를 4층 창문 밖으로 던졌다는 루머가 있는

남자-와 마주친 배신자 복서. 복서는 혼다를 몰아 그를 받아버리고 잠시 후 의식이 돌아온다. 그러고는 치고받다 비틀거리며 전당포에 들어간 두 남자는 그곳에서 변태 성욕자들에게 붙잡힌다. 이 세 번째 플롯 요소의 별나고 갑작스러운 등장 때문에 두 남자가 벌이던 격렬한 싸움은 순식간에 하찮아지면서 관객의 뇌리에서 사라진다.

"시나리오 구조 덕에 그는 자신의 캐릭터들을 서로서로 연결된 존재로, 동시에 속수무책으로 서로에게서 고립된 존재로 보여줄 수 있다. 그러면서 그는 그 세계에 담긴 미스터리한 느낌과 그 세계 내부에 존재하는 사람들이 왜소하다는 느낌을 전달한다." 사라 커는 『뉴욕 리뷰 오브 북스』에 이렇게 쓰면서 간단히 선언했다. "카우치 포테이토(아무 일도 않고 TV만 보는 사람)들이 그들의 첫 번째 천재를 낳았다."

타란티노가 이 영화에서 사용한 방법은 영화 마니아들이 힐끔 보기만 해도 친숙하게 여길 만한 장르의 주요 요소들을 취한 후, 그것들을 우리가 사는 우주-권총이 오발되고 소변을 해결하고 싶고 불운한 일들이 벌어지는-와 놀라울 정도로 비슷한 우주에 존재하는, 벗겨지고 해지고 찢어진 자국들이 있는 공간에 들어가도록 만드는 것이다. 이런 식의 병치는 〈저수

맞은편 | 버치와 마르셀러스의 충돌 신을
촬영하는 세트에서 진지한 모습의 타란티노.

이 페이지 | 타란티노와 프로듀서 로렌스 벤더
(오른쪽)가 촬영 중에 브루스 윌리스, 버치의 여자 친구
파비엔느를 연기한 마리아 드 메데이로스와 휴식을
취하는 모습.

지의 개들〉에서도 존재했지만, 그 병치는 강도들이 떠들어댄 내용(마돈나에 대한 수다)과 그들이 벌인 짓(은행털이) 사이의 단단히 통제된 형식 내부에서 발생했다.

〈저수지의 개들〉이 타란티노의 능력을 증명한 영화였다면, 〈펄프 픽션〉은 그가 즐기면서 만든 영화였다. 영화의 첫 번째 신—세뇰라가 진하게 구운 듯한 색상들을 카메라에 담고, 딕 데일의 스트라토캐스터 기타가 에코 걸린 소리를 내며 연주하는 「미실루Misirlou」의 생기 넘치는 프리즈-프레임으로 끝나는 아만다 플러머와 팀 로스의 즉흥적인 강도 행각—부터, 발작적인 헛소리가 타란티노의 액션을 밀고 나가고 영화 형식에 대한 그의 통제력을 느슨하게 만드는 걸 허용한다. 동시에 그 설정을 위쪽으로, 바깥쪽으로 밀어붙여서 각 이야기의 조연들이 다음 이야기의 주인공으로 등장하는 근사한 뫼비우스의 띠를 만들어낸다.

"플롯들조차 서브플롯처럼 느껴진다." 안소니 레인은 강조했다. "어느 지점에서 당신은 혼잣말을 한다. 이 시궁창 같은 우리 인생의 머리 꼭대기에서는 메인이벤트가 진행되고 있다고. 이건 독특한 트릭이다. 〈리어 왕King Lear〉의 주인공을 지워버리고 티격태격하는 형제자매들과 의자에 결박된 노인네만 남겨둔 상황을 상상해보라."

이 영화는 독특한 작품이지만 전례가 없는 것은 아니다. 이 영화는 영화의 구성 요소들과 영화에 영향을 준 요소들—기타로 연주하는 서프 뮤직, 필름 느와르, 고다르 등—이 뒤섞여 있는 봉투에 손을 넣어 신나게 휘저은 다음 안에 든 요소들을 끄집어내지만, 이 영화의 제일 중요한 전례는 부조리극이 분명하다. 거기에는 루이지 피란델로의 〈작가를 찾는 여섯 명의 등장인물Six Characters in Search of an Author〉과 사무엘 베케트의 〈고도를 기다리며Waiting for Godot〉, 그리고 무엇보다도 톰 스토파드의 〈로젠크란츠와 길덴스턴은 죽었다Rosencrantz and Guildenstern Are Dead〉가 포함된다. 스토파드의 희곡에서 두 명의 전령은 햄릿을 처형할 것을 요청하는 서찰을 영국 왕에게 가져가지만, 편지가 바꿔치기 되면서 그들 자신이 처형당하는 신세가 된다. 두 캐릭터에게 주어진 대사는 얼마 되지 않지만, 다른 사람의 드라마에 부지불식간에 휩쓸려 들어간 단역들인 그들에게 닥친 〈햄릿〉과 유사한 숙명을 상세히 숙고하는 작품 전체가 두 인물에게 주어진다. "우리는 일어나기로 예정되어 있는 무대 공연을 하고 있어." 길덴스턴은 말한다. "모든 출구를 어딘가 다른 곳으로 들어가는 입구로 볼 경우, 그건 어쩌면 인생의 진실 비슷한 걸 거야."

줄스 윈필드가 설파하는 대중 신학과 무척 가까운 이야기다. 총알 세례를 피한 그는 '기적'이 일어났다는 결론을 내린다. "친구, 우리는 지금 완전히 뒈진 목숨이었어야 옳아! 우리는 방금 전에 기적을 체험한 거라고. 네가 그걸 졸라 인정했으면 해!" 이 대사는 두 층위에서 작동한다. 관객들이 방금 전, 부활이라 부를 만한 일을 목격했기 때문에 그가 한 대사는 당연히 옳다. 그건 빈센트의 부활로, 화장실에서 나오다가 버치가 쏜 총에 맞았던 그가 지금은 타란티노가 만든 고리 모양의 연대기가 일으킨 기적 덕에 다시금 땅 위

를 걸고 있다. 버치 역시 '그레이스'라는 이름이 붙은 오토바이를 타고 도피한다.

이 영화에 신이 있다면, 에스겔서 25장 17절("내 원수를 그들에게 크게 갚으리라 내가 그들에게 원수를 갚은즉 그들이 나를 여호와인줄 알리라 하시니라")의 복수하는 신을 닮은 그 존재는 저 높은 곳에서 강림해 자신의 창조물들 사이로 모습을 드러낸다. 구체적으로 설명하자면, 지미 역할로 출연해 집 뒷마당에서 울프(하비 케이틀)가 호스로 줄스와 빈센트를 씻겨주는 동안 유쾌하게 키득거리는 타란티노가 바로 그런 존재다. 이 영화에서 케이틀은 〈저수지의 개들〉에서 막후 해결사 겸 조력자였던 그의 역할과 무척이나 비슷한 역할을 연기한다. 이건 타란티노가 케이틀에게 바치는 애정이 담긴 인사이자, 그의 데뷔작을 지배했던 규칙들에서 얼마나 많이 벗어났는지를 보여주는 신호탄이다. 이 영화는 폭력적이라는 그의 명성을 꼬리표로 붙인 채 상영되었지만, 다시금 우리는 스크린에서 폭력적인 장면을 거의 보지 못한다. 우리가 보는 건 영화의 폭력이 아니라 실생활의 바보 천치 같은 리듬이다. 이를테면 버치가 혼다 운전석에서 의식을 잃었을 때, 그 차는 박살 난 게 아

니라 '임대 불가' 표지판 옆에 있는 정지 표지판을 향해 천천히 굴러간다. 그리고 페이드아웃.

영화에는 페이드아웃이 대여섯 번 나오는데, 대다수는 중요한 사건 후에 등장한다. 빈센트와 미아의 춤, 미아의 약물 과다 흡입, 버치의 충돌 사고, 마르셀러스가 격투 후 의식을 잃었을 때 등. 페이드아웃은 짧은 시간을 점프해서 건너뛰기 위해 사용된다. 이번엔 또 뭐야? 각각의 경우, 페이드아웃의 효과는 서스펜스가 넘치고 으스스하며 소리도 없이 잽싸게 시간을 건너뛴다. 이 기법은 타란티노가 액션 감독이라기보다는 리액션 감독이라는 우리의 인식을 확인시켜준다.

〈저수지의 개들〉 이후로 연출력이 출중해진 타란티노는 다른 감독들이라면 짧게 컷할 신들을 길게 끌고 가고, 남들이라면 길게 끌고 갈 신들을 짧게 컷했다. 이 영화에서는 고다르 풍의 익스트림 클로즈업들이 그의 롱 테이크들을 보완했다. 레코드플레이어로 살금살금 걸어가는 미아 월러스의 발, 흥미를 자아내는 반창고가 붙은 마르셀러스의 뒤통수. 그 반창고는 믿기 어려울 정도로 자그마한 미스터리의 흔적으로, 번쩍거리는 가방보다

더 뛰어난 소품이다.

자신의 캐릭터들을 향한 타란티노의 애정이 이러한 클로즈업들을 통해 흘러드는 것처럼 보인다. 이 영화의 고다르적인 분위기는 카메라가 우마 서먼 주위에 있을 때 한껏 고조된다. 〈비브르 사 비Vivre Sa Vie〉의 안나 카리나를 모델로 한, 검은 단발머리에 짓궂은 눈빛을 반짝거리는 그녀는 흑표범 같은 걸음걸이로 타란티노의 세계를 향해 걸어 들어간다. 카리나가 레코드 가게로 걸어가는 동안, 신계서는 이런 장면을 위해 트래킹 숏을 발명했노라 선포하듯 고다르가 그녀 옆에서 카메라를 돌리(dolly)에 태웠던 것처럼 말이다.

고다르처럼 타란티노의 캐스팅은 캐릭터들이 깊이가 없는 존재임을 보여주는 것을 목표로 삼는데, 트라볼타가 잭 래빗 슬림스에서 추는 춤은 이 점을 가장 명확하게 보여준다. 〈토요일 밤의 열기〉의 스타는 크리스마스를 맞이한 삼촌처럼 해진 양말로 트위스트를 추고 있다. 이건 피카소가 스틱 피겨(머리는 동그라미로, 사지와 몸통은 직선으로 그린 인물화)를 그리는 모습을 지켜보는 것과 비슷하다. 트라볼타와 버치가 마르셀러스의 술집에서 처음 만나는 경이로운 순간도 있다. 이때 그들은 길거리의 개들처럼 상대에게 반감을 드러낸다. "뭘 봐, 친구?" 버치가 묻는다. "내가 네놈 친구냐?" 빈센트는 으르렁거린다. 그들의 적대감에는 별다른 이유가 없다. 둘 중 한 명이 다른 한 명을 죽이게 되는, 미래에서 불어온 싸늘한 바람 말고는. 이것은 아이콘들의 충돌, 즉 70년대 아이콘과 80년대 아이콘의 충돌이다. 원자들이 충돌할 때처럼, 또는 고스트버스터들이 광선 줄기들을 교차시킬 때 그랬던 것처럼, 우주는 한 시대를 상징하는 아이콘들이 그렇게 한자리에 집중적으로 존재하는 상태를 버텨낼 수 없다. 그럴 경우 우주의 질서는 망가져버린다.

월리스는 이 영화의 흥행을 위해 최선을 다했지만, 그가 보여준 대단히 마초다운 미니멀리즘이 극도로 수다스러운 타란티노 영화에 적절했느냐의 여부는 분명치 않다. 타란티노는 남녀 불문하고 온갖 등장인물의 대사를 탁월하게 집필할 수 있는 인물이다. 단 강인하고 과묵한 타입은 제외하고. 마르셀러스가 "그딴 자궁심은 엿이나 먹으라고 해!"라고 대사를 칠 때 월리스의 헤아리기 어려운 살짝 찡그린 표정보다 이 영화에 어울리지 않는 장면도 없다. 그런데 월리스의 그런 표정에는 버치의 에피소드가 총체적으로 다루려는 것, 즉 버치를 무기력한 존재로 만들어버리려는 시도가 담겨 있

다. 하지만 윌리스는 자신의 남성성을 해체하려는 의향을 거의 보여주지 않는다. 제드와 메이나드에게 강간당할 뻔한 위기를 모면한 그는 피를 묻힌 채 절뚝거리며 파비엔느(마리아 드 메데이로스)에게 돌아가지만, 갑작스럽게 달콤한 말을 해대는 쪽으로 방향을 바꾼다. "팬케이크 먹었어? 블루베리 팬케이크?" 윌리스는 농담의 대상이 여자들이지 버치가 아니라는 걸 확실히 해둔다. 그는 창피를 당할 만한 위험을 무릅쓰기에는 지나치게 신중하고 자기방어적인 존재로 보인다. 그 점이 쿠엔틴 타란티노의 세계에서 그를 외톨이로 보이게 만든다.

한편, 사무엘 L. 잭슨은 또 다른 문제였다. 몇 옥타브를 넘나드는 목소리를 구사하고 금방이라도 튀어나올 듯 눈에 잔뜩 힘을 준 잭슨은 타란티노가 분노에 젖은 채 황무지에서 보낸 오랜 세월을 구현한 얼굴이자 목소리이다. 그가 내뱉는 대사 하나하나는 분노와 상처 입은 경멸의 폭탄을 폭발적으로 터뜨린다. "그런 헛소리를 지껄인 빌어먹을 자식은 네가 한 멍청한 짓거리 때문에 해골 조각들을 일일이 집어내는 수고 따위 할 필요가 없었겠지." 이토록 성깔 사나운 대사를 연기할 수 있는 사람은 코미디언 리처드 프라이어밖에 없을 것이다.

잭슨과 트라볼타는 빼어난 거울이다. 잭슨이 영화의 엔진에 불을 붙인다면, 트라볼타는 영화의 속도를 늦추면서 비밀을 품은 소년처럼 졸음기 가득하고 반쯤 웃음기가 묻어 있는 대사를 내뱉으며 영화를 진정시킨다. 미아와 데이트를 하는 동안, 그는 그녀의 눈을 똑바로 쳐다보지 못한다. 눈길을 돌리는 모습만으로는 얌전해서 그러는 건지, 쑥스러워서 그러는 건지 파악하기 어렵다. 영화가 끝날 무렵, 이 콤비는 타란티노가 창조해낸 세계 내부에서 벌어지는 전쟁을 표현하는 것 같다. 게으름뱅이와 위험을 즐기는 인물이 벌이는 전쟁, 카우치 포테이토와 영

위 | 세트에서 농담을 주고받는 존 트라볼타와 브루스 윌리스

맞은편 | "나는 해결사야." 하비 케이틀이 연기한 윈스턴 울프는 범죄자 듀오를 도와준다.

줬고, 존 트라볼타의 시들시들하던 커리어를 원기왕성하게 일으켜 세웠으며, 독립영화의 제작 관행을 바꿔놓았다. 이 영화는 "모든 규칙을 깨버린 최초의 독립영화"라고 미라맥스 대표는 말했다. "영화라는 시계에 새로운 시곗바늘을 설정했다."

영화는 아카데미 시상식에서 작품상과 감독상을 비롯한 일곱 개 부문 후보에 올랐고, 시나리오를 공동으로 작업한 타란티노와 로저 아바리는 각본상을 수상했다. "〈펄프 픽션〉은 내가 커리어를 쌓는 동안 일어나겠거니 하고 예상했던 틀을 깨버렸습니다." 타란티노가 나중에 한 말이다. "스튜디오들과 함께 〈저수지의 개들〉 같은 영화를 만들면, 그곳 사람들은 '저 친구는 솜씨가 꽤 좋군. 좀 더 상업적인 소재와 짝을 지어주면 저 친구는 다음 단계로 접어들게 될 거야'라는 말을 하는 게 보통입니다. 그런데 나는 나만의 작은 예술작품인 〈펄프 픽션〉을 내 방식으로 작가이자 감독으로서 작업했습니다. 3,000만 달러나 3,500만 달러 정도의 흥행 수입을 예상하면서요. '좋아, 이제 우리는 그를 스튜디오 시스템에 제대로 끌어들일 준비가 됐어. 그 친구에게 〈딕 트레이시 Dick Tracy〉나 〈맨 프롬 UNCLE The Man From U.N.C.L.E〉 같은 영화를 맡겨보자고.' 영화계에는 그런 식의 분위기가 있었어요. 흐음, 그런데 그런 일은 일어나지 않았죠. 영화 팬들에게 이해받으려고 상업적인 프로젝트에 내 목소리를 파묻을 필요도 없었고, 나를 나답게 만드는 내 목소리는 엄청나게 커졌습니다. 그래서 나는 그런 작품을 하지 않아도 되었던 거죠. 나는 순전히 내 능력에 따라 성공하거나 몰락합니다."

화광이 치르는 전쟁, 빈둥거리며 시간을 보내는 사람과 사람들을 들들 볶아대는 사람이 벌이는 전쟁. 〈펄프 픽션〉에서 그들은 나무랄 데 없는 벌새 같은 균형점을 찾아낸다. 영화는 약에 취한 듯하면서도 느긋하고, 태평하면서도 경계심의 날이 서 있다. 타이트하면서도 신중한 2시간 45분이 마무리되면서 영화는 동그라미를 한 바퀴 돈다. 〈저수지의 개들〉에서 그랬던 것처럼 멕시칸 스탠드오프로. 다른 점이 있다면 이번에는 관련자 전원이 몰살당하는 대신, 전원이 각자의 총을 바지춤에 찔러 넣고는 행복하게 세상으로 걸어 나가는 무장 해제를 보게 된다는 것이다.

"〈펄프 픽션〉이 결말로 향할 무렵, 스토리의 커브는 스토리로 되돌아오기 위해 뒤로 휘어지며 방향을 튼다. 그곳에는 마음 깊이 느껴지는 음악처럼 만족스러운 무언가가 있다. 대단히 감동적이기도 한 형식의 마법이." 데이비드 톰슨이 쓴 글이다. 어느 누가 짐작할 수 있었겠는가? 3막 구조, 로맨스, 구원을 경험하는 캐릭터들의 사연, 성경에서 가져온 인용문, 그리고 해피엔딩.

850만 달러를 들여 만든 〈펄프 픽션〉은 전 세계에서 2억 1,400만 달러를 벌어들이면서 흥행 수입 2억 달러 고지를 넘어선 최초의 독립영화가 됐다. 영화는 미라맥스를 어느 정도 구색을 갖춘 미니-스튜디오로 만들어

102-103페이지 | 빈센트의 총이 오발되면서 지저분한 난장판이 벌어진다.

이 페이지와 맞은편 | 별다른 애를 쓰지 않아도 쿨하기 그지없는 빈센트 베가와 줄스 윈필드 콤비는 영화 역사에서 가장 유명한 콤비 중 하나가 됐다.

"나는 20년이 지난 다음에 <펄프 픽션>을 회고하려는 유형의 사람은
아닙니다. 내가 그 작품에서 무척이나 자랑스러워하는 요소 중 하나는
옴니버스 영화 작업에 착수했었다는 겁니다. 나는 각기 다른 스토리 세 개를
구상하고 그것들이 어우러져 하나의 스토리가 되게끔 만들고 싶었습니다.
결국엔 그 일을 해냈죠."

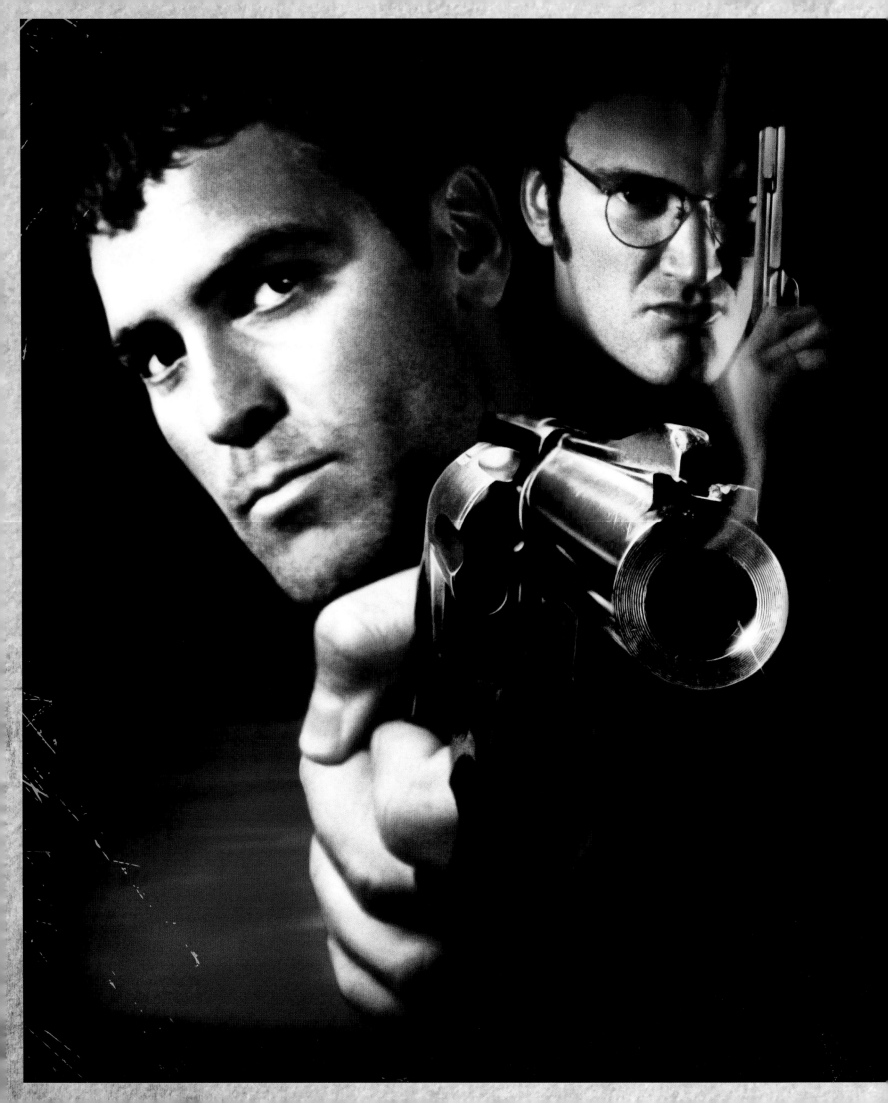

INTERMISSION

FOUR ROOMS

1995

포 룸

FROM DUSK
TILL DAWN

1996

황혼에서 새벽까지

FROM THE PRODUCER OF PULP FICTION

TIM ROTH   ANTONIO BANDERAS   JENNIFER BEALS
VALERIA GOLINO   MADONNA   MARISA TOMEI   PAUL CALDERON
SAMMI DAVIS   IONE SKYE   LILI TAYLOR   TAMLYN TOMITA

FOUR
ROOMS

ALLISON ANDERS
ALEXANDRE ROCKWELL
ROBERT RODRIGUEZ
QUENTIN TARANTINO

CHECK IN THIS FALL

MIRAMAX

"**미**국에서 내 명성은 평범한 영화감독 수준이 아니에요. 무비스타 수준이죠." 타란티노가 〈펄프 픽션〉 이후 자신의 삶에 대해 한 말이다. 그가 로스앤젤레스의 술집에 들어가기 무섭게 그의 품에는 아가씨 두 명이 안겼고, 그의 테이블로 접근하는 팬들의 행렬이 끊이지 않았다. 차를 몰고 가던 사람들이 그를 발견하면 경적을 울려댔고, 사인 받을 포스터와 사진을 챙겨 그를 쫓아오곤 했다. 그는 그런 사람들과 영화 얘기를 나누는 게 행복했다. 그러나 시간이 흐르고 그에게 말을 걸며 다가오는 사람들이 엄청나게 늘어나면서 상황은 감당하기 어려운 지경이 됐다. 이제 그는 단골 레코드 매장에서 음반들을 느긋하게 둘러보며 '평범한 사내가 하는 짓거리'들이 하고 싶어졌다.

체이슨스 레스토랑이 문을 닫은 1995년 4월에 타란티노는 친구이자 동료 영화감독인 로버트 로드리게즈와 그곳을 찾았다.

"그가 문을 열자마자, 이미 〈펄프 픽션〉 포스터를 들고 그곳에서 기다리고 있던 사람들이 몰려들었습니다." 로드리게즈는 말했다. "그가 이러더군요. '젠장, 저기 저 사람 있지, 저 사람 포스터에 사인을 해줬어. 그랬더니 자기가 가져온 포스터 열 장 전부에 사인을 해주지 않는다며 나를 밥맛없는 놈 보듯 째려봤어.'라고 말이죠."

다른 감독 친구 알렉상드르 록웰이 같은 밤, 같은 호텔에서 일어나는 네 가지 상이한 이야기로 구성될 앤솔로지 영화에 참여할 의향이 있느냐고 물었을 때, 타란티노는 자신의 명성이 어느 정도인지 확인해보기로 결심했다. 그가 작업하는 스토리는 체스터 러시라는 비호감 유명인에 대한 이야기였다. 체스터 러시는 호텔 스위트룸을 장악하고 크리스털 샴페인("이게 진짜 크리스털이야, 다른 건 전부 오줌이고.")을 퍼마시면서 어떤 사람과 식칼로 새끼손가락을 자르는 내기를 하려고 100달러 지폐들을 내던지는 떠버리 코미디 스타다.

"그 캐릭터는 작품을 구상할 때만 해도 코믹한 인물로 구상했습니다. 내가 그런 캐릭터를 제법 잘 연기할 수 있을 거라고 생각했거든요. 그러다가 결국 그는 내가 실생활에서 셀럽—이보다 더 적절한 단어가 없어서 쓰는 말이지만—으로서 짊어지고 있던 짐의 일부를 떠맡기에 이르렀죠." 타란티노는 말했다. "내가 처할 수 있는 최악의 상황과 비슷한 처지에 놓인 나 자신을 연기했습니다."

앤솔로지 영화를 만든다는 아이디어는 타란티노가 록웰과 그의 여자 친구 제니퍼 빌즈의 맨해튼 아파트에서 식객으로 지낸 후에 나왔다. "우리들이 영화계에 새로운 물결을 일으키리라는 느낌을 받았습니다." 1992년에 선댄스에서 앨리슨 앤더스와 리처드 링클레이터, 로버트 로드리게즈와 함께 타란티노를 처음으로 만났던 록웰이 한 말이다. "우리가 뭔가를 함께 작업하는 건 끝내주는 일이 될 거라고 생각했죠."

비엔나에서 〈비포 선라이즈Before Sunrise〉를 촬영 중이던 링클레이터를 제외한 이 무리는 샤토 마몽에 방을 잡고서 정크 푸드를 먹고 술을 마셔대며 에피소드들을 이어주는 연속성에 대해 논의한 끝에 결론에 도달했다. "파자마 파티 같은 분위기였어요." 록웰은 말했다. "쿠

엔틴이 평소 꿈꾸던 그런 밤이었죠. 우리 모두는 비디오와 팝콘, 그 외의 자질구레한 것들을 들고 한 방에 모였습니다. 자리에 둘러앉아 영화 얘기를 떠들어댔죠. 각자가 구상한 기본적인 아웃라인을 서로에게 들려줬고요…… 시나리오들을 취합할 때 정말 짜릿했죠. 겹도는 스토리가 하나도 없다는 사실이 놀라웠거든요."

모든 스토리의 시간적 배경은 같은 밤, 같은 시간이어야만 했고, 벨보이 캐릭터인 테드를 반드시 등장시켜야 했다. 테드는 스티브 부세미가 연기할 예정이었지만, 부세미는 자신이 이미 코엔 형제의 〈바톤 핑크Barton Fink〉에서 벨보이를 연기한 적이 있다는 사실을 지적했다. "천성적으로 결정 장애가 있는데다 감독이 네 명이나 되는 상황 때문에, 그는 약간 제정신이 아닌 듯한 반

맞은편 | 팀 로스가 벨보이 테드로 출연한 〈포 룸〉의 포스터.

위 | 〈포 룸〉의 감독들(왼쪽부터 오른쪽으로) 알렉상드르 록웰, 앨리슨 앤더스, 쿠엔틴 타란티노, 로버트 로드리게즈.

위 | 타란티노가 연출한 에피소드 '할리우드에서 온 남자' 중.
그는 직접 코미디언 체스터 러시 역할을 맡아 브루스 윌리스와
폴 칼데론, 제니퍼 빌즈와 함께 작업했다.

오른쪽 | 뱀파이어 범죄 스릴러 《황혼에서 새벽까지》에서 다시 뭉친
로버트 로드리게즈(왼쪽)와 타란티노.
사라 켈리(가운데)는 그녀의 1997년 영화 《풀 틸트 부기Full Tilt Boogie》에서
그 영화의 촬영장을 덮친 고난과 시련들을 기록했다.

응을 보였죠"라고 록웰은 말했다. 그래서 그들은 부세미 대신 팀 로스에게 접근했다.

앤더스가 연출한 '빠진 성분'에서 마녀들(마돈나와 이온 스카이, 릴리 테일러를 비롯한)은 오십 대 스트리퍼를 되살리려 노력한다. 록웰이 연출한 '오해받는 남자'에서 벨보이 테드는 남편(데이비드 프로벌)과 아내(제니퍼 빌즈)의 심각한 가정 내 분쟁에 휘말린다. 로드리게즈의 '버릇없는 놈들'에서는 꼬맹이 두 명이 부모님이 시외로 외출한 사이에 호텔방을 쓰레기장으로 만든다. 마지막으로 타란티노가 연출하고 출연한 '할리우드에서 온 남자'에서 버릇없는 코미디 스타 체스터 러시(타란티노)는 수행원들과 함께 호텔 스위트룸을 장악한다. 그는 〈알프레드 히치콕 프리젠츠Alfred Hitchcock Presents〉로 방영된 에피소드에서 차용한 설정에 따라, 지포 라이터로 열 번 연속 불을 붙일 수 없다는 것을 놓고 친구와 내기를 한다. 그렇게 하는 데 성공하면, 친구는 체스터의 빨간색 세비 말리부를 갖게 된다. 하지만 그렇지 못할 경우에는 새끼손가락을 잃게 된다. 친구는 첫 번째 시도에서 실패하고 손가락을 잃는다.

"그러니까 그건 유서 깊은, 케케묵은 스토리텔링 장치였죠." 타란티노는 말했다. "그 영화를 신선한 영화로 만드는 방법은 현실의 삶이 이야기에 스며들도록 만드는 겁니다. 그렇게 하려면 영화의 첫 번째 에피소드보다 마지막 에피소드가 수월하죠. 아이디어 전체가, 스토리 전체가 한 가지 이벤트 위에 구축된 것과 비슷했습니다. 관객은 영화를 보는 내내 자신이 차를 타고 이동 중이라고 생각하는데, 영화를 보고 나니까 실제로는 그런 차가 존재하지 않는 겁니다. 그러다가 쾅, 충돌이 일어나면 영화는 끝이 납니다."

단 한 번의 좌회전으로 관객들을 빈털터리로 만들어버린 다음, 공허해진 그 상황을 재미있게 생각하라고 요청하는 건 꽤나 빈약한 아이디어였다. 이 프로젝트는 〈펄프 픽션〉 이후로 그에게 쏟아진 세상의 과도한 기대에서 도피할 은신처와 무명 시절 비디오 아카이브에서 즐겼던 동지애를 다시금 만끽하는 기회를 타란티노에게 제공했다. 하지만 본격적으로 영화를 제작하는 작업은 그것이 백일몽에 불과하다는 것을 보여줬다. 앤더스는 타란티노의 촬영장이 다른 감독들의 촬영장보다 몇 배나 크다는 사실을 모를 수 없었다. "그가 촬영하는 객실 세트에 우리가 찍는 객실 세트 전부를 집어넣을 수 있었어요." 그녀는 말했다. "촬영장의 규모는 현실 상

황에 대한 메타포였죠."

크레디트의 마지막을 장식하는 최후의 장면을 누가 연출해야 하는지를 두고 논쟁을 벌이던 중에 타란티노가 앤더스에게 말했다. "있잖아, 넌 항상 우리가 비틀스랑 비슷하다는 말을 입에 달고 살았잖아. 별것도 아닌 일로, 그러니까 예를 들면 '아냐, 내가 리드 싱어할 거야! 아니, 내가 리드 싱어를 할 거라니까!'라면서 툭하면 언성을 높이다가 달랑 음반 한 장 내고 갈라서는 그런 밴드 말이야."

앤더스는 맞받아쳤다. "흐음, 멤버들끼리 서로서로 듣기 좋은 말만 해주던 버킹엄즈처럼 히트곡 하나 내고 사라지는 밴드들도 있어."

"으음, 지금 당장은 우리가 서로에게 듣기 좋은 말을 해주는 밴드와 비슷했으면 좋겠어." 타란티노는 대꾸했다.

"그래, 사탕발림을 듣는 사람이 너만 해당된다면 그렇겠지." 앤더스는 쏘아붙였다.

〈포 룸〉은 1994년 크리스마스 전에 촬영을 종료하고 이듬해 3월 9일까지 편집에 들어갔다. 밥과 하비 와인스타인 형제는 2시간 30분 분량의 러프 컷을 깔끔한 90분짜리로 줄이는 작업을 두 눈 부릅뜬 채 감시했다. "로버트의 에피소드는 자르는 게 불가능했어요. 신문 연재만화 같은 스타일이라서요." 록웰은 말했다. "쿠엔틴은 롱 테이크로 찍은 장면이 많아서 그의 에피소드도 자르기가 힘들었죠. 그래서 나와 앨리슨에게 가해지는 압박이 점점 더 심해졌어요."

록웰은 그 과정에서 있었던 논란을 훗날 이렇게 회상했다. "밥과 하비한테 말했어요. '으음, 좋아요. 전원의 작품을 조금씩 잘라내는 거죠?' 하비랑 밥은 한참을 낄낄거리고는 말했어요. '어느 누가 쿠엔틴한테 그의 작품을 가위질해야 한다고 말할 수 있겠어요?' 하비가 이러더군요. '으음, 쿠엔틴한테 알렉스가 자기 작품을 자르고 있다는 얘기를 하면, 그는 자기 작품에 러닝 타임 10분을 추가할 수 있겠구나라고 생각할 거요.'라고 말입니다." 결국 록웰의 에피소드는 가장 짧은 에피소드가 됐고, 앤더스와 타란티노, 로드리게즈의 에피소드가 그 뒤를 이었다. 미라맥스는 완성된 영화에 겁을 집어먹은 것으로 판명됐다. 그들은 토론토를 제외한 모든 영화제를 일부러 피하다가 결국 1995년 12월 25일-영화 리뷰가 별 반 힘을 쓰지 못하는 날-에 영화를 개봉했다.

"이 영화의 개봉은 자비심에서 우러난 행위라고 봐

"산책하면서 이런저런 생각들을
떠올리는 걸 좋아했었는데,
지금은 그럴 수가 없어요.
내가 매일 밤 여자를 낚으려고 애쓴다면
그건 세상에서 제일 근사한 일이 될 테지만,
나는 그러지 않아요."

위 | "내가 거물이 된 건 분명한 것
같아요." 타란티노는 그의 영화를
보러오는 관객들을 위해 글을 쓰면서
그들을 무척이나 존중하지만, 팬들과
파파라치들을 따돌리기 위해 속도를
높여야 하는 경우가 잦다.

도 좋다. 커리어를 훼손하는 이 실패작에 대한 이야기를 사람들이 덜하면 덜할수록 좋기 때문이다." 『뉴욕 타임스』의 재닛 마슬린은 말했다.

"미슐랭 가이드의 유용한 척도를 사용하자면, 하나는 여행에 나설 가치가 있고('버릇없는 놈들'), 하나는 가던 길을 우회할 가치가 있다('할리우드에서 온 남자')"라고 로저 에버트는 말했다. "이 스토리라인은 딱 타란티노 풍이다. 하지만 핵심 숏 하나를 제외하면 타이밍은 어긋나고 대사는 중구난방이다."

영화는 극장에 몇 주일 걸린 뒤 재빨리 자취를 감췄다. 조잡한 재주를 부리는 것으로는 〈펄프 픽션〉 이후로 영화감독 타란티노에게 걸린 기대의 무게를, 더불어 그를 향해 밀려드는 대중의 강력한 반발을 버텨낼 수 없었다. 타란티노 풍. 사람들은 그가 아니라 그의 명성을 리뷰하고 있었다.

"내가 예상했던 것보다 훨씬 더 빨리 형용사가 됐어요." 타란티노가 한 말인데, 그는 인터뷰어들에게 이런 말을 하기 시작했다. "산책하면서 이런저런 생각들을 떠올리는 걸 좋아했었는데, 지금은 그럴 수가 없어요. 내가 매일 밤 여자를 낚으려고 애쓴다면 그건 세상에서 제일 근사한 일이 될 테지만, 나는 그러지 않아요." 그는 '위험하리만치 과다 노출된 쿠엔틴 타란티노' 같은 문장들을 읽으며 생각했다. 이런 기사를 쓰는 바로 너 같은 놈들이 나를 과다 노출시킨 개자식들이잖아.

타란티노는 드라마 〈ER〉의 에피소드 한 편('모성')을 제외하면 1년간 아무 작품도 연출하지 않았다. 그는 〈새터데이 나이트 라이브Saturday Night Live〉에 호스트로 출연하고, 토크쇼들과 〈심슨 가족The Simpsons〉의 에피소드 한 편에 출연하는 것으로 〈펄프 픽션〉 이후로 가해지는 압박감에서 도피할 곳을 찾아다녔다. 〈스피드Speed〉와 〈맨 인 블랙Men in Black〉의 감독 자리를 제의받았지만, 둘 다 거절했다. 그는 토니 스콧이 연출한 〈크림슨 타이드Crimson Tide〉의 시나리오를 손봐주고("내가 쓴 부분이 어디인지 알 수 있을 거예요. 만화책과 〈스타 트렉〉의 화장실 유머를 들먹거리는 헛소리죠."), 줄리아 스위니의 〈남자 그리고 여자It's Pat〉의 시나리오를 크레디트도 없이 수정해줬지만, 그 영화에는 그가 쓴 농담 중 딱 하나만 살아남았다.

타란티노가 세계 영화계를 위해 가장 크게 기여한

바는 왕가위가 홍콩에 보내는 러브레터인 〈중경삼림
Chungking Express〉을 옹호한 것이라는 건 확실하다. 미라맥
스가 영화 배급을 전담하고자 설립한 자회사 롤링 썬더
픽처스를 통해 개봉된 이 영화는 미라맥스 대표가 그에
게 소일거리로 맡긴 작품이었다. "나는 그저 눈물을 흘
리기 시작했어요." 그 영화의 감상에 대해 타란티노가
한 말이다. 영화가 슬퍼서가 아니라 "이런 영화를 그토
록 사랑한다는 사실이 무척이나 행복했기" 때문이었다.

타란티노는 점점 더 연출보다는 연기에 몰두했다.
그는 〈펄프 픽션〉의 로케이션 헌팅을 다니는 동안 짬
을 내서 로리 켈리의 1994년도 로맨틱 코미디 〈슬립 위
드 미Sleep with Me〉에 카메오로 출연했는데, 이 작품에서
그는 과거 비디오 아카이브 시절에 아바리와 주고받았
던 수다, 구체적으로 말해서 〈탑건Top Gun〉은 게이 알레
고리라는 내용의 유서 깊은 수다를 재활용("그들은 이렇게 말
해. '아냐, 게이의 길로 가, 게이의 길이 돼버려, 게이의 길을 위해 가라고, 좋
았어.'")했다.

1995년, 그는 자신과 같은 해에 오스카를 수상한 미
라 소르비노와 데이트를 시작했다. 그가 미라와 배우
인 그녀의 아버지 폴 소르비노와 어울릴 때, 그들이 테
이블에서 나눈 정담은 "내가 꼬마였을 때 품던 오랜
꿈들과 욕망들"을 다시 깨웠다. 커플은 〈데스티니Destiny
Turns on the Radio〉에 함께 출연했는데, 이 영화에서 타란티

위 | "〈스타 트렉〉 본 적 있나? …자, 나는 커크 선장이야.
자네는 스코티고, 나는 더 많은 출력이 필요해."
토니 스콧의 〈크림슨 타이드, 1995〉 대사 가운데,
타란티노의 대중문화에 대한 언급은 그 영화에서 가장
유명한 부분 중 하나다.

아래 | 타란티노가 미라맥스의 자회사 롤링 썬더 픽처스를
위해 선택한 영화인 왕가위의 〈중경삼림, 1994〉 중
임청하의 등장 장면.

위 왼쪽 | 여자 친구 미라 소르비노와 함께

위 오른쪽 | 타란티노는 감독으로서의 삶을 잠시 뒤로하고 〈데스티니, 1995〉에서 조니 데스티니 역할을 맡았다.

노는 캐릭터들에게 '무한한 가능성'이 있는 소도시에서 살고 있다는 걸 상기시키려고 정기적으로 짠! 하고 모습을 드러내며, 손가락을 튕기는 상냥한 가짜 신(神) 조니 데스티니를 연기했다. 그가 펼친 연기들 대다수가 그랬듯, 그는 캐릭터를 연기한다기보다는 쇼의 사회자 노릇을 하고 있었다. 독립영화계의 수호성인 쿠엔틴 타란티노는 영화감독들이 자신들의 진실한 영화미학을 온 세상에 펼칠 수 있게 해주는 멋들어진 자동차 후드 장식품 같은 존재였다. 그가 이 시기에 사귄 새 친구 스티븐 스필버그는 그에게 이런 말을 했다. "자네는 영화로 이야기를 들려주는 빼어난 이야기꾼 같아."

카메오 출연이 줄을 이었다. 그는 록웰의 〈섬바디 투 러브Somebody to Love〉에서 바텐더를 연기했다. 비르지니 테브네의 〈핸즈 업Hands Up〉에서는 SM 신에 몰두한 여성과 사랑에 빠지는 주류 밀매업자를 연기했다. 로드리게즈의 〈데스페라도Desperado〉에서는 술잔에 소변을 보는 것에 대해 장황한 독백을 늘어놓다가 총에 맞아 죽는 마약 운반책을 연기했다. 그런데 그의 연기는 모든 걸 다 알고 있다는 듯한, 전지전능한 데우스 엑스 마키나 같은 분위기에 시달렸다. 그는 연기에 몰입하기보다는 액션의 머리 위에서 둥둥 떠다니고 있는 것 같았다. 그가 연기

하면 '제4의 벽'이 무너졌다. 리뷰들은 그를 내동댕이쳤고, 그는 이후로 몇 년간 리뷰들과 논쟁을 벌였다. "내가 어떤 영화에서 정말 웃기는 연기를 펼쳤고 그 신에서 끝내줬다고 생각하는데, 모든 리뷰가 연기를 못한다고 지적하는 게 아니라, '이 작자는 지긋지긋해. 이 화상은 더 이상 보고 싶지 않아'라는 식이었으니까요." 리뷰들은 그의 연기에 대해 흠을 잡지는 않았다. 왜냐하면 그는 연기를 하고 있는 게 아니었기 때문이다.

그런데 이 말은 타란티노가 1,500달러를 받고 집필한 시나리오를 바탕으로 로드리게즈가 연출, 뱀파이어를 상대로 총격전을 벌이는 영화 〈황혼에서 새벽까지〉에서는 해당되지 않는 말이었다. 그 시나리오는 특수효과 전문가 로버트 커츠맨이 그가 차린 회사 KNB의 역량을 보여줄 쇼케이스 용으로 창작된 작품이었다. (시나리오 창작의 대가로, 회사는 〈저수지의 개들〉의 귀 절단 신에 필요한 특수효과를 무료로 제공하는 데 동의했었다.) "이 영화는 으뜸가는 자동차 극장용 영화예요." 타란티노는 말했다. 그는 자신의 시나리오를 로드리게즈의 손에 맡긴 채, 조지 클루니와 함께 도주 중인 은행 강도 형제—지긋지긋하게 비열한 2인조 개망나니들—중 한 명을 연기하는 게 무척이나 행복했다. 두 사람은 그들의 트레일러에서 팬레터들을 바꿔 읽으며

돈독한 사이가 됐다.

타란티노는 클루니를 이렇게 회상했다. "그는 늘 나를 격려해줬어요. '〈데스티니〉를 욕하는 개자식들은 엿이나 먹으라고 해! 그런 놈들한테는 엿을 먹여야 해! 그 영화에서 제일 뛰어난 부분이 너였어, 친구! 널 존중해, 다른 사람들도 널 존중하고. 그리고 너는 이 영화를 통해서 엄청난 존재가 될 거야!'라고 하더군요."

이 일화는 클루니가 맡은 배역의 노련함을 명확히 보여준다. 이 이야기는 그들이 스크린에서 보여줘야 할 유대감의 또 다른 버전이었다. 『버라이어티』에 따르면, 강도 형제가 세운 계획들을 몇 번이고 망쳐버릴 듯한 창백한 얼굴의 다혈질 괴짜인 남동생 리처드 게코를 연기한 타란티노에 대해 '그의 연기력은 나쁘지 않으며, 정색한 채로 건망증과 음탕함을 연기하면서 몇 번이나 폭소를 이끌어낸다.'라고 평했다.

『뉴욕 타임스』는 '교활하다, 다행스럽게도 자제하는 타란티노'라고 평가했다.

"리뷰들은 '심지어 타란티노조차 썩 괜찮다!'라고 하더군요." 타란티노는 말했다. "나는 정말 열심히 연기했습니다. 내가 해낸 연기가 자랑스러워요."

흥행 성적도 꽤 괜찮았다. 테리 길리엄의 〈12 몽키

위 | 〈황혼에서 새벽까지〉에서 좀비들을 공격하는
케이트 풀러(줄리엣 루이스)와 제이콥 풀러(하비 케이틀),
세스 게코(조지 클루니).

아래 | 〈황혼에서 새벽까지〉 촬영장에서 출연진 및 스태프들과
노닥거리는 시나리오 작가 타란티노(하단 오른쪽),
감독 로버트 로드리게즈(상단 오른쪽).

"그 캐릭터들과 무척이나 좋은 시간을 보냈어요. 그 영화는 두 편을 합쳐놓은 작품으로, 영화를 보던 중에 스위치를 딸깍 켜기만 하면 곧장 다른 영화로 넘어가는 스타일의 작품입니다. 그런데 우리는 그런 걸 관객들에게 알려주지 않습니다."

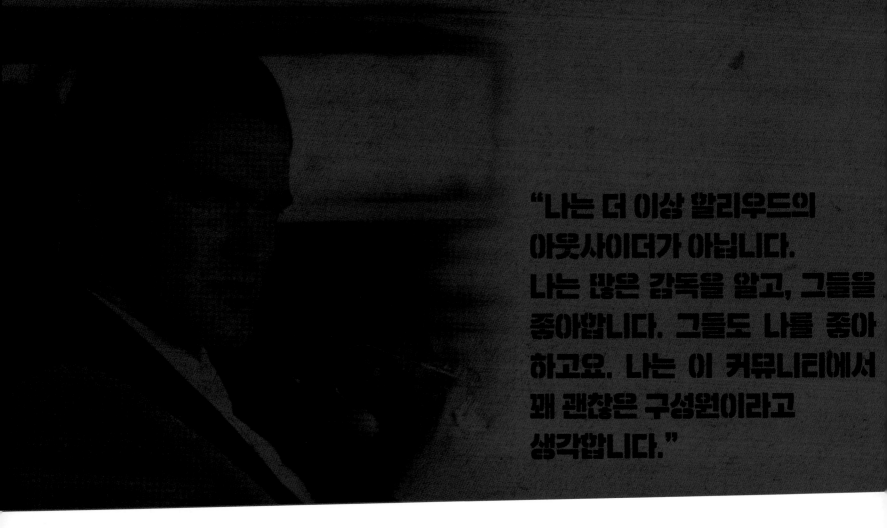

"나는 더 이상 할리우드의 아웃사이더가 아닙니다. 나는 많은 감독을 알고, 그들을 좋아합니다. 그들도 나를 좋아하고요. 나는 이 커뮤니티에서 꽤 괜찮은 구성원이라고 생각합니다."

116-117페이지 | 〈황혼에서 새벽까지〉 촬영장에서. 타란티노와 클루니는 도망 중인 리처드와 세스 게코 형제를 연기하면서 돈독한 우정을 쌓기 시작했다.

위 | 〈황혼에서 새벽까지〉에서 리처드 게코로 출연한 타란티노.

맞은편 | 마이클 버트가 1998년에 찍은 사진.

즈12 Monkeys〉와 올리버 스톤의 〈닉슨Nixon〉 같은 만만치 않은 경쟁작들을 상대로 1,000만 달러를, 결국에는 2,600만 달러를 벌어들였다. 게코 형제가 목사의 가족을 인질로 잡았다가 멕시코 국경에서 뱀파이어들과 끝날 것 같지 않은 총격전을 벌이는 바람에 자신들과 목사 가족이 별반 다르지 않다는 걸 알게 되는 이중구조의 플롯으로 구성된 영화였는데도 말이다. 이 영화는 주인공 A가 적대자 B와 대결하다가 거물 악당 C를 상대하기 위해 연합했다는 걸 알게 되는, 〈펄프 픽션〉의 가운데 섹션을 반영한 작품이다. "〈황혼에서 새벽까지〉의 토대를 탄탄하게 닦아주는 인물은 하비 케이틀이다." 『엔터테인먼트 위클리』의 오웬 글레이버먼은 이렇게 평했다. "희끗희끗한 수염을 앞세운 채 느릿한 남부 억양을 구사하는 그는 제이콥에게 차분한 도덕적 권위를 부여한다. 멕시코 국경에 접근하는 동안, 자신들이 응당 해야 할 일에 대해 어린 스콧과 논쟁할 때—아버지는 현실 경험이 더 많고, 아들은 범죄 드라마를 더 많이 봤다—타란티노 말고는 현존하는 그 누구도 도입할 수 없는 대중문화의 순간들이 영화에 잔뜩 스며든다."

결국, 타란티노에게 그가 좋아하는 소설가 중 한 명인 엘모어 레너드의 작품을 각색한 시나리오를 손에 들려서 감독 의자에 다시 앉힌 건 와인스타인 형제였다. 타란티노는 〈펄프 픽션〉이 완성되기 직전에, 아직 출판 전인 레너드의 소설 『럼 펀치Rum Punch』를 읽었다. "그 소설을 읽는데 영화가 보이더군요. 그 책을 읽을 때, 내 머릿속에서는 소설이 아니라 영화가 보였습니다."

로렌스 벤더는 그 소설을 각색하는 문제를 들고 레너드의 출판업자들에게 접근했지만, 그들은 타란티노와 엮이고 싶지 않다는 듯 입을 닫았다. 하지만 〈펄프 픽션〉이 대성공을 거둔 후, 그 작품 외에도 엘모어 레너드의 소설 세 편『킬샷Killshot』『노상강도들Bandits』『괴상한Freaky Deaky』이 확보됐다. 와인스타인 형제는 타란티노가 그 소설들을 영화로 제작할 수 있도록 그 작품들의 권리를 모조리 사들였다.

"작품에 친숙해지려고 무턱대고 소설들을 읽었습니다." 타란티노는 말했다. "그런데, 세상에! 소설을 읽는 동안 내가 처음 읽었을 때 머릿속에 펼쳐졌던 영화가 다시 보이는 겁니다. 그 영화가 다시 돌아온 거죠. 그래서 생각했습니다. 이 작품을 하고 싶다고."

JACKIE BROWN

1997

재키 브라운

"엘모어 레너드의 소설을 각색하는
건 오랫동안 원하던 일이었어요.
그는 꼬맹이였던 나와 제대로
소통한 첫 소설가였습니다."

〈**재**〉키 브라운〉은 〈펄프 픽션〉의 후속작이 아니었어요. 〈재키 브라운〉으로 〈펄프 픽션〉을 능가하려고 기를 쓰지는 않았습니다." 타란티노는 말했다. "그 영화에는 못 미치는 영화를 만들려고 애썼죠." 그는 칸을 정복한 1994년도 히트작을 내놓은 이후로 3년간 영화제에 참석하고 친구들이 만드는 영화에 출연하며 언제쯤 다른 영화를 만들 계획이냐고 캐묻는 언론과 팬들의 추궁을 차단하고자 안간힘을 쓰면서 보냈다. 그가 엘모어 레너드의 『럼 펀치』를 각색하고 있다는 뉴스가 나온 후에도, 언론에서 들려오는 호들갑은 꾸준했다. '왜 이렇게 오래 걸리나?'

"대다수 각색 영화들이 작업하는 방식으로 만들고 싶지는 않았습니다." 영화가 완성된 후에 그가 한 말이다. "소설과 분리된, 독자적인 영화가 되기를 원했습니다. 동시에 그의 소설을 진실하게 담아내길 원했고요. 그러느라 시간이 걸렸죠. 단순히 플롯을 축약하는 데에서 그치지 않고, 레너드의 분위기와 풍미를 그대로 담아내고, 그 특유의 개성을 담아내면서 내 것을 가미하느라 시간이 걸린 겁니다. 그러는 내내 온갖 기사들이 쏟아졌죠. '쿠엔틴은 무슨 짓을 하고 있나? 쿠엔틴은 언제쯤 다른 작품을 할 것인가?' 흠, 쿠엔틴은 시나리오를 쓰고 있었어요, 맞죠? 쿠엔틴은 쿠엔틴이 하는 짓을 하고 있었고요. 그것도 맞죠?"

실제로 쿠엔틴은 그의 입장에서는 흔치 않은 작업을 하고 있었다. 그로서는 처음으로 소설을 각색한 시나리오였고, 그 작품은 『럼 펀치』의 프리퀄인 1978년도 소설 『스위치The Switch』였다. 오델과 루이스, 멜라니 캐릭터를 처음 소개한 이 작품은, 타란티노가 드라마 스쿨에 다니기로 결심한 해에 동네 K마트에서 슬쩍하려다가 붙잡힌 작품이기도 했다. 그는 "사람들이 일상적으로 구사하는 언어에 내재된 극적인 가능성에 눈뜨게 해준" 첫 작품이 레너드의 글이었다고 말했다. "그의 소설들을 많이 읽기 시작했는데, 그의 글을 읽는 경험은 캐릭터들이 자신들에 대해 이야기하는 것과는 달리, 주변 상황에 대해 얘기하게끔 만드는 나만의 방식을 추구해도 좋다고 허가를 받은 기분이었어요. 그는 캐릭터들이 잘 나가다가 샛길로 빠져도 괜찮다는 것과 그 샛길도 다른 길들과 비슷하게 타당한 길이라는 걸 보여줬습니다. 현실 세계의 사람들이 말하는 방식과 비슷하게 말이죠. 내가 쓴 시나리오들 중에서 그의 영향을 가장 많이 받은 작품은 〈트루 로맨스〉라고 생각합니다. 실제로 나는 〈트루 로맨스〉를 쓸 때 시나리오 형태를 갖춘 엘모어 레너드 소설을 내 버전으로 작업하고자 애쓰고 있었습니다." 타란티노가 〈재키 브라운〉을 작업하면서 세운 목표는 단순했다. "더 성숙한 영화를 만드는 것, 캐릭터에더 많이 무게를 실은 영화를 만드는 것"이라고 그는 로드 리게즈에게 말했다. "사람들이 마흔다섯 살이 된 나한테 기대할 법한 영화를 만드는 게 목표야."

타란티노가 『럼 펀치』로 들어갈 때 사용한 가장 큰 입구는 사무엘 L. 잭슨이 연기하게 될 멋쟁이 무기 딜러 오델 캐릭터였다. 시나리오를 집필하면서 한 해를 보내는 동안, 타란티노는 그 캐릭터에 깊이 매료되었다. "그 한 해 동안 나는 오델이었습니다. 그 작품에서 내가 동질감을 가장 많이 느낀 캐릭터가 바로 오델이었어요. 걸음걸이도 그와 비슷해졌습니다. 말투도 비슷해졌고요. 나는 본질적으로 오델이 되어 한 해를 보냈습니다. 그를 떨쳐버릴 도리가 없었고, 그러고 싶지도 않았습니다. 그리고 이상하게도, 오델은 그 영화의 리듬이었어요. 그의 성격, 말투, 차림새, 그와 관련된 모든 것이 이 영화가 펼쳐져야 할 방식이 되더군요. 그는 왕년의 소움 뮤직 같은 존재입니다. 오델이 소울 뮤직의 화신이라는 점에 100퍼센트 동질감을 느껴요. 내가 만약 아티스트가 되지 않았다면, 딱 염병할 오델 같은 사람이 됐을 겁니다."

〈재키 브라운〉은 타란티노의 십 대 시절과 무척이나 유사한 분위기를 담은 영화다. 350페이지에 달하는 책의 플롯을 2시간 40분짜리 영화로 농축시키는 과정에서, 그는 공간적 배경을 마이애미에서 그가 자란 로스앤젤레스의 사우스 베이로 바꿨다. 그래서 레너드가 마이애미에 내린 뿌리를 흉내 내는 대신, 그에 필적할 만한 또 다른 공간의 분위기를 담아낼 수 있었다. 그리고 오델의 똘마니이자 불운한 캐릭터 보몬트(크리스 터커)를 추가했다.

작품의 초점도 연방요원들이 오델을 무너뜨리려고 장기판의 졸(卒)처럼 사용하는 여성(원작 소설 『럼 펀치』에서 그녀의 이름은 '재키 버크'이고 백인 여성으로 설정되어 있다)에게 포커스를 맞췄다. 그녀는 직장을 잃지 않으려고 몸부림치는 마흔네 살의 항공기 승무원이다. 영화 〈재키 브라운〉은 여성을 주인공으로 내세운 타란티노의 첫 번째 작품이 될 예정이었다. 타란티노는 재키를 연기할 만한 여배우를 생각해내려 애썼지만 떠오르는 이름이 별로 없었다. 일단, 작품에서 설정한 나이는 마흔네 살이지만 서른네 살처럼 보이는 여자여야만 했다. 그뿐 아니라 끝내주는 미인이면서도 무슨 일이든 감당하고 처리할 수 있는 여자로 보여야 했다.

"그러던 중에 머릿속에서 펑! 하고 팸이 나타났습니다. 그러자 일이 무척 쉬워졌죠. 사십 대 흑인 여성을 캐스팅하자 캐릭터에 깊이가 부여됐습니다. 팸은 자신의 캐릭터에 무게감을 불어넣었고요. 그녀는 재키의 인생을 직접 살아낸 사람 같았습니다. 무엇보다도 그녀는 끝내주게 아름답죠. 서른다섯 살처럼 보이고, 무슨 일이든 감당하고 처리할 수 있는 사람으로 보입니다. 그녀는 상황이 후끈 달아올랐을 때에도 냉정을 유지할 수 있는 사람이에요. 그렇죠? 팸은 그런 특징들을 모두 갖고 있습니다. 팸 그리어는 그런 배우죠."

타란티노는 팸 그리어가 출연한 〈코피Coffy〉를 열세 살 때 처음 봤다. 그는 〈여감방Women in Cages〉, 〈암흑가의 투캅스Fort Apache The Bronx〉, 〈폭시 브라운Foxy Brown〉 같은 영화에 출연한 블랙스플로이테이션의 여왕을 보며 자랐다. 그는 "내 또래의 사내애들이 다 그랬던 것처럼, 나도 그녀를 엄청나게 좋아했어요"라고 말했다. 사실 그녀는 〈펄프 픽션〉에서 로잔나 아퀘트가 맡았던 역할을 따내려고 오디션을 봤다. 그런데 쿠엔틴 타란티노 영화들에서 일어날 법한 어마어마한 우연에 의해, 감독은 어느 날 하이랜드 애비뉴 모퉁이에서 교통 체증 때문에 멈춰 서 있는 그리어를 발견했다. 그는 달려가 열려진 차창을 통해 그녀를 불렀다.

"팸 그리어!"

"타란티노 감독님, 정말 반가워요."

"당신을 위한 영화의 시나리오를 쓰고 있어요." 그는 들뜬 목소리로 말했다. "엘모어 레너드의 소설 『럼 펀치』가 원작이에요!"

"정말 근사한 이야기네요."

"그 영화는 내가 만드는 〈폭시 브라운〉 같은 영화예요."

그런데 차들이 다시 움직이기 시작했고, 타란티노는 어쩔 도리 없이 손을 흔들어 작별 인사를 하며 인도로 물러나야 했다.

"저 말을 믿어?" 그녀의 남자 친구가 물었다.

"아니, 못 믿지." 그리어는 대답했다. "할리우드 감독들이 하는 말은 믿으면 안 돼."

그녀는 타란티노의 말을 그저 듣기 좋은 덕담이라고만 생각했다. 시간이 한참 흐른 후, 지역 우체국이 그녀에게 보낸 안내장―우표를 정액대로 붙이지 않은 소포가 도착했음을 알리는 안내장―몇 장을 받기 전까지는. "로스앤젤레스에서 우편 요금이 44센트 부족한 소포가 내 앞으로 와 있다는 안내장이 계속 날아오는 거예요." 그녀는 당시를 회상했다. "매트리

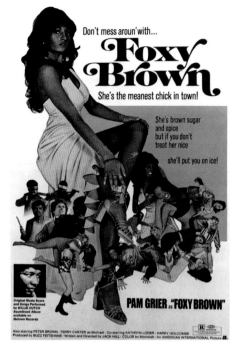

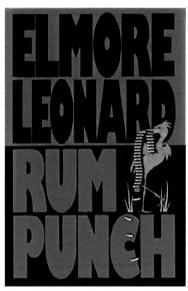

맞은편 | 재키 역의 팸 그리어.

위 | 타란티노의 새로운 뮤즈. 〈폭시 브라운〉 같은 영화들에 출연한 '블랙스플로이테이션의 여왕' 팸 그리어를 보며 자란 타란티노는 그녀를 위해 재키 역할을 집필했다.

아래 | 타란티노가 처음으로 각색한 시나리오는 그가 좋아하는 소설 중 하나인 엘모어 레너드의 『럼 펀치』였다.

"내가 내놓는 작품을 대중들이 당연한 것으로 받아들이지 않았으면 좋겠어요. 내가 처한 상황이 대단히 쉽게 그렇게 될 수 있다는 걸 알았거든요. 나는 각색 작업을 하면서 한동안 내게서 사라졌던 자질을 되찾았습니다."

스 홍보물 같은 게 들어 있는 우편물이겠거니 생각하고 있었어요. 그러다가 세 번째 안내장이 또 날아온 거죠. '좋아, 내 돈으로 44센트 내고 만다.'라고 툴툴거리면서 우편물을 받기로 했어요. 그랬더니 우체국에서 상단 왼쪽 모퉁이에 'QT'라고 적힌 봉투를 가져왔어요. 재미있는 건, 그 봉투에 엄청나게 많은 우표가 잔뜩 붙어 있었다는 거예요. 그가 직접 그 작은 우표들에 일일이 침을 발라 봉투에 붙인 거죠."

그리어는 시나리오를 읽으면서 타란티노가 그녀에게 원하는 건 '전형적'인 흑인 역할인, 오델의 약에 쩐 여자 친구 멜라니 역할일 거라고 짐작했다. 그녀는 감독의 사무실로 전화를 걸었다.

"맙소사, 팸, 시나리오를 몇 주 전에 보냈어요." 타란티노는 말했다. "출연할 의사가 없다는 뜻이라고 생각했어요."

"시나리오를 오늘에야 받았어요. 감독님이 우표를 충분히 붙이지 않는 바람에 우체국에서 우편물을 붙잡고 있었다고요."

"아하! 흠, 어쨌든…… 마음에 들던가요?"

"끝내주는 시나리오예요. 멜라니 역할 오디션에 참가하고 싶어요. 그 역할을 잘해낼 자신이 있거든요."

타란티노는 깔깔거리며 말했다. "멜라니는 브리짓 폰다가 연기할 거예요. 당신이 연기할 캐릭터는 재키 브라운이라고요, 팸! 내가 당신을 위한 시나리오를 쓰고 있다고 말했잖아요. 나는 〈폭시 브라운〉을 정말 좋아해요. 이건 당신에게 경의를 표하려고 쓴 시나리오예요."

타란티노를 만나러 간 사무실에서, 그녀는 감독의 사무실이 자신의 출연작 포스터들로 장식되어 있는 걸 봤다. 〈코피〉, 〈커다란 새장Big Bird Cage〉, 〈폭시 브라운〉, 〈시바Sheba〉, 〈베이비Baby〉.

"내가 올 거라는 걸 알고 이 포스터들을 붙여놓은 건가요?" 그녀는 물었다.

"아뇨. 당신이 온다는 걸 알고 저 포스터들을 막 치우려던 참이었어요." 그는 대답했다.

타란티노 입장에서 더 어려웠던 일은 작가 레너드에게 그의 소설을 수정했다고 털어놓는 일이었다. "저자가 『럼 펀치』에서

백인 여주인공으로 등장시킨 인물을 막상 흑인으로 바꿔놓고 보니, 정말이지 그 무엇과도 비교할 수 없을 만큼 두렵더군요." 그는 말했다. "원작자에게 그 얘기를 하는 게 정말 겁이 났습니다. 수화기 무게가 200kg은 되는 것처럼 느껴지더군요. 전화기를 쳐다볼 때마다 50kg씩 더 무거워지는 것 같았어요. 그러다가 이런 생각이 들었죠. '이런 식으로는 작업할 수 없어, 내 방식으로 작업해야만 해.' 그런데 그런 생각조차도 상황을 수월하게 만들지는 못하더군요." 그는 촬영에 들어가기 직전, 마침내 소설가에게 전화해볼 용기를 냈다.

"작년 한 해 동안 작가님께 전화 드리기가 두려웠습니다." 그는 레너드에게 말했다.

"왜? 내 책의 제목을 바꿨기 때문에? 흑인 여자를 주인공으로 캐스팅했기 때문에?" 레너드는 물었다.

"그렇습니다."

"자네는 영화감독이야. 원하는 건 무엇이든 할 수 있는 사람이지. 팸 그리어는 훌륭한 아이디어라고 생각하네. 자네 판단을 계속 밀고 나가도록 하게."

재키 브라운과 사랑에 빠져 그녀의 범행을 방조하는 보석금 보증인 맥스 체리 역할을 맡길 만한 배우를 놓고 타란티노의 마음은 네 명 사이에서 갈팡질팡했다. 폴 뉴먼, 진 해크먼, 존 색슨, 그리고 로버트 포스터. 하스켈 웩슬러의 〈미디엄 쿨Medium Cool, 1969〉에서 TV 카메라맨을 연기한 것으로 잘 알려진 포스터는 〈저수지의 개들〉의 조 캐벗 역할을 따내려고 오디션을 봤지만 로렌스 티에니에게 역할을 뺏겼다. 타란티노가 동네 카페에서 포스터와 우연히 마주쳤을 때, 『럼 펀치』 각색 작업은 50퍼센트 정도만 진행된 상태였다. 그는 포스터에게 책을 읽어보라고 말하고는 자리를 떴다. 그러고는 6개월 뒤, 타란티노가 연락도 없이 같은 테이블에 앉아 있는 바람에 포스터는 크게 놀라고 말았다.

"파티오로 나갔더니 내가 즐겨 앉는 자리에 그가 떡하니 앉아 있더군요." 포스터는 말했다. "테이블로 다가가자 나한테 시

"<재키 브라운>으로
<펄프 픽션>을
능가하려고 기를
쓰지는 않았습니다.
그 영화에는 못 미치는
영화를 만들려고 애썼죠.
더 평범한 캐릭터 스터디
영화를 만들고 싶었어요."

나리오를 건네면서 말했어요. '읽어보세요. 마음에 드는지 확인해보셨으면 해요.' 역할을 따내려고 감독을 쫓아다니면서 오디션을 보고, 기도를 올리고, 애걸복걸하는 식의 캐스팅 방식은 거치지 않았습니다. 대신, 타란티노는 내 커리어에서 최고의 역할을 그렇게 단번에 나한테 맡겼습니다. '기적이 일어났다'는 말 외에는 달리 설명할 길이 없군요."

촬영에 들어갈 준비를 하는 동안, 타란티노는 포스터의 집을 방문했다가 그의 아버지가 링글링 브러더스 서커스 소속 코끼리 조련사였다는 걸 알게 되었다. 그는 포스터의 집에 있던 가족사진 몇 장과 코끼리 조련용 도구들을 가져와, 맥스 체리의 사무실에 있는 유리 캐비닛에 진열했다. 그때부터 그 진열품들은 극중 맥스 체리 아버지의 사진과 유품들로 여겨졌다. "로버트 포스터는 얼굴 자체로 영화의 배경을 설명해주는 배우입니다." 타란티노는 말했다. "그와 팸 그리어 모두 그런 배우들이죠. 이 바닥에서 긴 시간 작업해온 배우들이라면 볼 것 다 보고, 할 것 다 해보지 않았겠습니까? 그들은 가슴 아픈 슬픔도, 성공도, 실패도 겪어봤고 거금을 쥐어보기도 하고 빈털터리가 되기도 했었죠. 그 모든 게 그들의 얼굴에 고스란히 담겨 있어요. 그들은 존재 자체만으로도 연기가 되는 사람들입니다."

〈데스페라도〉와 〈황혼에서 새벽까지〉를 촬영했던 촬영감독 기예르모 나바로와 처음으로 같이 작업하게 된 타란티노는 준비 작업의 일환으로 로버트 컬프의 〈히키 앤 보그스Hickey & Boggs〉와 피터 보그다노비치의 〈뉴욕의 연인들They All Laughed〉을 상영했다. "걸작이라고 생각합니다." 타란티노가 〈뉴욕의 연인들〉에 대해 한 말이다. "동화에 나올 법한 뉴욕을 포착한 작품이죠. 뉴욕을 1920년대의 파리처럼 보이게 만든 영화예요. 그곳에서 살았으면 좋겠다는 생각을 하게끔 만들죠. 우리는 그런 특징을 이용했습니다. 그 다음으로 우리는 LA를 배경으로 한, 역사상 최고의 범죄 영화에 속하는 〈출옥자Straight Time〉를 감상했어요. 하지만 나는 〈재키 브라운〉이 그 영화보다 더 영화처럼 보이길 원했어요. 〈출옥자〉는 현실을 지나치게 사실적으로 묘사했거든요."

시간이 갈수록 언론의 행태에 심기가 불쾌해진 타란티노는 처음으로 촬영장을 걸어 잠그고 작업하겠노라 선언했다. TV 카메라와 저널리스트들의 출입도 일체 거부했다. 〈저수지의 개들〉 글로벌 투어에 동행했던 미디어 수다쟁이들의 입에 재갈을 물렸다. 그렇게 프라이버시를 지킨 덕에, 촬영장에서는 흔치 않은 유대감이 몇 차례 발생하기도 했다.

"어느 날 그는 '스커트 데이'를 가질 거라고 선언했다." 그리

"나는 흑인 문화에 둘러싸여 자랐습니다. 내가 다닌 학교는 학생 대다수가 흑인이었죠. 그래서 나는 흑인 문화에 동질감을 느끼고, 다른 문화에서도 동질감을 느낄 수 있어요. 우리 모두는 내면에 많은 사람을 품고 있습니다. 내 내면에 있는 여러 문화들 중 하나가 흑인 문화죠. 피부색에 속지 마세요. 피부색에 대한 편견은 순전히 마음에서 비롯된 것이니까요. 이런 성장 과정과 생각들이 내 영화 작업에 많은 영향을 끼쳤습니다."

어가 자서전 『폭시Foxy』에 쓴 글이다. "아침이 되자 남자 스태프 전원─타란티노와 항상 함께 작업하던 사람들─이 킬트(kilt, 스코틀랜드 남성들이 입는 격자무늬 치마)와 스커트 차림으로 나타났고, 우리는 하루 종일 배꼽을 잡았다."

5월 25일에 시작된 촬영은 순조로운 속도로 진행됐다. 촬영 일정보다 실제 작업이 더 빠르게 진행되던 어느 날, 타란티노는 그리어와 잭슨에게 예정에 없던 신을 촬영하자고 청했다. 잭슨은 연기할 준비가 되어 있지 않았고, 추운 날씨에 촬영하는 걸 원치 않는다면서 거절했다. 다음은 팸 그리어가 자서전 『폭시』에서 밝힌 회상이다.

"그러자 쿠엔틴은 우리가 그의 십 대 아들딸이라도 되는 양 우리끼리 경쟁하게끔 일을 꾸몄다. 사람을 쥐락펴락하는 솜씨가 일품인 그가 사무엘에게 말했다. '지금 막 팸하고 얘기하고 오는 길이에요. 그녀는 연기할 준비가 됐다고 하더군요. 그런데 당신은 왜 아직도 준비가 되지 않은 건가요?' 그러자 사무엘이 딱 잘라 대답했다. '연기하고 싶지 않다니까요.' '팸이 당신을 기다리고 있어요.' 쿠엔틴은 교묘하게 사무엘의 자존심을 자극하

며 그를 몰아붙였다. '그녀는 준비를 다 마쳤다니까요.' 그는 거듭해서 말했다. 결국 사무엘은 미끼를 물었고 그의 수법은 완벽하게 먹혀들었다. 사무엘이 말했다. '그래요? 그럼 나도 시작할 수 있을 것 같군요.' 그러자 쿠엔틴은 허겁지겁 나한테 달려와 눈을 반짝거리며 말했다. '사무엘이 하겠대요. 당신이 작업을 시작하기만 한다면.' 쿠엔틴의 말에 나는 물었다. '사무엘이 이 일 때문에 나중에 나한테 화풀이를 하지는 않을까요? 그가 감독님한테 뭐라고 했어요? 이 문제로 말썽에 휘말리는 건 아니겠죠?'"

그녀의 자서전에 따르면 타란티노는 그리어를 안심시켰다. "그럴 것 같지는 않아요."

이런 일도 있었다. 맥스 체리와 함께 주방에 있던 재키 브라운이 낙담한데다가 두렵기까지 한 자신의 심정을 감추려 애쓰는 신을 찍을 때, 그리어는 자신도 모르게 울먹이기 시작했다. 스태프들이 박수를 치자 그녀는 그 테이크를 제대로 건졌다고 생각했다.

"끝났어요." 그녀가 말했다. "지금 연기 괜찮았죠, 그렇죠?"

위 | 팸 그리어와 사무엘 L. 잭슨은 재키와 오델 역할을 맡아 역동적인 케미스트리를 빚어냈다.

"지금 그 연기, 다시 한 번 할 수 있겠어요?" 타란티노가 물었다.

"가능해요." 그리어는 어리둥절해하면서도 대답했다. "다시 할 수 있어요. 그런데 왜 그러는 거죠?"

"눈물을 흘리지 않는 모습으로 재촬영했으면 해서요. 당신이 좀 더 강인한 모습을 보여줬으면 좋겠어요."

촬영이 종료된 후, 타란티노는 할리우드 힐스에 마련한 새집에서 『뉴욕 타임스』의 린 허쉬버그를 상대로 딱 한 차례만 인터뷰를 했다. "이건 조용한 영화입니다. 그런데 내가 생각하는 '조용하다'의 의미는 남들이 생각하는 의미와 조금 다를 겁니다."

이어서 자신이 언론으로부터 받은 온갖 부당한 대우와 관련해 불평을 늘어놨다. "사람들이 나를 저격하는 주된 비난거리는 내가 곧바로 다른 영화를 만들지 않는다는 거였죠. 나는 1년에 한 편씩 영화를 만드는 감독은 결코 되지 않을 겁니다. 나는 그런 감독들이 어떤 방식으로 그렇게 일하면서 생활을 해나가는지 도통 모르겠어요. 나는 토크쇼에 출연하고 잡지에 글과 프로필을 기고하는 일을 했습니다. 사람들이 '쿠엔틴 타란티노는 자기 홍보의 대가다'라는 글을 쓰기 시작했죠. 나는 이번 영화의 홍보 활동을 얼마 전에 막 끝냈습니다. 당신이 내가 가진 명성의 30퍼센트를 걷어가더라도 나는 아무 문제없을 겁니다."

그는 영화가 개봉한 후 첫 몇 주일 동안 극장들을 돌아다니며 영화를 보는 데 시간을 할애했다. 그는 관객들의 반응이 어떤지 알아보려고 매직 존슨 극장에서 그 영화를 열세 번이나 봤다. "그 영화가 극장에 걸려 있던 첫 4주 동안은 그냥 그곳에서 살았어요." 그는 말했다. "이 영화는 한자리에 모여 빈둥거리면서 즐기자는 뜻으로 만든 영화입니다. 〈재키 브라운〉은 처음 볼 때보다 두 번째 볼 때가 낫습니다. 내 생각에, 세 번째로 볼 때는 한결 더 나은 것 같고요. 그리고 네 번째로 보면…… 어쩌면 처음 봤을 때도 사람들은 '어째서 이렇게 내내 빈둥거리면서 시간을 보내는 거지? 플롯을 더 많이 보지 못하는 이유가 뭐야?'라고 생각할 겁니다. 그런데 영화를 두 번째로 보면, 그리고 세 번째로 보면, 플롯에 대한 생각은 더 이상 하지 않게 됩니다. 캐릭터들이 어울려 빈둥거리는 신들이 나오기만을 기다리게 되죠."

엘모어 레너드와 쿠엔틴 타란티노는 공통점이 많다. 지저분한 밑바닥 인생의 분위기, 걸출한 대사, 그리고 인생이라는 극장에 대해서 부조리하다는 견해 등. 다음은 레너드의 원작 『스위치』에 나오는 오델과 루이스의 대사다.

"그 차, 알아차렸어?" 오델이 루이스에게 말했다. "그 친구 차는 AMC 호넷이야, 완전 새까만 색. 허접한 건 하나도 달리지

않았다고. 겉만 보면 튀는 구석이 한 군데도 없어. 그런데 안을 들여다보면, 저 친구한테 말해줘, 리처드."

리처드가 말했다. "흐음, 차에 롤 바를 설치했어. 튼튼한 가브리엘 스트라이더스를 댔지. 앞자리에는 샷건 거치대를 설치했고."

"점멸등도 설치했어." 오델이 말했다. "코작이 드라마에서 차 지붕에 올려놓는 그거지?"

"바닥에 자석이 붙어 있는 슈퍼 파이어볼이야. 한번 봐봐." 리처드가 말했다. "페더럴 PA 170 전기 사이렌을 구했어. 울부짖기 모드나 비명 모드, 하이-로 모드로 작동시킬 수 있어. 흐음, 내 차 트렁크에 셔뮬리 가스형 유탄투척기랑 다른 장비들도 있어. 나이트-척 폭동 진압봉도 있고 M-17 방독면도 있지." 그는 잠시 생각에 잠겼다. "레그스터 다리 권총집도 있는데, 자네들, 그거 본 적 있어?"

다음은 타란티노의 〈재키 브라운〉에 나오는 오델과 루이스의 대사다.

루이스

파트너가 누구야?

오델

미스터 워커. 멕시코에서 어선을 모는 사람이야. 나는 그에게 상품을 배달해. 그걸 내 손님들에게 가져다주는 거지. 어쨌든 뭉텅이로 팔아치우는 거야. 검둥이한테는 요강도 없었어. 오줌을 쏟아버릴 창문도 없었고. 그래서 내가 설치했지. 자, 그 개자식이 현금을 잔뜩 굴리고 있어. 그 돈으로 요트를 장만했더군. 빌어먹을 온갖 첨단 내비게이션이 다 달린 걸로.
(화면을 다시 응시하며)
AK-47, 제일 끝내주는 게 저기 있군.

키 크고 사납게 생긴, 비키니 차림의 흑인 글로리아가 카메라를 바라보며 AK-47에 대해 설명한다.

오델(계속)

방에 있는 개자식들을 한 놈도 빠짐없이 다 죽여야 하는 상황이라면, 다른 대안은 없어. 저기 저건 중국제야. 850에 사서 두 배 받고 팔아치웠지.

두 작가 모두 이런저런 장비들을 좋아하고 TV를 많이 시청하는 게 확실하다. '개자식'이라는 단어를 더 많이 쓰는 건 타란티노 쪽의 오델이다. 그런데 중요한 차이점은, 두 사람이 캐릭터들의 대사에 부여하는 도덕적인 가치관이다. 레너드의 소설들에서 떠버리들은 예외 없이 입을 잠시도 쉬지 못하는, 자기들 입에서 주절주절 나오는 얘기에 푹 빠진 바보 멍청이들이자 자기 자랑에 여념이 없는 자들이다. 그가 자신이 창작한 캐릭터들 중 존중하는 캐릭터들은 그 사람들이 아니라, 필요할 때만 머리를 굴려서 일을 실행하는 과묵한 타입들이다. 반면, 타란티노는 정반대다. 그는 스릴 넘치는 허풍과 호언장담으로 시나리오를 시끌벅적하게 만들고 과할 정도로 말 많은 떠버리다. 그에게 있어, 캐릭터가 하는 말은 그 캐릭터가 그 말을 실제 행동으로 보여준다는 걸 뜻한다. 사무엘 L. 잭슨이 〈재키 브라운〉이라는 영화를 장악해서 자신이 주인공이 되는 작품으로 만들어버린 이유가 거기에 있다.

머리는 긴 포니테일로 묶고, 성긴 수염은 중국인 현자 스타일로 땋았으며, 흰색 비치웨어 차림으로 잔뜩 멋을 부리는 말 많은 갱스터 오델은 〈펄프 픽션〉의 줄스 윈필드보다 훨씬 더 비열한 작자다. 하지만 타란티노가 집필한 가장 재미있는 대사들 중 일부는 오델에게서 영감을 얻었다. 영화 초반에 오델이 조금 있다가 총알을 먹이려는 속셈으로, 차 트렁크에 보몬트를 밀어 넣을 때 주고받는 대사가 특히 그렇다.

보몬트

지금도 졸라 무서워 죽겠어요, O.D. 그 자식들, 그 엿 같은 기관총 때문에 잡아넣겠다며 나한테 하는 말이 진짜 심각했다고요.

오델

에이, 그만 좀 해라, 짜샤. 놈들은 널 잔뜩 겁먹게 하려고 기를 쓴 것뿐이야.

보몬트

근데요, 놈들이 그런 짓을 할 작정이라면 진짜로 그렇게 할 거예요.

오델

그 엿 같은 기관총 사건이 얼마나 됐지?

오델

3년? 그건 철이 지나도 한참 지났잖아, 짜샤! 지금 당장 사람들을 죽이고 돌아다니는 검둥이들조차 몽땅 가둘 수가 없어요, 감방이 모자라서. 그놈들이 널 처넣을 수 있는 감방을 어떻게 찾아내겠어?

사무엘 L. 잭슨은 타란티노가 쓴 대사를 맛깔스럽게 치는 방법을 누구보다도 잘 아는 배우지만, 어둠 속에서 방울뱀처럼 재키를 기다리고 있을 때 오델이 보여주는 위협적인 침묵 또한 제대로 연기해낼 줄 안다. 타란티노는 현금을 교환하는 장면을 세 가지 시점으로 보여주고, 재키가 총을 입수하는 과정을 설명할 때는 스크린을 두 개로 분할하는 드 팔마 스타일로 연출하기도 한다. 그런데 기이하게도, 그리어는 블랙스플로이테이션 때 보여주던 건방진 태도로 돌아가는 장면에서 지나치게 과한 디렉션을 받은 듯 보인다. 타란티노 입장에서는 가장 중요한 부분인 이 장면을 보면, 카메라가 돌기 시작한 후에도 프레임 밖에서 맴도는 그의 디렉션이 들리는 것 같다. 하지만 그녀가 앞선 신들에서 보여준 연기는 무척이나 자연스러웠다. 그 신들에서 그리어는 마흔네 살 먹은 재키의 관절에서 느껴지는 통증을 관객에게 생생하게 전달한다. 그녀와 맥스 체리가 마주 앉았을 때, 그들이 꺼낸 첫 번째 화제는 살찌는 일 없이 담배를 끊는 법이다. 그 다음에 만났을 때, 그는 자신이 쓴 가발 얘기를 꺼낸다.

〈재키 브라운〉의 러닝 타임은 〈펄프 픽션〉과 거의 비슷할 정도로 길지만, 앞선 작품이 안겨주던 충격과 뻔뻔한 분위기는 담고 있지 않다. 대신 타란티노의 작품으로서는 신선하게 다가오는 부분들이 있다. 부드러우면서도 풍부한 감정이 담긴 리듬을 빚어내고, 주연 배우들의 얼굴에 확연히 드러난 노화와 시간의 흐름을 애석해하며 이를 관객에게 전달한다.

"〈재키 브라운〉에서 가장 두드러진 점은 이 영화의 색감과 사운드가 전혀 아둔하지 않고-타란티노의 평소 말투와는 무척이나 다르게-현명하다는 것이며, 서른네 살의 백인 남성 영화감독이 흑인 여성 재키를 옹호하는 시선으로 그녀가 처한 곤경을 바라본다는 점일 것이다." 영화평론가 닉 데이비스가 쓴 글이다. "영화의 컬러들과 노래들은 모두 타란티노 풍이지만, 이리저리 교차하는 플롯에 담긴 핵심 에피소드들의 구성을 보면 사색에 잠긴 듯 차분하고 때로는 대단히 소박하다."

많은 평론가들이 이 영화의 흠으로 태평한 전개 속도와 맥없는 에너지를 지적했다. "쿠엔틴 타란티노의 〈재키 브라운〉은 사실상 모든 신에서, 〈펄프 픽션〉과 〈저수지의 개들〉의 창작자가 만든 영화라는 것을 알 수 있다. 하지만 쉬익 소리와 함께 흘러내리는 샴페인 거품처럼 흥분은 다 빠져버렸다." 오웬 글레이버먼이 『엔터테인먼트 위클리』에 기고한 글이다. "타란티노의 앞선 영화들과 그 영화들의 소재

맞은편 | 권총을 든 사무엘 L. 잭슨이 타란티노의 트레이드마크인 홍보용 사진 촬영에 참가했다.

위 | "이건 한자리에 모여 빈둥거리면서 즐기자는 뜻으로 만든 영화예요. 캐릭터들과 빈둥거리며 시간을 보내는 내용의 영화죠." 멜라니와 오델, 루이스는 영화 전반부 상당 부분을 TV를 시청하며 느긋하게 보낸다.

아래 | 대화를 통해 문제를 정리하는 오델과 보몬트(크리스 터커).

위 | 오델이 집착하는 대상은 총과 여자, 그리고 돈이다.

아래 | 타란티노와 잭슨, 로런스 벤더를 비롯한 제작진은 오델이 보몬트를 속여 차 트렁크에 태우고 살해하는 신을 준비하고 있다.

맞은편 | "내가 만약 아티스트가 되지 않았다면, 딱 염병할 오델 같은 사람이 됐을 겁니다."

들은, 대중문화라는 출처의 프리즘을 통해 굴절된 후 영화감독의 두뇌 속에서 화학적으로 융합되곤 했었다. 그가 스크린에 올려놓은 게 무엇이든, 춤을 추는 존 트라볼타든, 누군가의 귀를 자르는 마이클 매드슨이든, 그가 자신의 상상력 속에 도사리고 있는 미치광이 과학자 같은 위력에 도취된 덕분에 우리는 휘둥그레진 눈으로 세상을 바라보는 그의 시선을 공유할 수 있었다. 타란티노는 〈재키 브라운〉에서도 여전히 도취되어 있다. 영화와 좀 더 거리를 두고 타인들의 시선을 의식하는 방식으로 도취되어 있다는 점이 다를 뿐."

하지만 풍부한 감정이 실려 있는 〈재키 브라운〉의 리듬을 즐긴 이들도 많았다. "이 영화는 딱히 구체적인 행선지를 정하지 않은 채 흘러가는 느긋한 스케치처럼 감상할 때 가장 잘, 그리고 가장 끈기 있게 즐길 수 있다. 타란티노가 영화감독으로서 가진 재능 덕에 캐릭터들의 수다가 순전히 그 자체만으로도 즐길 수 있는 대상이 되어버렸지만 말이다."『뉴욕 타임스』의 A. O. 스콧이 한 말이다. "평범하게 떠드는 수다의 저변 어딘가에 터프한 꾸밈음을 숨겨놓은 장면이 〈재키 브라운〉에는 잇달아 등장한다."

이 영화는 타란티노 영화들 중에서 제일 조용한 영화였다. 그 꾸밈음들 중 일부는 대사가 없거나 전적인 침묵에 잠겨 있다. 밴에 앉아 있는 오델의 모습을 상상해보라. 그가 생각하고, 생각하고, 또 생각하다가 시선을 올리고서 "재키 브라운 짓이야"라고 한마디 던지는 순간 카메라는 찌푸린 이맛살을 타이트하게 잡는다. 그의 집 발코니에서 그와 재키가 프렌치 윈도우 때문에 작아진 소리로 언쟁하는 모습을 보라. 이때 루이스(로버트 드 니로)는 그들의 모습을 지켜본다. 영화에서 무척 뛰어난 코믹 요소 중 하나는 타란티노가 떠버리 오델의 친구 루이스를 어지간해서는 입을 열지 않는 인물로 만든 것이다. 드 니로는 다른 캐릭터들이 대화를 주고받는 내내, 고개를 끄덕이고 얼굴을 찡그리는 지독한 팬터마임을 보여주면서 그 시간을 헤쳐 나간다. 그리고 그는 멜라니(브리짓 폰다)와 함께 약에 취한다. 새파랗게 어린 슈퍼 멜라니는 발튀스(Balthus, 독창적이고 관능적인 화풍으로 논란과 찬사 사이에서 20세기 미술계를 풍미했던 프랑스의 화가)가 그린 십 대 소녀처럼 오델의 카우치에 널브러진 채 완벽하게 선탠한 길쭉한 다리를 문지르며 루이스의 넋을 빼놓는다.

우리가 화면에서 처음 접하는 그녀의 모습─오델의 잔을 채워주는 두 손까지 포함해서─은 그게 전부다. 이러한 등장은 약간의 미스터리를 가미하고 신랄한 느낌을 주면서 캐릭터를 소개하는 탁월한 방법이다. 이 사내들이 느끼는 멜라니라는 존재의 의미는 그게 전부다. 그 집에서 벌어지는 멍청한 짓을 목격한 폰다의 말대꾸("저 사람은 TV에서 본 쓰레기 같은 얘기만 하고 또

"<재키 브라운>에서 제일
포기하기 힘든 요소가
오델이었어요…
나는 오델이었습니다.
오델을 집필하는
건 무척이나 쉬운
작업이었죠. 시나리오를
쓰는 1년간 나는 오델로
살았습니다. 오델을
떨쳐내고, 오델을
연기하는 사무엘이 그
캐릭터를 망가뜨리지
않도록 정말 힘든 작업을
해야만 했습니다."

하고 그러는 거라고요.")와 현금을 교환할 때 주차장에서의 반항적인 말대꾸는 이 영화에 담긴 최상의 요소들 중 하나다.

"카메라가 멜라니를 잡으면 그녀는 스크린에서 가장 중요한 인물이 된다." 안소니 레인은 이렇게 강조하면서, 〈저수지의 개들〉과 〈펄프 픽션〉을 뒷받침했던 것과 동일한 평등주의를 발견하고 그것을 "타란티노 영화가 현재까지 보여준 가장 민주적이고 가장 불안하지 않은 요소"라고 부른다. "그는 쓰레기 같은 멜로드라마를 위해 자신의 취향을 억누르고 있는 것처럼 보인다."

〈재키 브라운〉은 타란티노가 처음으로 시도한, 그러나 마지막은 아닌 러브스토리이기도 하다. 그들의 사랑이 짝사랑이긴 하지만 말이다. 맥스는 쉰여섯 살이고 재키는 마흔네 살이다. "타란티노 영화에만 국한되지 않는다

고 했을 때, 나이의 총합이 백 살인 커플이 애정에서 우러난 키스를, 아이러니하지 않은 키스를 나누는 장면을 당신이 마지막으로 영화에서 본 게 언제였나?"라고 레인은 묻는다.

스크린에 등장했던 최고의 로맨스들처럼, 맥스와 재키의 로맨스 역시 입밖으로 아무 말도 내뱉지 않기 때문에 더 황홀하고, 그래서 이별도 감미롭다. "당신한테 거짓말한 적은 한 번도 없었어요, 맥스." 마지막으로 함께하는 자리에서 재키는 이렇게 인정한다. 그리고 주름이 자글자글한 그의 미소를 보면서, 관객은 맥스가 그녀의 말을 진심으로 믿는다는 걸 알게 된다. 여기, 샌 페르난도 밸리의 보석금 보증인 사무실 안에서 타란티노의 카메라가 천천히 디졸브하는 가운데 쓸쓸한 신사는 카메라와 동일한 생각을 한다. 안녕, 내 사랑.

이 장면을 확고하게 지켜내는 건 포스터의 연기다. "이 맥스라는 캐릭터는 든든한 벽 같은 존재다. 영리하지만 과묵하고 스스로에게 만족한다. 포스터가 그리어와 함께 연기할 때―그 신들은 보통 긴 대화로 구성된다―우리는 타란티노가 말하고자 하는 바가 무엇인지 깨닫는다." 데이비드 덴비가 『뉴요커』에 쓴 글이다. "어두침침한 술집 테이블에 마주 앉은 두 연기자는 조금도 마음을 터놓지 않는다. 그들은 속내를 드러내는 사람들이 아니다. 하지만 그들은 싸구려도 아니고 겉만 번지르르한 존재들도 아니다. 그들의 강점은 남들에게 휘둘리지 않는 뚝심이다. 그리고 다양하고 유연한 모습을 보여주지 못하는 그들의 심각한 능력 부족은, 타란티노 입장에서는 진실성을 표현하는 형식으로 보인다."

일부 평론가들은 〈재키 브라운〉을 타란티노의 최고작으로 간주한다. 평론가들의 그런 견해는 비틀스의 「화이트 앨범White Album」에 실린 곡 중 차트 정상에 오른 노래들 때문에 앨범의 작품성이 변질됐다고 하는 것이나, 또는 〈현기증Vertigo〉을 지나치게 숭배하는 풍조가 알프레드 히치콕이 프랑스인이었으면 하는 소망을 감추려는 것과 유사한 방식으로, 〈펄프 픽션〉을 둘러싸고 벌어졌던 과장된 소란에 대해 불만을 드러내는 방식이었다. 타란티노를 좋아하지 않는 사람들이 그를 좋아하지 않는다는 사실을 은근히 알리고 싶을 때, 작품의 다른 부분들을 에둘러 칭찬하면서 치켜세우는 타란티노 영화가바로 〈재키 브라운〉이었다. "리프들과 루틴들은 지나치

게 많이 모방했지만, 타란티노의 캐릭터들은 이따금씩 인간적인 말들을 유창하게 한다. 〈재키 브라운〉에서는 특히 그렇다." 데이비드 톰슨이 저서 『전기 스타일의 영화 사전Biographical Dictionary of Film』에 쓴 글이다. "나는 이 작품을 타란티노가 걸출한 코미디를 연출하는 감독이 될 수도 있음을 보여주는 증거로 본다."

〈재키 브라운〉은 타란티노가 원치 않는 영화감독이 어떤 스타일의 감독인지를 아주 조금 보여주는 것 같다. 평론가들이 이렇게 '성숙해진' 타란티노를 따뜻하게 반겼다면 어땠을지 상상해보라. 타란티노가 소망했던 것처럼, 팸 그리어가 이 영화에서 열연한 재키를 통해 로버트 포스터와 나란히 오스카 후보 지명을 받았다면 어땠을지 상상해보라(그해에 그녀보다 뛰어난 연기를 보여준 배우가 누가 있습니까?). 팬들이 〈펄프 픽션〉 때 그랬던 것처럼 이 영화를 받아들이고 영화의 흥행 수입을 1억 달러 가까이 올려놓았다면 어땠을지 상상해보라. 만약 그랬다면 어떻게 되었을까? 영화의 흥행 성적은 좋았다. 제작비 1,200만 달러를 들여 미국 내에서 4,000만 달러를 벌어들였다. 누구의 기준으로 보나 히트작이었지만, 〈펄프 픽션〉 규모의 히트작은 아니었다. 그래서 이 성적을 실망스럽다고 여긴 이들이 많았는데, 타란티노는 그런 실망감을 속으로 삭인 듯 보였다.

"당시 나는 거시적이고 3차원적인 작품 스타일로 높은 평가를 받는 감독은 아니었습니다. 영화가 나왔을 때 반응은 이런 식이었죠. '평소 하던 짓거리들을 보여주라

136-137페이지 | 루이스는 멜라니 때문에 생긴 짜증을 참지 못하게 되고, 결국 계획에 없던 재앙 같은 결과들이 생겨난다.

맞은편 | 병차(倂車). 재키와 오델이 오델의 아파트 발코니에서 언쟁을 벌이는 동안, 과묵한 루이스는 그 모습을 묵묵히 지켜본다.

위 | 재키와 맥스 타란티노가 처음으로 시도한 러브스토리.

왼쪽 | 오델의 어리고 헤픈 여자 친구인 서퍼 멜라니 역의 브리짓 폰다.

"나는 메소드 작가입니다. 캐릭터들을 집필하는 동안 나는 그 캐릭터들로 변하죠. 캐릭터들끼리 서로서로 이야기하게끔 만드는 방법이에요. 나는 내가 집필하는 모든 캐릭터 그 자체입니다. 난 루이스이고 멜라니이기도 해요."

고, 어서.' 이제는 모두들 〈재키 브라운〉에 대해 다르게 느끼는 것 같군요." 그런 분위기가 잦아들었을 때, "그 영화에서 멀어졌다는 사실 때문에 그 영화와 조금 단절된 듯한 기분이 들었어요. 내가 〈재키 브라운〉 이후로 원작을 각색한 영화는 만들지 않는 이유가 그겁니다. 나는 나를 흥분시킬 다음 작품으로 자연스럽게 빠져들고 싶었어요."라고 밝히기도 했다.

영화가 개봉하고 1년 반쯤 지났을 무렵, 세계적인 거물급 제작자가 타란티노에게 말했다. "쿠엔틴, 그 모든 호들갑과 소동이 다 지나가서 하는 말인데, '〈재키 브라운〉에 거물급 스타들을 캐스팅했으면 좋았을 텐데'라고 생각하나?"

"아뇨, 난 그 배우들이 환상적이었다고 생각해요."

"그건 맞는 말이야. 하지만 다른 배우들을 캐스팅했다면 흥행 성적이 더 좋았을지도 모르잖아."

"그게 무슨 뜻이죠? 팸 그리어와 로버트 포스터가 출연한 1,200만 달러짜리 영화로 그 정도 했으면 꽤 괜찮은 성적을 거둔 거예요."

"맞아, 하지만 그건 순전히 자네 덕분에 거둔 성적이지."

"끝내주게 기분 좋은 얘기네요, 고마워요. 사람들이 내 영화를 보러 오게 할 만큼의 명성이 나한테 있다면, 영화를 개봉할 수 있도록 견인해줄 파워 있는 배우를 굳이 캐스팅할 필요가 없을 거예요."

복수를 다룬 타란티노의 다음 영화 때문에 이 이야기는 결국 옳은 말이 된다. 시나리오를 쓴 사람이 누구인지, 연출한 사람이 누구인지, 영화가 극장에 걸릴 수 있도록 견인차 역할을 한 사람이 누구인지 더는 의문을 제기하지 못하게 된다. 그 누구도.

맞은편 | 루이스 역의 로버트 드 니로

위 | "그녀보다 뛰어났던 배우가 누가 있습니까?" 타란티노는 팸 그리어가 로버트 포스터와 함께 오스카 후보로 지명되길 간절히 원했었다.

KILL BILL

2003/2004

킬 빌

"영화감독 입장에서 압박감은 피할 길이 없는 당연한
부담감이죠. 압박감은 감독이 감당하고 처리해야 합니다.
감독의 입장에서, 자신의 차기작을 고대하는 팬들이 있고,
봄 가게 만들어줄 영화를 기다리는 사람들이 있다는 것보다
신나는 일은 세상에 없어요.
나는 그런 상황에서 힘을 얻습니다."

위 | 한때 함께했던 패거리. 데들리 바이퍼 암살단의 멤버
들이 브라이드의 '시신'을 내려다보고 있다.

오른쪽 | "우리는 한창 대단히 예술적인 연애를 하던 중이
었어요. 그녀는 내 여배우였죠." 타란티노와 그의 뮤즈 우
마 서먼은 1994년에 〈펄프 픽션〉 촬영장에서 〈킬 빌〉에 대
한 아이디어를 처음 주고받았다.

"영화감독으로 일하기 시작했을 때 나는 위대한 액션 감독들을 꼼꼼히 살펴봤습니다. 내게는 그들이야말로 진정한 감독들이었으니까요."타란티노가 파라마운트 스튜디오 남쪽에 있는 작은 방갈로에서 샐리 멘케와 〈킬 빌〉을 편집하던 중에 『베니티 페어』와의 인터뷰에서 한 말이다. "진정한 영화는 그런 영화였어요. 〈킬 빌〉로 스스로를 테스트하고 싶었습니다. 내가 얼마나 뛰어난 감독인지 확인하고 싶었죠. 내가 가진 재능의 한계가 어디인지 직접 부딪쳐서 확인하는 위험을 감수하고 싶었던 겁니다. 내가 이 영화를 작업한 유일한 이유는 기대치를 높이기 위해서였죠. 나는 이런 말을 종종 했어요. '〈킬 빌〉의 액션 신들은 〈지옥의 묵시록 Apocalypse Now〉에서 「발키리의 기행 Ride of the Valkyries」 신이 전투 신으로 수행했던 것과 동일한 역할을 해야만 해. 그렇지 못하면 나는 실패할 거야.' 이것이 조금의 가감도 없는 내 다짐이었죠. 이 영화가 관객들을 완전히 뿅 가게 만들지 못한다면, 나는 내가 생각하는 것만큼 뛰어난 감독이 아닌 겁니다."

그가 이 영화의 아이디어를 처음으로 떠올린 건 〈펄프 픽션〉 세트에서 우마 서먼과 '이런저런 아이디어들을 논의하던' 중이었다. 그들은 복수 영화에 대한 이야기들을 나누기 시작했다. 타란티노는 자신이 1970년대 쿵푸 영화를 얼마나 사랑하는지 언급했다. 채 몇 분도 지나지 않아, 그들은 영화의 오프닝 장면―자신의 결혼식 파티에서 만신창이가 된 신부가 그대로 방치된다―을 결정해버린다. 주인공 브라이드는 착하게 살아가려고 애쓰는 여성 암살자로, 〈펄프 픽션〉에서 미아 월러스가 출연한 TV 파일럿 〈폭스 포스 파이브^{Fox Force Five})에 등장했던 여성으로만 구성된 갱단-금발 한 명, 일본인 한 명, 흑인 한 명, 프랑스인 한 명, 도검전문가 한 명-과 다르지 않은, 데들리 바이퍼 암살단에 속한 옛 동료들로부터 잔혹한 공격을 받았다.

잔뜩 흥분한 타란티노는 귀가하자마자 여러 색상의 사인펜을 정신없이 휘갈겨 30페이지 분량의 시나리오를 썼다. 이후에 그는 촬영장에서 촬영 중간중간 기회가 생길 때마다 서먼과 이 프로젝트를 논의했다. 〈펄프 픽션〉의 촬영이 종료된 직후, 로버트 로드리게즈의 〈데스페라도〉에 카메오로 출연한 타란티노는 한창 작업 중인 자신의 프로젝트를 들뜬 목소리로 로드리게즈에게 떠들어댔다. 당시의 상황을 로드리게즈가 비디오테이프로 녹화했는데, 그 녹화 장면을 보면 오프닝 신의 아이디어가 이미 꽤나 진전된 상태라는 걸 알 수 있다.

"페이드 업. 시뻘건 피와 뇌수로 뒤덮인 벽. 카메라의 시점은 벽을 지나 턱시도 차림으로 죽은 채 누워 있는, 샷건에 맞아 갈기갈기 찢겨진 젊은 남자에게로 옮겨 간다. 곧이어 여자의 목소리. '이건 팀이다. 아서의 제일 친한 친구.' 주름 장식이 많은 핑크 드레스를 입고 손에는 부케를 든 통통한 젊은 여성의 시신으로 카메라가 이동한다. '이건 가장 친한 내 직장 동료다. 에리카……'"

"우와!" 로드리게즈가 카메라 뒤에서 감탄한다.

"우리는 피에 젖은 어린 소년의 시신을 지난다. '이건 누구인지 모르겠다. 어린 꼬마겠지. 이 아이가 거기 있었던 건 기억나지 않는다……'"

"이런 젠장."

"우리는 계속 이동해서 새하얀 웨딩드레스 차림의 예쁘장한 젊은 여자를 본다. 그녀의 몸에는 총알구멍이 두 개 나 있고, 머리에도 하나 있다. 죽은 것처럼 보이는 그녀의 얼굴로 카메라가 서서히 줌 인해 들어간다. '나는 식물인간으로 5년간 누워 있었다. 의식을 찾았을 때, 내 안에 있던 감정은 모두 죽어 있었다, 모든 감정이. 욕망 하나만 제외하고. 복수하겠다는 욕망.' 카메라가 디졸브하면서 젊은 여성의 클로즈업으로 매치된다. 노을을 향해 달리는 그녀의 차가 보인다. 젊은 여자는 대형차 운전석에 앉아 있다. 하얀 웨딩드레스를 걸친 채로. 오렌지색과 빨간색이 뒤엉킨 기가 막힌 석양의 프로세스 숏이 배경에 재생된다. 그녀가 카메라를 응시한 채 말하고 있다. 그녀는 드레스를 다시 걸치고……"

"와우! 그녀가 드레스를 다시 걸치고……"

"그래, 내가 당한 이 모든 일은 한 남자가 저지른 짓이다. 나는 지난주에 열여덟 명을 죽였다. 아무 감정도 느끼지 못했다. 그 시신 열여덟 구는 열여덟 계단에 불과했다. 내가 그에게 다다르고자 올랐던 계단들. 나는 지금 그를 향해 차를 몰고 있다. 죽일 가치가 있는 놈이 이제 그 말고는 남아 있지 않기 때문이다. 내가 말하는 그자의 이름은 빌이다. 목적지에 도착하면, 나는 빌을 죽일 것이다."

"우와아!"

"이어서 음악과 타이틀 송이 시작되고……"

그 이후 서먼은 아무 얘기도 듣지 못했다. 타란티노가 2차 세계대전 시나리오 〈바스터즈〉에 깊이 몰두하는 동안, 손으로 쓴 〈킬 빌〉의 시나리오 30페이지는 서랍에 처박혔다. "〈킬 빌〉을 하기는 할 건가요?" 그녀는 타란티노를 만날 때마다 물었다. 그는 "언젠가는 할 거야, 언젠가는"이라고 대꾸했다. 두 사람의 관계는 소원해졌다. 그러다가 2000년에 열린 미라맥스의 오스카 파티에서 우연히 마주쳤다.

"아예 연락이 끊긴 거라고 생각했어요." 서먼은 말했다. "그에게 물었죠. '그 시나리오는 어떻게 됐어요? 잃어버렸나요?'라고요." 타란티노는 여전히 서랍에 간직하고 있다고 대답했다. 그날 밤에 귀가한 타란티노는 30페이지 분량의 시나리오를 꺼내 다시 읽어보고는 혼잣말을 했다. "'내가 만들어야 할 영화는 바로 이거야.' 우연히도 그녀의 생일이 다음 주 일요일이었어요. 그래서 그녀의 생일 파티에 가서 말했죠. '당신한테 주는 생일 선물은 이거야. 〈킬 빌〉 집필을 곧 끝마칠게. 2주 안에.'"

타란티노는 1년 반이 더 지난 후에야 총 220페이지 분량의 시나리오를 완성했다. 우마의 남편인 에단 호크는 시나리오를 처음 읽은 후 이렇게 말했다. "쿠엔틴, 당신의 야심찬 서사영화를 만들기 전에 제작하려는 서사영화가 이 영화라면, 당신이 작정하고 만드는 서사영화는 도대체 어떤 영화일지 겁이 나는군요." 후지타 도시야의 복수 영화 〈수라설희^{Lady Snowblood}〉 시리즈에서 영감을 얻은 타란티노는 장르의 컨벤션들을 마음 내키는 대로 가져온 듯 보였다. "〈킬 빌〉을 작업할 때, 나는 브라이드였습니다." 그는 말했다. "내가 시나리오를 쓸 때, 사람들은 이미 알아챘어요. 내 외모가 무척 여성스러워

맞은편 | 홍보를 위해 촬영한 스틸. 순결해 보이는 새하얀 웨딩드레스 차림의 신부가 일본도를 든 모습을 통해 앞으로 닥쳐올 폭력을 암시한다.

지고 있었으니까요. 뿐만 아니라 아파트나 집을 꾸밀 만한 물건들을 구입하기 시작했어요. 꽃을 사들이고 그것들을 정리하기 시작했죠. 평소에는 장신구를 하지 않던 내가 느닷없이 장신구를 착용하고 있었어요. 내 친구가 이러더군요. '너는 네 안에 있는 여성성과 접촉하고 있는 거야. 그래서 둥지를 꾸미고 몸단장을 하는 거라고.'"

그가 심중에 품고 있던 사람이 어머니였다는 건 분명했다. 그가 유일하게 알고 있던 임신한 신부였으니까. 그의 어머니는 죽어가도록 제단에 남겨지지는 않았지만 그가 출생하기 전 아버지에게 버림받던 것만큼은 분명했고, 그래서 그는 베아트릭스의 딸처럼 아버지의 존재를 알지 못한 채 편모슬하에서 자라야 했다. 이 영화는 아버지와 유사 아버지들을 향한 그의 애증이 제자리를 찾아 돌아오는 영화가 된다. 훗날 타란티노는 그걸 "텍스트에 거의 가까운 서브텍스트"라고 불렀다.

"자신들의 아버지를 알지 못했던 대다수의 사람들처럼, 빌은 아버지 같은 존재들을 수집했어." 극중 에스테반 비하이오(마이클 파크스)의 대사다. 타란티노는 빌을 연기할 배우로 실제 인생과 커리어에서

비슷한 경험을 했던 배우인 워렌 비티를 원했지만, 비티와 함께하는 작업은 험난한 오르막길을 오르는 것과 다름없다는 사실을 알게 됐다. 시나리오가 "그한테는 완전히 다른 세상 얘기였다"고 타란티노는 말했다. "그가 이러더군요. '좋아, 쿠엔틴, 여기서 질문 하나만 하겠네. 이런 걸 묻는다고 불쾌하게 생각하지는 말게. 순전히 궁금해서 묻는 거니까. 누군가가 이렇게 묻는다면 어떻게 대답할 건가? '매번 등장하는 격투가 그 직전에 등장했던 격투를 능가하는 식으로 이어질 때, 이 영화의 결말은 어떤 격투로 장식될까?' 나는 이렇게 답했어요. '워렌, 그거야말로 무술 영화에 대한 훌륭한 묘사예요. 빼어난 격투 장면들이 잔뜩 들어 있는 쿵푸 영화, 그리고 직전의 격투보다 더 멋진 격투가 계속 등장하는 쿵푸 영화? 바로 그게 내가 노리는 거라고요. 그런 영화를 만들어낸다면 나는 무척이나 행복할 거예요.'라고 말이죠."

비티는 2001년에 출연 계약서에 서명했는데, 얼마 지나지 않아 서먼과 호크가 아이를 가졌다. 그녀를 기다릴 것인지 다른 배우를 찾을 것인지 고민하던 타란티노는 촬영을 1년간 연기하기로 결정했다. "그 문제를 2, 3주간 고민했습니다. 그녀는 아이를

가졌고, 이 영화는 내 아이였죠. 그녀는 내가 내린 결정을 따르겠다고 했습니다. 나는 결정을 내렸죠. 이 영화에는 우마가 필요하다고. 당신이 세르지오 레오네 감독인데 클린트 이스트우드가 〈황야의 무법자A Fistful of Dollars〉 출연이 확정된 상태에서 병에 걸렸다면, 당신은 그가 건강을 되찾을 때까지 기다릴 겁니다."

작업이 중단된 1년이라는 기간은 타란티노와 지독히도 우유부단한 비티 사이의 우호적인 관계가 틀어지기에 충분한 시간이었다. 이 관계의 붕괴는 데이비드 캐러딘이 쓴 『킬 빌 다이어리The Kill Bill Diary』에 상세히 묘사됐다. 할리우드의 스타인 비티의 출연 여부가 불안해 보였을 때, 두 사람이 만난 자리에서 비티는 불쑥 이렇게 내뱉었다. "이봐, 나는 중국식 쿵푸 영화에는 눈곱만큼도 관심 없어. 스파게티 웨스턴도 싫어. 클린트는 개인적으로 좋아하지만 말이야. 그리고 자네가 돈을 듬뿍 안겨준대도 나는 일본식 사무라이 영화에는 출연하지 않을 거야!" 타란티노는 비티가 한 말이 '뭔가를 노리고 한 말'이라는 걸 깨달았다. "그의 말에는 노림수가 있었어요, 그렇죠? 로맨틱한 말은 아니었죠. 감독과 배우 사이에는 로맨틱한 면이 어느 정도 있어야 해요. 그리고 워렌은 이런 말도 했어요. '이봐, 이 영화를 만드는 데 시간이 얼마나 걸릴까? 내가 얼마나 많은 시간을 쏟아부어야 하는 거냐고? 내가 이런 트레이닝을 전부 받아야 하는 거야?' 그래서 생각했어요. '이 캐릭터는 당신을 염두에 두고 당신을 반영해서 만들었어요. 그 기나긴 시간 내내요. 그런데 이런 생각이 드네요. 젠장!' 얼마 후 우리는 또 다른 만남을 가졌어요. 관계를 개선시키려는 노력의 일환으로요. 내 말은, 워렌은 1년간 그 영화의 일부였다는 거예요. 나는 워렌이 이 영화에 출연해주기를 얼마나 원하는지, 그가 이 영화에서 데이비드 캐러딘 같은 존재가 되어주기를 얼마나 원하는지 호소하고 있었죠. 그랬더니 워렌이 갑자기 이러더군요. '그럼 데이비드한테 이 역할을 제의하지그래?'"

로렌스 벤더가 극중 빌의 동생 버드를 연기하기로 되어 있는 마이클 매드슨에게 비티를 소개한 지 사흘이 지났을 무렵, 매드슨은 타란티노에게서 전화를 받았다. "그가 이랬어요. '그게 말이죠, 방금 전에 워렌을 잘랐어요.'라고 하더군요." 매드슨은 당시를 회상했다. "내가 물었

"액션 영화를 작업해본 적이 없었어요.
홍콩 액션 영화는 말할 것도 없고요.
나는 미지의 영역에
발을 들여놓고 있었는데,
그곳은 두려운 곳이었습니다."

프로그램을 이수하고자 모였다. 출산한 지 불과 3개월 밖에 안 된 서먼은 세 가지 스타일의 쿵푸와 두 가지 스타일의 검술, 도검 투척술, 검술 대련, 육박전, 일본식 검술을 마스터해야 했다. "말 그대로 터무니없는 일이었어요." 무게가 4kg이나 나가는 일본도를 처음으로 휘두르다가 잘못해서 그 칼에 머리를 얻어맞은 이후 우마 서먼이 한 말이다. "나는 머리에 총을 맞고, 겁탈당하고, 발길질당하고, 구타당하고, 일본도에 베인다고요. 이 영화 제목은 〈킬 우마Kill Uma〉가 돼야 마땅해요."

여배우 입장에서는 두렵게도 베이징에서 촬영을 개시한 첫날, 타란티노는 그들이 배웠던 무술 동작의 대부분을 내팽개쳤다. "나는 액션 영화를 작업해본 적이 전혀 없었습니다." 타란티노가 한 말이다. 영어를 할 줄 아는 사람이 거의 없었던 중국인 스태프들과의 의사소통은 그에게 일정한 수준의 좌절을 꾸준히 안겨줬다. "영화의 제작 일정과 관련해서 우리는 모든 방식으로 일을 망쳤어요. 우리가 하고 있는 염병할 짓이 대체 무엇인지 모르고 있었다는 단순한 이유에서 말이죠. 남들은 스토리보드를 그리거나 뭔가를 하지만, 우리는 그런 쓰레기 같은 짓은 하나도 하지 않았어요. 머릿속에 들어 있는 장면들을 모조리 카메라로 담아낼 방법을 궁리하는 건 불가능한 일이었죠."

촬영할 첫 시퀀스─브라이드가 청엽정(靑葉亭) 나이트클럽에서 거듭하여 살상하는 야쿠자들의 숫자 때문에 '크레이지 88'로 알려진 시퀀스─를 위해, 타란티노는 대학살을 위한 복잡한 트래블링 숏을 고안했다. 밴드스탠드 뒤에서 출발한 스테디캠은 스크린으로 곧장 걸어 나와 계단 아래를 돌아나온 후, 실내를 성큼성큼 가로질러 복도로 내려가는 브라이드를 따라간다. 이어서 공중으로 올라가 오버헤드 앵글로 그녀를 따라가다가, 그녀가 화장실에 들어가는 동안 다시 아래로 내려가 청엽정의 주인과 지배인을 찾으려고 돌아다닌 다음, 그들을 따라 계단을 올라간다. 이 시점에서 댄스 플로어를 훑으며 가로지르는 크레인에 올라선 카메라맨은 밴드를 가로질러 맞은편 계단으로 향하다가 크레인에서 내려와 붐다운한 후, 소피 파탈(줄리 드레퓌스)을 찾아낸다. 이윽고 카메라는 화장실로 들어가는 소피를 따라가다가 그녀를 지나쳐 브라이드가 기다리고 있는 화장실 칸막

죠. '세상에, 잘랐다고요?' 그러자 그는 '그래요, 잘랐어요. 워렌은 이 영화가 다루려는 게 무엇인지 이해하지 못해요. 이 영화를 원하지도 않고요. 나 역시 그를 원치 않아요.' 그래서 물었어요. '흐음, 그렇다면 도대체 누가 빌을 연기할 건데요?' 그러자 그는 '대답을 들을 마음의 준비가 됐나요?'라고 묻더군요. '그래요, 준비됐어요, 젠장. 누구예요?'라고 물었더니 '데이비드 캐러딘.'이라고 대답했어요. 그 얘기를 듣고는 경악을 금치 못했죠. 완전히 허를 찔렸으니까요. 나라면 100만 년이 지나도 데이비드를 떠올리지 못했을 겁니다."

1970년대 상당한 인기를 끌었던 TV 시리즈 〈쿵푸〉를 찍은 이후로 20년간 공포 영화 시장과 비디오로 직행하는 액션 영화 시장의 밑바닥을 전전하고 다녔던 캐러딘은 태국음식 레스토랑에서 타란티노를 처음으로 만났다가 그 역할을 제의받고는 자리가 파한 후, 마세라티를 주차해둔 곳이 어디였는지 기억해내지도 못할 만큼 큰 충격을 받았다.

2002년 4월 초, 가학적인 쿵푸 고수 파이 메이를 직접 연기할 계획이던 타란티노를 비롯한 주요 출연진이 〈매트릭스Matrix〉 3부작과 〈와호장룡Crouching Tiger, Hidden Dragon〉의 무술감독 원화평이 진행하는 6주간의 훈련

이 페이지 | 영화에 대한 타란티노의 비전을 정확하고 완벽하게 구현하기 위해, 우마 서먼과 출연진은 유명 무술감독 원화평의 지도 아래 혹독한 쿵푸 훈련을 받았다.

맞은편 | 베아트릭스가 크레이지 88을 상대로 싸우면서 무술 실력을 테스트하는 장면.

이를 향해 나아간다. 리처드슨과 촬영 스태프들은 그 숏을 리허설하는 데 겨우 6시간밖에 쓰지 못했다. 숏을 완성하는 데만 꼬박 하루가 걸렸다. 리처드슨은 촬영일지에 이렇게 적었다.

6월 18일: 무술 영화 시퀀스를 촬영하는 데 따르는 어려움은 우리 대다수가 상상했던 수준 이상이다. 쿠엔틴은 필수적인 조명의 이동 설치회수는 개의치 않으면서 숏 바이 숏(편집하기 용이한 순서)으로 촬영하기를 원한다. 말할 나위도 없이 어려운 일이다. 하지만 쿠엔틴이 그런 식의 작업 절차를 거쳐야만 마음이 편하다면, 우리는 마땅히 그렇게 해야 한다. 평론가들이 우리를 포위하고 있다. 그들이 자신들의 정신을 분석하게 만들어주자.

타란티노와 서먼은 거의 날마다 말다툼을 했다. 서먼이 복장 교체부터 대사 수정까지 모든 부분에 영향력을 행사하려 들었기 때문이다. "이건 다섯 명에게 한판 붙자고 도전하는 여자를 다룬 영화예요. 그게 이 영화의 전부죠." 그녀는 투덜거렸다. "그는 훌륭한 감독이에요. 다만 내가 해야 하는 일도 있어요. 그의 걷잡을 수 없이 창의적이고 언뜻 보면 즉흥적으로 창조된 듯한 세계에서 이 캐릭터를 꺼내와 인간적인 존재로 만들어야 한다고요. 이 영화가 만화 이상의 작품이 되느냐 마느냐는 모두 나한테 달려 있어요." 〈킬 빌〉의 20분짜리 피날레를 위해 필요했던 8주간의 촬영 기간 동안, 그녀는 "내가 어떤 면에서는 무성영화에 출연하고 있는 셈"이라는 걸 깨달았다. "이 영화가 다루는 육체성, 그에게 중요한 건 바로 그거였어요."

타란티노가 촬영장에서 즉흥적으로 떠올린 격투 시퀀스를 촬영하는 방안을 놓고 고심하는 동안, 촬영 일정이 지연되기 시작했다. 데이비드 캐러딘은 로스앤젤레스에서 머무는 기간이 계속 연장되고, 제작과 관련한 온갖 소문이 난무하는 가운데 촬영장에 도착했다. "바깥 세상의 모든 사람들은 〈킬 빌〉이 곤경―일정의 차질, 제작비 초과 등등 온갖 악재에 대해―에 처해 있는지의 여부를 놓고 내기를 하고 있다." 그는 일기에 이렇게 적었다. "미라맥스는 여전히 쿠엔틴을 사랑할까? 쿠엔틴은 작업을 밀고 나갈 수 있을까? 영화는 다시 본궤도에 오를 수 있을까?" 결국, 속을 태우던 미라맥스 임원들이 타란티노에게 전화를 걸어 따지듯 물었다. "어떻게 돼가는 겁니까? 우리 영화가 폭주열차처럼 통제 불능인 건가요?" 그러자 타란티노는 길길이 날뛰었다. "나한테 이런 좆같은 얘기는 하지 마쇼!" 그는 호통을 쳤다. "더 많은 시간이 필요하다면 나는 그냥 시간을 더 달라고 얘기만 하면 되는 사람이라고! 제작비가 더 든다면 그냥 돈을 더 달라고 하면 되는 사람이야! 내가 쓴 돈, 그건 죄다 내가 벌어다준 돈이었어! 나는 그 개자식들이 하는 말 따위 벼엑을 하나도 신경 쓰지 않아! 그 인간들은 모두 나를 위해 일해야 하는 작자들이라고!"

편집감독 셀리 멘케는 베이징 촬영 마지막 달, 촬영장에 도착한 와인스타인에게 그녀가 편집한 러프 컷에 포함된 일부 장면들을 보여준 후 영화를 2부작으로 나눠서 개봉하자는 아이디어를 내놓았다. 와인스타인은 타란티노를 안심시키려고 즉시 전화를 걸었다. "쿠엔틴, 영화가 끝내주네요. 당신은 영화 만드는 일에만 전념하도록 해요. 이 정도로 뛰어난 영화를 계속 만들기만 하라고요. 시간이 얼마나 걸리건 상관없어요. 당신이 걱정할 건 하나도 없다고요." 멘케는 통화 내용을 듣고도 놀라지 않았다. "처음부터 우리는 영화를 두 편으로 나누는 문제에 대해 얘기했어요. 신들의 분량을 감안하면 놀랄 일이 아니었죠." 그녀는 말했다. "통화 내용을 듣고 안도했다는 말은 꼭 해야겠네요. 그 얘기는 곧 '아아, 저 장면도 관객들에게 보여줘야 하는데'라고 안타까워하는 대신, 애지중지하던 모든 장면을 영화에 담아낼 수 있다는 뜻이었으니까요."

중국 촬영을 마침내 종료한 타란티노가 멕시코와 로스앤젤레스에서 촬영하기로 한 이후 일정이 잡힌 채 로스앤젤레스로 돌아온 9월, 21일로 잡혀 있던 촬영 일정은 이미 76일이 지난 상황이었다. "언젠가 쿠엔틴이 나한테 이런 말을 했어요. 이 영화를 착상할 때, 단순히 영화 한 편을 만들고자 하는 게 아니라, 그 영화를 직접 살아내길 원한다고." 캐러딘은 강조했다. "이 영화를 그의 생활로, 그가 존재하는 우주로 만들기 위해서는 제작 기간이 얼마나 걸리건 상관없었죠. 그는 그 영화에 빠져 무아지경이 되어야만 했어요. 우리는 그와 더불어 그런 상태가 됐고요. 〈킬 빌〉과 슈퍼 쿨 만추(〈킬 빌〉의 제작사)는 우리의 생활이자 삶이 되었죠."

2003년 3월 드디어 촬영이 종료됐을 때, 타란티노는 840,300피트(109시간)의 필름을 사용했고, 3,900만 달러로 책정했던 제작비는 5,500만 달러로 치솟아 있었다. 초

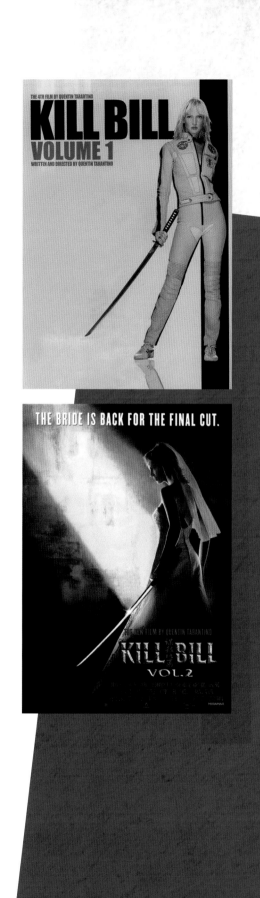

"그래요, <킬 빌>은
폭력적인 영화예요.
그런데 그건 타란티노 영화죠.
메탈리카 공연을 보러 간
사람이 그 자식들한테
음악 소리를 낮춰달라고
요청하지는 않잖아요."

조해진 미라맥스 대표는 수익을 남기려면 이 영화 두 편을 블록버스터처럼 홍보할 필요성을 절감했고, 이를 위한 마케팅 작업을 시작했다. 타란티노는 1부를 2003년 10월에, 2부를 2004년 4월에 개봉하기 위해 정신없이 편집을 해나갔다. 미라맥스 대표는 영화에 담긴 폭력성 때문에 여성 관객들이 등을 돌릴까봐 걱정했다. "걱정 마요." 타란티노는 그를 안심시켰다. "열세 살 여자아이들도 〈킬 빌〉을 사랑하게 될 거예요. 나는 젊은 여성들도 이 영화를 봤으면 싶어요. 그들은 우마가 연기하는 브라이드를 사랑하게 될 테니까요. 그녀들이 남들의 시선을 의식해서 다른 영화 티켓을 끊고는 〈킬 빌〉 상영관으로 몰래 숨어들어도 상관없어요. 그렇게 하면 그 표의 수익은 다른 영화 차지가 되겠지만, 그 돈은 벌지 못해도 괜찮아요."

서먼의 반응은 더 단순했다. "이 영화가 정말 만족스러워요. 영화 작업이 끝나서 진짜 행복하고요."

〈킬 빌〉은 크레디트가 다 등장한 후 패서디나 교외에 있는 어느 주택을 보여주는 조용한 숏으로 시작된다.

그 집 잔디밭에는 어린애들 장난감이 흩어져 있다. 멀리서 개 짖는 소리와 아이스크림 트럭 소리가 들려온다. 노란 스테이션왜건이 다가오고, 젊은 여성(우마 서먼)이 인도를 따라 걷다가 초인종을 누른다. 젊은 흑인 여성(버니타 그린 역의 비비카 A. 폭스)은 문을 열자마자 코에 한 방을 얻어맞는다. 지독한 육박전이 시작되고, 거실은 순식간에 난장판으로 돌변한다. 두 사람은 발길질과 주먹질을 해대고 칼과 벽난로 펜더를 들고서 상대에게 달려들어 액자들과 유리 테이블을 박살 낸다. 아수라장을 중단시킨 건 하교 후 귀가한 버니타의 어린 딸이다.

"니키, 네 방으로 가, 당장." 어머니가 말한다.

"네 딸이 보는 앞에서 너를 죽이고 싶은 생각은 조금도 없어." 서먼이 폭스에게 말한다. 그러고는 잠시 뒤 부엌칼로 단칼에 해치워버린다. 바닥에 쏟아진 알록달록한 시리얼을 밟아 으깨면서. 그렇게 〈킬 빌〉의 두 가지 테마가 동시에 소개된다. 유혈 낭자한 복수, 그리고 국제적으로 활동하면서 고소득을 올리는 뛰어난 암살자 커리어와 훌륭한 살림꾼 역할을 병행하는 데 따르는 어

위 | 베아트릭스는 패서디나 교외에서 아이를 키우는 옛 동료 버니타 그린(비비카 A. 폭스)을 첫 번째 타깃으로 삼는다.

려움.

베아트릭스 키도(서먼)는 약혼자와 태어나지 못한 아이—그녀가 생각하기에는—를 살해한 빌(데이비드 캐러딘)이 이끄는 데들리 바이퍼 암살단에 복수를 꾀한다. 그런데 빌은 왜 그런 짓을 했을까? 애초에 빌은 어떤 이유로 행동에 나선 것일까? 어머니가 되기 위해 베아트릭스가 암살자 커리어를 팽개쳤다는 것 말고 다른 이유는 없다. 빌은 평범함을 추구하려는 베아트릭스의 그 생각이 불쾌했던 것이다. 그는 그녀에게 말한다. 그녀는 자신의 천성을 부인했다고.

빌

슈퍼맨은 슈퍼맨이 된 게 아냐. 슈퍼맨으로 태어난 거지. 슈퍼맨이 아침에 일어났을 때, 그는 이미 슈퍼맨이야. 그의 또 다른 자아가 클라크 켄트지. 커다랗고 빨간 'S'가 새겨진 복장, 그건 켄트 부부에게 발견되었던 갓난아기 때 그를 감쌌던 담요였어. 그것들은 그의 의상이야. 켄트가 착용하는 것들, 이를테면 안경, 비즈니스 슈트는 코스튬이지. 슈퍼맨이 우리와 조화롭게 살기 위해 입는 코스튬이야. 클라크 켄트는 슈퍼맨이 우리를 어떻게 생각하는지 보여주는 존재야. 그런데 클라크 켄트의 특징이 뭐지? 약해빠졌어…… 자신에 대한 확신이 없고, 겁쟁이야. 클라크 켄트는 인류 전체에 대한 슈퍼맨의 비판적 생각이 집약된 존재라고.

베아트릭스

나를 슈퍼히어로라고 말하는 거예요?

빌

너는 킬러라고 말하는 거야. 타고난 킬러. 엘패소로 이주해 중고 레코드 매장에서 일하고, 토미와 영화를 보러 다니고, 쿠폰들을 오려내고. 그게 너였어. 자신을 일벌로 위장하려고 애쓰는 너 말이야. 평범한 일벌 때와 조화를 이루려고 기를 쓰는 너였다고. 너는 무리를 이탈한 살인벌이야. 네가 맥주를 얼마나 많이 마시건 바비큐를 얼마나 많이 먹건 궁둥이가 얼마나 펑퍼짐해지건, 세상 무엇도 그 사실을 바꾸지는 못할 거야.

이 대화는 곧 자기 인용임을 우리에게 귀띔한다. 타

위 | 버니타 그린, 버드, 오-렌 이시이, 엘르 드라이버가 옛 동료를 살해하고자 살벌한 분위기를 풍기며 교회로 접근한다.

아래 | "너는 무리에서 이탈한 살인벌이야." 빌은 '평범한' 삶을 살려는 베아트릭스의 욕망을 헤아리지 못한다.

"정말 끝내줬어요. 액션을 촬영하는 중국의 촬영 현장에는 스케줄이라는 게 없으니까요. 콘티 같은 것도 없어요. 시나리오를 집필한 1년 반 동안 내가 촬영하고 싶어 하는 특정한 숏들을 머릿속에 담고 있었지만, 작업을 하는 동안 나와 원 사부는 서로 새로운 요소들을 내놨거든요."

아래 | 로버트 리처드슨의 촬영을 통해 샅샅이 포착된 쿵푸의 비법들.

맞은편 | 베아트릭스는 실력을 한껏 뽐내지만, 유명한 무술 고수 유가휘가 연기한 스승 파이 메이에게는 상대가 되지 않는다.

란티노가 〈킬 빌〉에서 들려주는 이야기는 타란티노 자신의 이야기이기도 하니까. 키도처럼 그는 암살 일을 그만두려고 애썼다. 타란티노는 '총잡이'라는 평판을 과거지사로 묻으려고 안간힘을 썼다. 먼저, 그는 〈펄프 픽션〉에서 그런 명성을 해체했고, 그 다음에는 평론가들로부터 작품이 '성숙해졌다'는 칭찬을 받은 차분한 케이퍼 영화를 만드는 작업에 착수했다. 키도가 원했던 것처럼, 어둠에 맞서면서 과묵한 분노를 품은 채 자신들의 둔부가 펑퍼짐해지는 것에 조바심 내는 캐릭터들로 가득한 영화 〈재키 브라운〉이 그 작업의 결과물이다. 그런데 그 영화에 대한 반응은 저조했다. 저조한 정도는 아니더라도, 최소한 타란티노가 기대했던 것처럼 극장 지붕이 들썩거리는 요란한 찬사를 듣지는 못했다. 몇 년간 고생을 자초한 타란티노는 폭력을 휘두르고픈 충동과 갈증을 해소하기 위해 그 욕망을 모두 담아서 스파게티 웨스턴과 블랙스플로이테이션 영화, 일본 아니메, 아시아 액션 영화가 뒤섞인 시끌벅적하고 엄청나게 폭력적인 믹스테이프를 들고 돌아왔다. 이 작품은 무리를 이탈한 살인벌을 그린 영화였다.

"이 영화가 모델로 삼았던 영화들과 거리를 두게 만드는 진짜 요인은 타란티노가 그 영화들의 팬으로서 파티에 가져온 아찔한 현기증이다." 브라이드가 야쿠자 여든여덟 명과 싸우는 클라이맥스의 긴 격투 시퀀스에 대해 『슬레이트』의 데이비드 에델스테인이 쓴 글이다. 조명이 약해지면서 그들은 갑자기 커다란 격자를 배경으로 몸을 빙빙 돌리는 푸른 실루엣들로 돌변한다. 댄스

넘버처럼 태평하고 우아한 장면이다. "그 장면은 동맥에서 뿜어져 나오는 피를 곁들인 〈파리의 아메리카인An American in Paris〉과 비슷하다."

『뉴욕 타임스』의 엘비스 미첼은 이렇게 평했다. "괴팍한 아드레날린 러시로 전율하는 이 영화는 어떤 면에서는 영화와 딱 맞는 시대를 놓친 느낌이다. 이 영화는 타란티노가 〈펄프 픽션〉 이전에 만들었을 법한 영화처럼 보인다."

거의 정확한 표현이다. 실제로 〈킬 빌-1부〉와 가장 닮은 타란티노의 영화는 그가 만들지 못한 영화다. 평론가들이 〈저수지의 개들〉과 〈펄프 픽션〉에서 발견했다고 생각했지만, 실제로 가장 닮은 영화는 '스타일 면에서 영화적인 아수라장을 연출하는 현란하고 대담한 작업'이 이루어졌던 〈올리버 스톤의 킬러〉였다. 심지어 타란티노는 각각의 에피소드들이 각기 다른 다양하고 현란한 스타일로 구성된 영화를 촬영하기 위해 스톤의 촬영감독 로버트 리처드슨을 고용하기까지 했다.

"이건 영화—영화 우주다. 영화적 관습들이 포용되는 곳, 그것들이 심지어 페티시로 대우받기까지 하는 곳이다." 타란티노는 이렇게 말했다. "〈펄프 픽션〉과 〈저수지의 개들〉이 배경으로 삼았던, 리얼리티와 영화적 관습들이 충돌하는 다른 우주와는 반대되는 곳이다."

이건 현시대에 활동하는 감독의 커리어에서 발견할 수 있는 경력 단절의 최대치를 보여주는 획기적인 표현이다. 〈킬 빌〉은 다른 작품들과 조금 다르게 작업하는 수준에만 머무르지 않았다. 그 영화는 아예 다른 작업을

했다. 〈펄프 픽션〉에서 줄스 윈필드가 이 영화와는 다른 맥락에서 말했던 것처럼, 그건 "염병할 같은 야구장에 있는 게 아니야. 같은 리그에 있는 것도 아니라고. 심지어 같은 종목조차 아니야." 초기작들에서 보여주던, 대조적인 인물들이 주고받는 세상 물정에 빠삭하고 코믹한 대사들을 내팽개친 그는 장르의 거울로 뛰어들었다. 그 거울 속에서 절단된 팔과 몸통의 남은 부분에서는 산딸기 색깔의 피가 코믹하게 뿜어져 나오고, 캐릭터들은 흑백 도로가 영사되고 있는 게 뻔히 보이는 배경 앞에서 운전을 한다. B영화의 먹구름이 B영화의 빗줄기를 퍼붓듯이.

모든 게 한눈에 봐도 타란티노였다. 그리고 모든 게 완전히 변했다. 시리얼 박스들이 사방에 놓여 있는 곳에서 벌어지는 칼싸움은, 〈펄프 픽션〉 중 버치의 토스터에서 토스트가 튀어나올 때 빈센트 베가가 목숨을 잃는 것을 구상해낸 감독의 뇌와 같은 부분에서 구상된 게 분명하다. 하지만 〈펄프 픽션〉에서 폭력은 돌발적으로, 스크린 밖에서 일어났다. 그리고 영화와 리얼리티 사이의 간극에 대해 농담을 던지는 대목이 되어 영화에 도착했다. 그 영화와는 달리, 〈킬 빌〉은 촘촘한 안무로 이루어진 쿵푸 영화의 관습을 따른다. 버니타의 어린 딸은 TV로 중계되는 권투 시합을 구경하듯 두 사람을 본다. 그리고 두 사람이 싸움을 멈추고 입을 열었을 때, 우리는 그 모든 변화들 중에서도 가장 큰 변화를 목격한다.

버니타

그렇다고 해도, 자비나 용서를 구할 자격이 나한테 없다는 건 알아. 하지만 내 딸을 대신해서 그 두 가지를 다 달라고 사정하는 거야.

사정? 그렇다고 해도? 물론, 타란티노의 대사는 언제나 관객의 뇌리에 잘 꽂혔다. 다만 그의 대사는 암흑가에서 쓰는 추잡하고 불결한 말투의 리듬을 비범하게 청취하고 이를 스크린에서 재연하는 솜씨가 항상 압권이었다.

빈센트

줄스, 어떤 사람이 자기가 저지른 잘못을 인정하면 그가 했던 모든 못된 짓들이 그 즉시 용서받는다는 철학

에 대해 들어본 적 있어? 그런 얘기 들어봤어?

줄스

내 얼굴에서 그런 쓸데없는 얘기는 치워버려! 그런 헛소리를 지껄인 빌어먹을 자식은 네가 한 멍청한 짓거리 때문에 자잘한 해골 조각들을 일일이 집어내는 수고 따위 할 필요가 없었겠지.

〈킬 빌〉에서 캐릭터들은 하나같이 타란티노가 직접 고안해낸 화려하고 새로운 어법을 구사한다. 그들은 18세기 멋쟁이들처럼 서로를 향한 '만족감'을 표명하고, 사전을 몽땅 씹어 삼킨 사람들처럼 'whom'과 'one' 같은 대명사를 사용한다("어떤 사람one이 도쿄 암흑가의 여왕이 되는 어려운 과업을 해낼 때, 그 사람one은 그 사실을 비밀로 감춰두지 않아, 그렇지?"). 〈킬 빌-1부〉가 개봉됐을 때, 일부 평론가들이 제일 먼저 한 일은 타란티노의 대사에서 구어체가 사라진 것을 놓고 짧은 애도의 시간을 가졌다.

"〈펄프 픽션〉에서 영화의 대사를 집필하는 새로운 방식-대중문화를 언급하는 초현실적이고, 심술궂고, 엄청나게 웃기는-을 발견한 듯 보이는 영화감독은 납이 채워진 조끼처럼 스크린 전체에 무겁게 내려앉아 세련된 척하는 사이비 어법 내부 어딘가에 자리를 잡았다."『뉴요커』의 데이비드 덴비가 쓴 글이다. 그는 두 편을 잘 만들어보라며 격려했지만, 열의가 듬뿍 담긴 격려는 아니었다. "대중문화에 대한 백과사전 같은 지식을 가진 비디오 대여점의 천재는 과대망상증 환자가 됐고, 그 천재가 훗날 잔뜩 신이 난 영화감독이 되어 빠르게 자취를 감추고 있다."

한 편의 영화로 구상되고 한 편의 영화로 촬영된 이 영화가 처음 계획대로 개봉되지 않았던 건 확실하다. 빌과 관련된 많은 내용과 서먼이 펼치는 연기의 정수가 제거된 〈1부〉의 논스톱 유혈 사태 퍼레이드는 소니 치바(하토리 한조)의 소림사를 향한 끝없는 외경심의 표현과 사케를 놓고 벌이는 고막이 찢어질 듯한 언쟁 장면에서만 중단된다. 아무튼 이 유혈 퍼레이드는 한때 존 트라볼타와 사무엘 L. 잭슨에게 발 마사지와 관련한 따발총 같은 수다를 공급했던 영화감독의 극동판 닮은꼴 감독이 만든 영화처럼 보였다.

돌이켜보면 〈2부〉를 보지 않고 〈1부〉만 본다는 건 〈지옥의 묵시록〉을 보다가 윌라드 대위가 가까스로 커츠 대령의 왕국에 도착한 시점에서 관람을 그만두는 것과 비슷

했다. 〈2부〉에는 앞선 영화에서 결여되어 있던 음울한 시(詩)적 표현을 비롯해 주제와 관련된 호소력이 모두 담겨 있기 때문이다. 〈2부〉에는 마이클 매드슨이 연기하는 전직 암살자 버드—트레일러에 거주하며 운명론에 심취한 술꾼—와 베아트릭스가 맞붙는 결투들이 있다. 또한 세르지오 레오네의 영화에서 가져온 듯한 광활하고 관능적인 텍사스의 풍경을 배경으로 대릴 한나가 연기하는 애꾸눈 골칫덩이도 있다. 영화는 세계의 동쪽이 아니라 서쪽을 바라보면서 타란티노의 타고난 언어를 구사한다. 그리고 무엇보다도 〈2부〉에서는 결국 빌을 보게 된다. 부드러운 어조와 기이할 정도로 멋들어진 태도, 빼어난 골상 덕에 풍상을 겪은 얼굴이 한층 더 고상해 보이는 캐러딘은 빌이라는 인물을 굉장히 괴팍한 존재로 그려낸다. 그가 좋은 말로 서면을 구슬릴 때는 그녀에게 위압적인 분위기를 풍기며 작별 인사를 건네는 신부의 아버지처럼 보인다. 빌은 그녀와 결혼하거나 그녀를 살해할 것이다. 혹은 둘 다 하거나.

결국 영화에 인간적인 맥박이 고동치기 시작하고, 서면은 캐러딘과 함께 출연하는 신에서 활기를 찾는다. "사람을 괴롭히는 듯한 서정적인 목소리로 말하는—더스티 스프링필드(영국 출신의 가수)가 배우였다면 미즈 서면과 비슷했을 것이다— 서면은 타란티노의 신랄한 장난기를 전달하는 데 가장 적합한 연기자다." 엘비스 미첼이 『뉴욕 타임스』에 쓴 글이다. "타란티노의 영화들은 상실과 배신을 다룬다. 〈킬 빌—2부〉는 그런 모티프들로 만들어진 더블버거다. 풍성하고 알차며 맛이 한결같지만, 케첩과 소금, 치즈가 덕지덕지 묻은 채 엑스트라 라지 사이즈의 칠리 프라이와 함께 제공되는, 여드름이 잔뜩 난 청소년들을 위한 먹거리이기도 하다."

결국 2011년에 1부와 2부를 묶어 〈킬 빌〉을 한 편으로 편집한 타란티노는 자신의 생일인 3월 27일—영화의 자전적인 성격을 감안하면 의미가 명확한 날—에 뉴 비벌리 극장에서 〈킬 빌: 통합 감독판 Kill Bill: The Whole Bloody Affair〉을 미국 관객에게 선보였다. 그는 30분 길이의 긴 아니메 시퀀스를 포함시키고 크레이지 88과 결투하는 장면을 풀 컬러로 채웠다. 그러나 무엇보다도 가장 중요한 변화는 〈1부〉가 끝날 때 등장한, 베아트릭스의 딸이 살아 있음을 관객에게 귀띔하는 스포일러를 제거한 것이다. 그는 영화의 마지막 릴에서 관객과 베아트릭스가 동시에 충격을 받도록 만들었다. 그건 〈킬 빌: 통합 감독판〉에서 가장 큰 충

맞은편 | 버드를 잔혹하게 살해한 엘르(대릴 한나)는 만만찮은 상대인 베아트릭스에 맞서 방어 태세를 갖춘다.

위 | 애꾸눈을 해 보이는 타란티노와 한나의 모습.

아래 | 타란티노와 두 번째 영화 작업에 들어간 마이클 매드슨은 술에 취한 전직 암살자 버드를 연기한다.

격이다. 서먼은 딸과 가짜 총싸움을 하다가 구겨진 얼굴을 떨군 채 고통을 연기한다. 영화가 보여준 모든 광란은 이제 어린애 장난과 다름없는 것으로 드러난다. 그런 후 모녀는 침대 위에 몸을 말고서 〈장군 암살자Shogun Assassin〉를 감상한다. 참고로 타란티노 자신의 어린 시절을 조용히 재연한 장면이다.

그녀와 빌이 벌이는 최후의 대결을 보고 있노라면 아편굴에서 감지되는 혹은 코브라들이 풍기는 으스스한 적막이 느껴진다. 프로이드 이론을 원초적으로 재연한 이 신에서 오이디푸스가 저지른 잘못들이 바로잡힌다. 베아트릭스는 오지심장파열권으로 빌을 살해한다. 말 그대로 그의 심장을 갈기갈기 찢어버린 것이다. 빌은 바닥에 맥없이 쓰러진다. 자신을 지탱시키고 있던 줄들이 끊어진 꼭두각시처럼. 타란티노는 앞서 등장했던 갖가지 수완들을 통해 우리가 목도하고 있는 장면의 중요한 의미를 전달한 후, 타블로(말하거나 움직이지 않는 일군의 사람들로 구성된 장면) 같은 밋밋한 분위기를 연출한다. 영화의 마지막 숏은 베아트릭스를 보여준다. 오랫동안 갈망해온 정상적이고 평범한 일상을 허락받은 그녀가 패서디나에 있는 그녀의 집 욕실 바닥에 몸을 말고 누워 흐느껴 우는 동안, 그녀의 딸은 옆방에서 만화 영화를 본다.

타란티노도 그랬을까? 〈킬 빌〉의 1부와 2부 모두 엄청난 히트작이었다. 첫 영화는 세계적으로 1억 8,000만 달러를, 두 번째 영화는 1억 5,200만 달러를 벌어들였다. 이 영화들은 〈재키 브라운〉을 압도했다. 슈퍼맨에 대한 빌의 독백은 타란티노 커리어의 후반부 내내 위협과 희망 사이 어딘가에 자리한 채 그의 뇌리를 떠나지 않을 것이다. 그는 〈재키 브라운〉으로 클라크 켄트가 되는 건 어떤 경험인지 체험했다. 연약하고 상처투성이에 언젠가는 죽을 수밖에 없는 인간적인 존재이지만, 성숙해졌고 성장했다는 칭찬도 받는 그런 존재 말이다. 또한 그는 〈킬 빌〉을 통해 초능력과 불사(不死)의 능력을 맛보며 박스 오피스에서 승자가 되었지만, 베아트릭스가 그토록 갈망했던 평범한 일상의 자연스러운 질감을 배제하고 있다. 이후로 그는 어떤 길을 선택했을까?

164-165페이지 | 때때로 폭력은 심리적인 것이기도 하다. 버드는 베아트릭스에게 플래시만 쥐어주고 산 채로 매장한다.

위 | 2003년에 독일 베를린에서 열린 기자 회견에서 영화의 성공을 축하하는 타란티노와 서먼.

맞은편 | "당신과 나 사이에는 마무리 짓지 못한 일이 있잖아." 베아트릭스와 빌이 마침내 대결한다.

"나는 내가 보고 싶은 영화를 만들었습니다. 내가 영화를 만드는 건 팬들을 위해서이지만, 나에게 가장 중요한 팬은 바로 나 자신이에요. 그래서 나는 나를 위해 영화를 만들고, 다른 사람들은 모두 내 영화에 초대된 사람들입니다."

DEATH PROOF

2007

데쓰 프루프

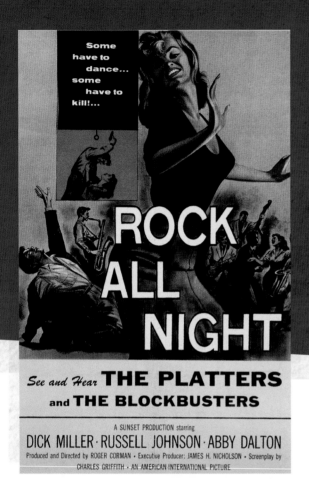

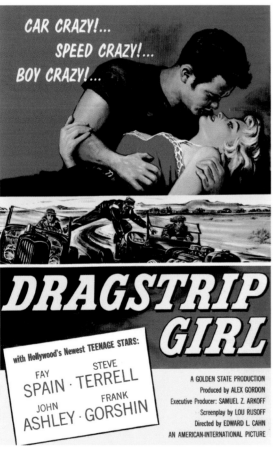

왼쪽 | 〈그라인드하우스〉는 1957년도 동시상영 슬래셔 영화 〈록 올 나이트〉와 〈드랙 스트립 걸〉에서 영감을 얻었다.

맞은편 | 타란티노와 로드리게즈가 만든 동시상영작의 독특한 포스터.

"익 스플로이테이션 영화들을 언제나 사랑했던 이유들 중 하나는 그런 영화들을 보다 보면, 영화가 한창 진행되는 와중에 느닷없이 캐릭터들에게 마음이 가기 시작한다는 점 때문이었어요." 〈데쓰 프루프〉가 로버트 로드리게즈의 〈플래닛 테러Planet Terror〉와 함께 동시상영작 〈그라인드하우스 Grindhouse〉의 일부로 개봉됐을 때, 타란티노가 『와이어드Wired』와의 인터뷰에서 한 말이다. "관객들과 함께 그런 영화를 볼 때는 특히 더 그렇습니다. 그런 영화들을 친구들한테 보여줄 때면 이렇게 말해요. '이봐, 이 영화들에는 웃기는 요소들이 조금 있어. 그런데 부탁 좀 할게. 영화를 보다 웃음이 나올 때, 그 영화가 재미있어서 웃는 거라면 좋겠어. 너희들이 이 영화보다 우월한 존재이고, 쿨한 놈들이라는 걸 보여주려고 웃지 말고. 이 영화를 비웃지 말고, 즐기면서 웃어봐. 이 쓰레기 같은 영화를 비웃어주겠다는 유혹을 이겨내는 데 성공하고 나면 깜짝 놀라게 될 거야. 느닷없이 이 영화에 빠져들어 있을 테니까."

타란티노에게 〈데쓰 프루프〉의 아이디어가 떠오른 건, 로버트 로드리게즈와 함께 1970년대 말부터 1980년대 중반 사이에 개봉된 슬래셔 영화들을 한바탕 섭렵한 후의 일이었다. 두 사람은 타란티노의 집에서 종종 영화를 감상하곤 했다. 어느 날, 1957년도 동시개봉작 〈드랙스트립 걸Dragstrip Girl〉과 〈록 올 나이트Rock All Night〉의 포스터를 높이 평가하며 로드리게즈가 말했다. "아무래도 우리가 동시상영작을 만들어야 할 것 같아. 내가 한 편 만들고, 네가 한 편 만들고."

"우리는 바로 그 자리에서 영화의 아이디어 대부분을 내놨어요." 로드리게즈가 한 말이다.

로드리게즈는 동시상영작 중 자신이 담당한 한 편의 영화에 인간의 살점을 갈구하는 좀비들에게 오른쪽 다리를 먹히고 커리어가 끝장난 후, 기관총을 의족으로 장착한 스트립댄서에 대한 영화를 만들고 싶어 했다.

A RODRIGUEZ/TARANTINO DOUBLE FEATURE

GRINDHOUSE

THE LAST HOPE FOR HUMANITY...
RESTS ON A HIGH-POWER MACHINE GUN!

QUENTIN
TARANTINO
and
ROBERT
RODRIGUEZ
are back!

But this time
they're
BACK
to
BACK!

These 8 women
are about to meet
1 diabolical man!

PLANET TERROR

DIMENSION FILMS PRESENTS A RODRIGUEZ INTERNATIONAL PICTURES RELEASE
STARRING ROSE McGOWAN FREDDY RODRIGUEZ MICHAEL BIEHN JEFF FAHEY JOSH BROLIN MARLEY SHELTON
EXECUTIVE PRODUCERS BOB WEINSTEIN HARVEY WEINSTEIN
PRODUCED BY ELIZABETH AVELLAN ROBERT RODRIGUEZ A TROUBLEMAKER STUDIOS PRODUCTION
DIRECTED AND WRITTEN BY ROBERT RODRIGUEZ

Plus

KURT RUSSELL
is
"DEATH PROOF"

DIMENSION FILMS PRESENTS
KURT RUSSELL IN QUENTIN TARANTINO'S "DEATH PROOF"
ROSARIO DAWSON VANESSA FERLITO
SYDNEY POITIER TRACIE THOMS MARY ELIZABETH WINSTEAD JORDAN LADD ROSE McGOWAN
AND ZOE BELL AS HERSELF EDITED BY SALLY MENKE, A.C.E. EXECUTIVE PRODUCERS BOB WEINSTEIN HARVEY WEINSTEIN
PRODUCED BY ELIZABETH AVELLAN ROBERT RODRIGUEZ ERICA STEINBERG QUENTIN TARANTINO
WRITTEN AND DIRECTED BY QUENTIN TARANTINO

See!

TWO GREAT MOVIES FOR THE PRICE OF ONE!

TOGETHER IN ONE SMASH EXPLOSIVE SHOW

APRIL 6, 2007

TROUBLEMAKER STUDIOS

DIMENSION

한편, 타란티노는 스턴트맨들이 무시무시한 차량 충돌 사고가 일어나도 살아남을 수 있도록 자신들의 차를 '데쓰-프루프'('사망을 방지하는'이라는 의미)로 개조하는 방식에 오래전부터 매혹되어 있었다. 그는 친구와 얘기를 나누다가 〈펄프 픽션〉에 등장한 자동차 사고로 죽고 싶지는 않기 때문에 튼튼한 차로 알려진 볼보를 타고 싶은 생각이 간절하다고 말했다. 그러자 친구가 대꾸했다. "그러면 아무 차나 골라서 스턴트 팀에 가져가봐. 그 사람들한테 10,000달러에서 15,000달러 정도를 주면 그 차를 '데쓰-프루프'해줄 거야."

친구가 한 말은 타란티노의 뇌리에 남았다. 그가 만든 영화는 자신의 차로 섹시한 젊은 여성들을 스토킹하고 살해하는 정신 나간 스턴트맨을 다뤘다. 그 영화는 전반적으로 슬래셔 영화의 일종이다. 하지만 다른 각도에서 보면, 영화의 초반은 젊은 아가씨들이 어울려서 빈둥빈둥 시간을 보내는 모습을 담은 영화이기도 하다. "내가 슬래셔 영화를 만들면 지나치게 자기반성적인 영화가 되리라는 걸 깨달았어요. 그래서 내 나름의 괴상한 버전으로 만든 하이스트 영화 〈저수지의 개들〉과 동일한 방식으로 작업하는 게 옳다는 결정을 내렸죠. 이 영화는 내 나름의 괴상한 버전으로 만든 슬래셔 영화입니다."

이 영화는 타란티노가 우정에 기반을 둔 여자 친구들과 어울리며 보낸 몇 년의 시간에 의지해서 시나리오를 집필하고, 출연진 대부분이 여성으로 구성된 첫 작품이 된다. 영화평론가 엘비스 미첼은 타란티노가 큰 소리로 시나리오를 낭독해주는 걸 듣고는 이렇게 적었다.

"그가 여자들과 동석해서 그녀들이 주고받는 이야기에 귀를 기울이고 그녀들의 태도와 억양을 만끽하면서 보낸 시간이 얼마나 많았는지를 보여주는 대사였다. 그 대사들을 나한테 들려줄 때 그가 느끼는 흥분을 생생히 감지할 수 있었다." 그렇게 그 작품은 〈저수지의 개들〉과 〈펄프 픽션〉의 우주로, 현실 세계와 맞닿아 있는 공간으로 복귀하는 작품이 된다.

"내게 〈킬 빌〉이라는 작품이 중요한 이유는 그 작품을 하면서 내 나름의 리얼리티를 창조해냈다는 사실 때문입니다. 그 영화가 그려내는 세계는, 만화 영화들이 스크린으로 들어와 관객들에게 중요한 내용을 보여주고, 항공기에는 일본도를 거치할 거치대가 설치되어 있죠. 그런데 〈데쓰 프루프〉에는 그런 환상적인 요소가 하나도 없습니다. 그 영화에서 벌어지는 모든 사건은 현실 세계에서 벌어지는 사건이니까요…… 우리는 차로 그런 짓을 할 수 있어요. 살다 보면 스턴트맨 마이크 같은 사내를 만날 수 있죠. 만약에 당신이 그를 만난다면, 당신은 재수 옴 붙은 겁니다. 그가 시속 160km로 당신을 향해 달려오고 있다면, 그 상황에서 당신이 할 수 있는 일은 염병할 하나도 없어요."

정글 줄리아 역할은 시드니 포이티어의 딸인 시드니 타미아 포이티어에게 돌아갔다. 〈킬 빌〉에서 역할을 따내려고 오디션을 받은 적이 있는 그녀가 시나리오를 펼쳤을 때, 처음 눈에 들어온 문장은 '아를렌의 두 발이 대시보드를 툭툭 건드린다. 곧이어 화면이 복도를 따

"내가 슬래셔 영화를 만들면 지나치게 자기반성적인 영화가 되리라는 걸 깨달았어요. 그래서 내 나름의 괴상한 버전으로 만든 하이스트 영화 〈저수지의 개들〉과 동일한 방식으로 작업하는 게 옳다는 결정을 내렸죠. 이 영화는 내 나름의 괴상한 버전으로 만든 슬래셔 영화입니다."

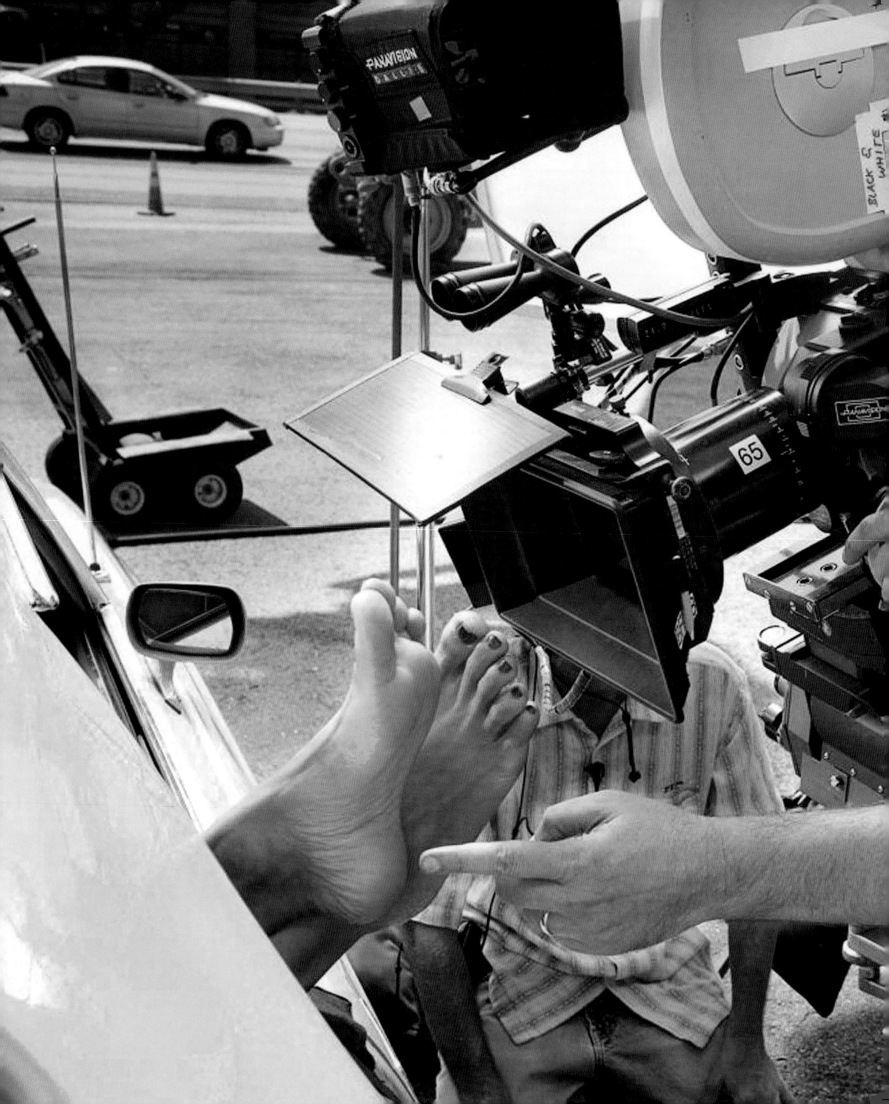

라 걷는 정글 줄리아의 두 발로 넘어간다'였다. 오디션 장에 들어온 그녀가 제일 먼저 한 일은 의자에 앉자마자 신발을 벗어던지고는 두 발을 테이블 위에 올려놓은 것이었다.

바네사 페를리토(아를렌)는 영화를 시작하기 전부터 타란티노와 친구 사이였다. "그는 감성이 철철 넘쳐흐르는 사람이에요. 그는 같이 있는 사람들이 나누는 이야기를 하나도 빼놓지 않고 경청해요. 그는 나를 염두에 두고 그 역할을 썼어요. 그건 내가 어떤 남자하고 같이 있을 때 지껄이던 내용이었거든요. 그는 내가 하는 말을 귀담아 듣기만 했어요. 그러다가 2년 후에 묻더라고요. '이러이러한 얘기 기억해?' 나는 물었어요. '어떤 얘기요?' 그는 본능적으로 주위 사람들에게 관심을 기울여요. 그가 우리 대화에 관심이 없는 것처럼 보여도 그는 그 상황을 제대로 파악하면서 사람들의 이야기를 경청하고 있어요. 어느 것 하나 놓치지 않죠."

스턴트맨 마이크 역할은 미키 루크에게 맡길 생각으로 구성되고 있었다. 그런데 처음에 몇 차례 얘기가 오간 후, 루크는 분명치 않은 이유들로 프로젝트를 떠났다. 타란티노는 그를 대체할 배우로 윌렘 대포와 존 말코비치, 실베스터 스탤론을 고려해봤지만, 스탤론은 이런 말을 했다. "말도 안 돼. 나한테는 두 딸이 있어. 그런데 이 작자의 취미는 십 대 여성들을 차에 태우고 그들을 벽에다 내동댕이치는 거잖아. 그런 연기는 자신 없어."

그러자 그는 커트 러셀을 찾아갔다. "내가 중요하게 생각했던 건 그 역할에 전형적으로 어울리는 사람, 그러니까 한눈에 봐도 그런 사람으로 보이는 사람을 찾지는

말자는 거였어요. 그런 원칙을 세우면서 내 영화 전체를 다시 생각해볼 기회가 생겼죠." 그는 말했다. "커트에게는 환상적인 측면이 있어요. 그리고 그 측면은 스턴트맨 마이크를 많이 반영하고 있죠. 그는 이 바닥에서 프로페셔널로 일하면서 오랜 시간을 보냈고, 텔레비전 드라마를 많이 작업했습니다. 〈캐넌 목장The High Chaparral〉과 〈해리 O Harry O〉를 비롯한 온갖 드라마에 출연했었죠. 그리고 그는 이 바닥에서 같이 일해보지 않은 사람이 없을 정도로 마당발이에요. 그래서 스턴트맨 마이크가 살아왔을 법한 인생에 대해 잘 알고 있습니다."

촬영 초기에 러셀은 타란티노에게 물었다. "이놈이 나중에 겁쟁이로 변하나요?" 타란티노는 대답했다. "으음, 그래요. 겁쟁이 비슷한 존재라고 할 수 있어요. 그런 작자가 되죠." 영화의 결말에서 여자들이 비명을 질러대는 마이크를 차에서 끌어내는 신의 첫 테이크를 찍은 후, 타란티노는 러셀을 한쪽으로 데려가 물었다. "커트, 겁내는 연기의 강도를 살짝 낮춰줬으면 하는데 가능하겠어요?"

러셀은 대답했다. "감독한테서 '연기 강도를 살짝 낮춰달라'는 말을 듣게 되리라고는 꿈에도 생각 못했는데."

그렇게 변화를 준 연기는 효과가 있었고, 그들은 재촬영한 테이크를 완성된 영화에 활용했다. "스턴트맨 마이크 캐릭터가 관객의 눈앞에서 완전히 무너져 내리는 모습을 보는 건 끝내주는 일이었어요." 로사리오 도슨(애버네시)은 말했다. "그 캐릭터를 겁쟁이 사자처럼 연기한 건 대단히 용감하고 흥미로운 선택이에요…… 커트 같은 배우와 영화를 찍으면 작업이 조금 수월해진다는 걸

174–175페이지 | "나는 여성의 발을 좋아합니다. 하지만 발 페티시가 있다는 말은 한 적이 없어요." 카메라 초점을 맞추고 있는 타란티노.

맞은편 | 커트 러셀은 캐릭터에 추가적인 차원들을 덧붙여서 스턴트맨 마이크의 겁쟁이 버전을 연기했다.

위 왼쪽 | DJ 정글 줄리아(시드니 타미아 포이티어)는 텍사스 칠리 팔러에서 아를렌(바네사 페를리토)과 느긋하게 시간을 보낸다.

위 오른쪽 | 타란티노와 커트 러셀이 다음 신에 대해 논의하는 모습.

"CGI는 자동차 충돌 장면들을 완전히 망쳐버렸습니다. 1970년대에 스크린에서 봤던 그런 장면들은 진짜 자동차에 진짜 쇳덩이, 진짜 폭발이었죠. 스턴트맨들은 그런 일을 실제로 하면서 목숨을 걸었습니다."

알 수 있어요. 그는 그 캐릭터를 갈 데까지 간 스턴트맨으로, 시대에 뒤떨어지고 약간은 귀여운 면이 있는 사람으로 연기해냈어요. 마이크를 대하는 사람들은 생각하죠. '흠, 남한테 몹쓸 짓을 하지는 않을 사람 같네⋯⋯' 이 말은 꼭 해야겠어요. 내가 마이크 같은 사람을 상대했다면 '나는 천하의 바보 멍청이고, 그 사람과 같은 차에 탔다면 죽어도 싸다'고 말이에요. 그는 정말 무시무시한 사람이니까요. 다른 식으로 생각할 여지가 전혀 없어요."

타란티노는 촬영 중에 저지른 실수들을 고스란히 받아들였다. 숏의 초점이 0.5초간 흔들렸을 경우, "우리는 서로에게 '이봐, 이건 그라인드하우스(폭력적인 영화나 익스플로이테이션 영화를 전문적으로 상영하는 영화관)잖아!'라고 말하곤 했어요." 하지만 타란티노는 카 체이스 장면들의 경우, 촬영에 6주를 할애하면서 차량 충돌이 되도록이면 '실제 충돌에서 사람들한테 일어나는 일, 즉 사람 몸뚱이가 갈기갈기 찢어지는 일'처럼 리얼하기를 원했다.

또한 그는 관객들이 영화에서 묘사되는 사건의 공모자가 되기를 원했다. "만약 충돌 직전에 여자들이 브레이크를 밟아서 충돌을 피했다면, 관객들은 열받았을 겁니다."

그는 말했다. "뚜껑이 열려 노발대발했겠죠. 그래서 이게 중요했습니다. 관객들을 사건의 공모자로 만드는 것, 그런 사건이 일어나길 간절히 원하고 고대하게 만드는 것이요. 그런 후에 콰쾅! 사고가 일어납니다. 그 사고는 관객이 상상했던 것보다 훨씬 더 섬뜩하죠. 그런데 그 사고를 보고 후회하기에는 너무 늦었습니다! 관객인 당신은 그런 일이 일어나길 원했잖아요. 그런 일이 일어나기를 바랐죠. 당신은 그 사건의 공모자가 된 겁니다. 자, 이제 약을 먹고 정신을 차리세요! 그러고 나면 당신은 약간 창피하다는 기분을, 조금 미안하다는 마음을, 그렇지만 뽕 갔었다는 기분을 느끼게 됩니다. 자, 이제 담배에 불을 붙이세요! 우리는 인정사정 봐주지 않고 현실을 최대한 생생하게 묘사했습니다."

관객의 영화 관람이 진정한 B영화 관람 경험이 될 수 있도록, 타란티노와 로드리게즈는 편집 과정에서 '실종된 릴들'을 잘라낸 후 펜과 바늘로 프린트에 스크래치를 냈다. 타란티노의 어시스턴트는 필름을 들고 밖에 나가 진입로에 있는 관목을 후려갈기기도 했다. "이 부분이 더 지저분하게 나오도록 해달라고 현상소에 계속 요구했습니다." 그는 말했다. "그렇게 했는데도 우리가 원한 결과는 얻지 못했죠. 현상소가 지나칠 만큼 조심스럽게 작업을 했거든요. 그래서 몇몇 부분은 직접 나서서 더 지저분하게 만들어야 했어요. 아무튼 현상소는 조심조심 작업하지 않아도 되는 상황을 무척 재미있어 했습니다. 필름을 앞에 놓고 담배를 피우고 싶다고요? 문제될 게 뭐가 있겠어요."

동시상영작의 러닝 타임인 3시간을 맞추기 위해 30분을 잘라내야만 했던 타란티노는 여배우 여덟 명 전원이 술집에서, 영화에 나오지도 않고 아무짝에도 쓸모없는 남자 친구들에게 문자를 보내며 시간을 보내는 신을 고스란히 영화에 남겨두는 데 집중했다. "나는 앞뒤가 거의 맞지 않을 때까지 영화를 가위질하는 짐승 같은 익스플로이테이션 영화의 배급업자와 비슷했습니다. 영화가 아직 목숨을 부지하고 있는지 확인하려고 뼈만 남을 때까지 살점을 발라내고 지방을 모조리 제거했죠. 그런데 그렇게 했는데도 영화가 제대로 굴러가더군요."

미국 내에서 나온 리뷰들이 대체로 긍정적이었음에도 〈그라인드하우스〉는 부활절 주말 개봉에서 재앙 같은 성적을 거두며 미국 박스 오피스에서는 2,500만 달러의 수입을 올리고 해외에서는 384,191달러에 불과했다. 동시상영 포맷은 관객들을 혼란스럽게 만들었다. 실제로는 존재하지 않는 영화들을 홍보하는 가짜 예고편들과 실종된 릴들, 일부러 스크래치를 낸 필름도 마찬가지였다. "타란티노와 로드리게즈 외에 그라인드하우스 영화 장르의 작품을 만드는 데 그토록 관심을 기울이는 사람이 세상에 또 있었을까?"라고 『버라이어티』는 물었다.

"실망스러운 결과였죠." 타란티노는 말했다. "나는 많은 감독들의 커리어에 빠삭합니다. 그들의 연출력이 전성기에 미치지 못할 때, 그들이 지나치게 나이를 먹었을 때 만든 마지막 다섯 작품을 자세히 살펴보면, 그들은 당대의 시대적 분위기를 전혀 이해하지 못하고 있다는 걸 알 수 있습니다. 윌리엄 와일러의 〈진정한 해방The Liberation of L.B. Jones〉이 됐건 빌리 와일더의 〈페도라Fedora〉와 그 다음에 나온 〈버디 버디Buddy Buddy〉가 됐건 말입니다. 나한테 제일 중요한 건 내 필모그래피입니다. 나는 근사한 필모그래피를 갖고 싶어요. 〈데쓰 프루프〉는 내가 만든 최악의 영화가 돼야만 합니다. 그래도 삐딱하게 만든 영화치고 그리 나쁜 편은 아니었습니다. 그렇죠? 따라서 그게 내가 만든 최악의 영화라면, 기분 좋게 생각하려고요. 그런데 내 평판과 관련해서 볼 때, 그렇게 시대에 동떨어

맞은편 | CGI를 좋아하지 않는 타란티노는 자동차 충돌 신이 최대한 리얼하기를 원했다.

위 | 2007년, 〈그라인드하우스〉의 로스앤젤레스 프리미어에서 로버트 로드리게즈와 함께.

아래 | 로스앤젤레스 프리미어에서 대부분 여성으로 구성된 출연진과 함께한 타란티노와 로드리게즈

지고 구닥다리에다가 축 늘어진 남자 똘똘이 같은 영화 한 편을 만든 대가로, 뛰어난 영화 세 편을 만들어내라고 요구받는 것 같아요.”

타란티노는 이 영화를 만들면서 도착적인 자만심을 품었다는 죄악을 저질렀다. 그는 지옥행을 자처했고 심지어 그를 지지하는 평론가들조차 이겨 먹으려고 애쓰는 듯 보였다. 로드리게즈의 〈플래닛 테러〉라는 무겁고 성가신 짐 덩어리를 끌고 영화관을 돌아다니는 과업에서 해방된 후, DVD 발매를 위해 러닝 타임을 113분으로 확장했지만 〈저수지의 개들〉 이후로 〈데쓰 프루프〉는 그가 만든 가장 짧은 영화가 되었다. 또한 토니 모리슨이 수정 집필한 J. G. 발라드의 소설 『크래쉬Crash』처럼, 여성들로만 구성된 무리를 애정 어린 시선으로 솔직하게 그려내면서 영화의 한복판을 내주었고 그녀들을 향해 예우를 갖추는 한편, 타는 고무와 휘어진 펜더에 바치는 부도덕한 송가(頌歌)를 담은 영화로 남았다.

“이 영화는 이따금 〈더 뷰The View〉(여성 네 명이 패널로 등장해 일상적인 이슈를 놓고 대화하는 토크 쇼)의 그라인드하우스 버전과 비슷하다”고 『슬레이트』의 다나 스티븐스는 평했다. 그러면서 그녀는 “여성들은 자립적이고 활기찬 성격들로 묘사된다. 그저 헤프고 말수가 적고 다정하고 좋은 친구가 아니라, 그녀들의 바지를 벗기려고 기를 쓰는 사내놈들보다는 서로를 향해 더 큰 관심을 기울이고 소란스럽고 뻔뻔할 정도로 관능적인 파티 걸들로 묘사하고 있다.” 당신은 여성을 착취하면서 그와 동시에 여성들에게 권한을 부여하는 내용의 찬가를 부를 수 있는가? 그렇게 할 수 있다면, 당신의 이름은 쿠엔틴 타란티노일 것이다.

특히 그가 장르의 거울을 통과한 〈킬 빌〉 이후에 이 영화를 작업하면서 느낀 쾌감들 중에는 리얼리티가 살아 있고, 우리가 살고 있는 지구가 분명하다고 여길 만한 구역—최소한 제대로 된 타코를 사먹을 수 있는 세상—으로 복귀했다는 쾌감을 빼놓을 수 없다.

“그의 영화들은 진공 상태를 배경으로 진행되지는 않는다.” 엘비스 미첼은 머리말에서 이렇게 강조했다. “부인할 수 없는 공동체 의식이 캐릭터들의 신념을 통제한다. 그 캐릭터들은 실제로 존재하는 공간에서 실제로 살아가는 존재들이기 때문이다……〈데쓰 프루프〉에서 그 공간은 텍사스 주 오스틴으로, 칼리지 타운과 음악의 중심지, 나른한 꿈같은 풍경이 결합된 고장이다…… 무슨 일이든 일어날 수 있다는 듯한 오스틴의 부유하는 느낌, 그리고 테킬라를 지나치게 많이 들이켰다가는 길을 잘못 들 수도 있다고 걱정해주는 입심 좋고 매력적인 텍사스 사람들의 친절함은 〈데쓰 프루프〉에 흐르는 분위기 중 일부다.”

파티 걸 세 명—정글 줄리아(시드니 타미아 포이티어라는 이름으로 알려진 오스틴의 DJ, 그녀의 친구 샤나(조던 래드), 그리고 '버터플라이'라고도 불리는 아를렌(바네사 페를리토)—은 텍사스 칠리 팔러에서 줄리아의 생일을 축하하고자 마가리타와 멕시코 음식의 밤을 열 계획을 세운다. 타란티노는 영화를 촬영하면서, 실제로 그의 소유물인 주크박스로 장식된 텍사스 칠리 팔러의 바텐더로 출연하기도 했다. 이 술집은 그의 내면에 있는 고다르를 끌어낸 듯 보인다. 이 신은 롱숏들과 바늘이 닿는 음반의 홈과 테킬라 술잔들이 놓인 선반, 그리고 조 텍스의 1966년 히트곡 「더 러브 유 세이브The Love You Save(May Be Your Own)」를 틀려고 쭈뼛쭈뼛 주크박스로 다가가는 페를리토의 뒷모습을 담은 나긋나긋한 클로즈업 사이를 오간다. 영화에서 이 여성들을 대하는 타란티노의 태도는 사내들이 매력적인 여성들에게 불어대는 엉큼한 휘파람 소리와 하이파이브 사이 어딘가에 위치한다. 욕정이 넘치는 빅 브라더인 그는 창피한 줄도 모르고 그녀들의 육체에 추파를 던진다. 하지만 동시에 시끌벅적하고 음탕한 그녀들의 수다에 접근해도 좋다고 허락받은 명예 자매처럼 그녀들이 거둔 승리를 축하하기도 한다.

"나는 앞뒤가 거의 맞지 않을 때까지 영화를 가위질하는 짐승 같은 익스플로이테이션 영화의 배급업자와 비슷했습니다. 영화가 아직 목숨을 부지하고 있는지 확인하려고 뼈만 남을 때까지 살점을 발라내고 지방을 모조리 제거했죠. 그런데 그렇게 했는데도 영화가 제대로 굴러가더군요."

아를렌
우리는 '그 짓'은 안 했어.

샤나
미안한데, '그 짓'이라는 게 뭘 말하는 거야?

아를렌
있잖아, 넣는 거 빼고 다.

샤나
그걸 '그 짓'이라고 불러?

아를렌
나는 '그 짓'이라고 불러.

샤나
사내놈들이 '그 짓'을 좋아하니?

아를렌
글쎄, 아무 짓도 안 하는 것보다는 좋아해.

해럴드 핀터(파격적이고 대담한 작품으로 현대 연극에 큰 영향을 끼친 영국의 극작가)를 통과해온 스파이스 걸스라고 해야 할까.

이 술집에는 역광으로 조명을 친 옆얼굴의 4분의 3 정도만 보이도록 비스듬히 각도를 틀고 간식 시간을 갖는 엘비스처럼, 나초 그런데 접시를 앞에 놓고 먹는 스턴트맨 마이크도 있다. 풍상을 겪은 듯한 얼굴에 흉터가 있는, 섹시한 남자 마이크는 자신이 몇몇 TV 시리즈에서 스턴트 연기를 했었다고 주장한다.

"아리따운 천사의 상처투성이 영혼만큼 매력적인 것도 드물지." 아를렌에게 이렇게 말한 그는 그녀에게 자신의 차를 보여준다. 강철로 보강한 닷지 차저로, 후드에는 칙칙한 검정색 페인트 위에 해골이 스텐실로 찍혀 있다. 그는 자신의 차에 '데쓰 프루프' 장치가 되어 있다고 주장한다.

타란티노는 이 신이 계속 이어지는 걸 허용하고, 그의 카메라가 실내를 빙빙 도는 동안 갈수록 공포를 떨쳐내는 게 어려워진다. 여성들을 매료시킨 마이크는 아를렌에게서 랩 댄스를 받는다. 그녀들이 술집을 떠난 후, 차를 타고 그녀들을 쫓아간 그는 오가는 사람이 없는 굽어진 시골 도로에서 그녀들의 차를 정면에서 들이박아 그녀들을 살해한다. 이 신의 배경음악으로 데이브 디, 도지, 비키, 믹 앤 티치의 잊힌 보석 같은 노래 「홀드 타이트Hold Tight」가 깔린다. 타란티노는 충돌 장면을 세 번 보여주는데, 이 장면들에서 여성들의 육체가 거듭해 찢겨져 나간다. 그녀들의 죽음은 다른 영화에 등장하는 소름 끼치고 혐오스럽고 가슴

맞은편 | 클로즈업을 준비하는 카메라가 스턴트맨 마이크에게 초점을 맞추고 있다.

위 | 타란티노는 텍사스 칠리 팔러의 바텐더 역할을 맡아 이 영화에 카메오로 출연했다.

아픈 죽음들과는 사뭇 다르다. 그녀들의 죽음은 아티스트가 자신의 작품을 직접 훼손하는 모습을 보는 것 같다. 타란티노가 다정한 시선으로 묘사했던 바로 그 육체와 영혼들이 그라인더에 넣어져 사정없이 갈린 것이다.

"그는 휴머니스트가 될 것인지, 허무주의자가 될 것인지의 여부를 결정할 수 없는 사람으로 보인다." 『뉴요커』의 데이비드 덴비가 한 말이다. 정답은 당연히 '둘 다'이지만.

"그는 약자들을 이용해 먹는 휴머니스트"라고 『슬레이트』의 데이비드 에델스테인은 상당히 정확하게 표현했다. "스크린에 등장한 여성들에게 벌주는 것을 사랑하는 것만큼이나, 그 여성들을 사랑하는 영화광, 그리고 그를 아티스트로 만들어주는 요소가 바로 이 부분인데, 양가적인 감정이 공존하는 자신의 성향에 가장 흥분하는 인물"이라는 평도 잊지 않았다.

이 영화는 그런 양가적인 감정을 정확하게 반영한다. 영화는 디프티카(두 폭으로 구성된 제단화)의 패널처럼 전반과 후반으로 나뉜다. 네거티브에 스크래치가 나 있고 릴들이 '실종된' 옛 영화 스타일로 표현된 한쪽 패널에는 의기양양한 마초 마이크의 환상이 있다. 이와는 대조적으로 그윽하고 강렬한 색채에 흠집 하나 없는 화면으로 등장하는 맞은편 패널 한복판에는 두려움을 모르는 새로운 유형의 여성들이 있다. 그 지역에서 촬영하는 할리우드 영화를 작업 중인 애버내시(로사리오 도슨), 킴(트레이시 톰스), 리(메리 엘리자베스 윈스테드), 조이 벨(자기 자신)은 하루 휴가를 받았다. 여성들은 빈티지 차량과 〈배니싱 포인트Vanishing Point〉, 〈매리와 래리Dirty Mary Crazy Larry〉 같은 영화들에 대한 수다를 떤다.

영화에서 밝혀지듯, 스턴트맨 한 명을 이길 수 있는 유일한 존재는 스턴트우먼 두 명이다. 〈데쓰 프루프〉에서 타란티노는 모든 작업을 구식으로 진행한다. 질주하는 차량들과 실제 인간들이 정신 나간 짓들을 하는 것이다. 벨은 순전히 재미를 보겠다는 의도로 세차게 달리는 1970년형 닷지 챌린저의 후드에 올라가 창문 포스트에 연결된 허리띠 두 개로 자신의 몸을 묶는다. 스턴트맨 마이크가 나타나면서, 스티븐 스필버그

의 1971년 영화 〈듀얼Duel〉 이후로는 비슷한 풍경조차 보지 못했던 텍사스 오지를 가로지르는 고전적인 결투가 벌어진다. 이 장면은 타란티노가 촬영했던 액션 중에서 가장 효과적인 액션 신이었다. 타란티노는 특정 시점에서 "캐릭터와 액션과 스토리의 기본으로 돌아갔다"고 『뉴욕 타임스』의 A. O. 스콧은 평했다. 〈데쓰 프루프〉는 분명히 그저 그런 수준의 영화다. 동시상영작으로 기획된 영화들 중에서 두 번째로 상영되는 영화라는 걸 감안하면 꽤나 적절한 수준이다. 그런데 목표 수준을 낮춘 이 영화의 야심이야말로 이 영화의 매력 중 일부다."

〈데쓰 프루프〉는 현시대를 향한 타란티노의 '백조의 노래'가 되었다. 옛날 방식의 스턴트 작업—스턴트맨 마이크가 '운전대를 잡은 진짜 멍청이들이 올라탄 진짜 차들이 진짜 차들과 충돌하던' 시절이라고 부르던 때의 작업—을 위해 부르는 비가(悲歌)이며 동시에 운동 에너지 넘치는 액션의 시(詩)가 된다.

이 영화에 대한 반응을 접한 타란티노는 당황했다. "연인과 결별하고 그녀가 떠나면서 큰 충격을 받았을 때와 비슷했어요." 그가 친한 사이인 토니 스콧과 스티븐 스필버그로부터 위로를 받았을 때 한 말이다. "스필버그가 한 말은 멋졌어요. '있잖아, 쿠엔틴, 자네는 운이 무척 좋았어. 자네는 매번 정도의 차이는 있더라도, 늘 성공을 거뒀어. 그건 게임을 하면서 게임비를 지불하지 않는 것과 비슷하잖아? 자네는 이제야 게임비를 지불한 거야. 이번 일은 자네를 둥글둥글하고 좀 더 덕이 있는 사람으로 만들어줄 수 있어. 또 하나 중요한 점은, 다음번에 자네가 성공을 거뒀을 때 그 성공은 한층 더 달콤할 거라는 거야. 일이 잘못되면 어떤 기분인지 배웠으니까 말이야.' 내 자신감은 흔들렸지만, 이후로는 조금 다른 방식으로 일을 진행했어요. 나는 연출 제의가 들어온 영화를 수락하거나 새로운 시나리오를 쓰는 대신, 우수한 시나리오라는 걸 이미 알고 있었던 오래된 시나리오 〈바스터즈〉로 돌아갔습니다. 나는 다짐했어요. 빈둥거리는 건 관두고 일단 그 시나리오부터 해결하자고 말입니다."

"자신감이 약간 흔들렸어요. 그건 마치 연인과 결별했을 때,
그녀가 떠나면서 큰 충격을 받았을 때와 비슷했습니다."

INGLOURIOUS BASTERDS

2009

바스터즈: 거친 녀석들

"〈바스터즈〉를 마땅히
그래야 할 만큼 훌륭한
영화로 만들 수 없었다면,
나는 이 영화를 완성하지
못했을 겁니다. 하지만
내가 이 시나리오를 반드시
써야만 한다는 걸 잘 알고
있었어요."

"이건 당신의 아버지가 보던 2차 세계대전 영화가 아닙니다."
나치에게 앙갚음을 하는 유대계 미군 집단을 다룬, 아찔할
정도로 잔혹하고 과하다 싶을 정도로 흥거운 2차 세계대전
리믹스 영화 〈바스터즈: 거친 녀석들〉에 대해 타란티노가 한 말이다. 타
란티노는 이 작품의 시나리오 작업을 〈재키 브라운〉이 완성된 직후인
1998년에 시작했다. "내가 이 시나리오를 조금 애지중지했던 것 같아요.
〈펄프 픽션〉 이후 처음으로 쓰는 오리지널 시나리오였거든요." 그가 『가
디언』과의 인터뷰에서 한 이야기다. "시간이 갈수록 작품에 대한 생각이
머릿속에서 커져갔습니다. 영화라기보다는 페이지 위에 적힌 단어들이
되어가더군요. 뇌가 쉴 새 없이 움직이는 걸 멈출 수가 없었어요. 새로운
방안들, 새로운 아이디어들이 떠오르는 걸 멈출 수 없더군요. 갑자기 이
렇게 되어버린 거죠. '대체 이게 뭐야? 이제 나는 영화로는 감당이 안 되
는 지나치게 큰 거물이 된 건가? 내가 작업하기엔 영화 따위 하찮은 존재
가 되어버린 건가? 이게 도대체 무슨 상황이야?'"

〈킬 빌〉과 〈데쓰 프루프〉를 만드느라 그 시나리오를 선반에 고이 모
셔뒀던 그는 시나리오를 다시 펼쳐 들고서 그 스토리를 바탕으로 12부작
TV 미니시리즈를 만드는 게 더 적절하지 않을까 생각했다. 프랑스 영화
감독 뤽 베송과 그의 제작 파트너 피에르-엔지 르 포갬과 저녁을 먹는 자
리에서, 두 사람에게 이 작품에 관한 아이디어를 들려준 그는 베송으로부
터 우정에서 비롯된 충고를 들었다. "이런 말을 하게 돼서 유감인데, 당신
은 내가 직접 극장에 가서 영화를 보고 싶게 만드는 몇 안 되는 감독 중 한
명이에요. 그런데 극장에 가서 당신 영화를 보려면 앞으로 5년은 더 기다
려야 할지도 모른다고 생각하니까 무척 우울해지는군요."

시나리오를 원래 구상했던 작품—임무 수행에 나선 한 무리의 사내들을 다룬 〈더티
더즌Dirty Dozen〉 스타일의 영화—형태로 잘라내고자 결정한 타란티노는 2008년 1월
부터 6월까지 6개월간 작업한 끝에, 필생의 역작을 160페이지 분량의 시
나리오로 압축했다. 그는 쇼샤나의 오리지널 캐릭터—대단히 공격적인 유대인 잔
다르크—가 〈킬 빌〉의 브라이드와 지나치게 비슷하다는 걸 깨닫고는 오래
전에 써놨던 작품의 처음 두 챕터를 다시 썼다. 그는 그녀를 브라이드보
다는 위기에서 벗어난 생존자에 가까운 존재로 만들고 2장 이후의 모든
내용을 일필휘지로 집필했다.

타란티노를 가로막는 장애물이 하나 있었다. 역사, 특히 히틀러 캐릭
터를 어떻게 해야 할지 결정해야만 했다. 세상이 다 알고 있듯, 히틀러는
미군 두피 사냥꾼들에 의해 소름 끼치는 최후를 맞지는 않았다. 길었던
집필 활동을 마친 어느 날, 자신이 창조하고 있는 캐릭터들은 본인들이
역사의 일부라는 걸 모르고 있다는 사실을 깨달았다.

"음악을 들으며 서성거리다가 결국에는 펜을 잡고 종이에 큼지막하게

휘갈겼어요. '젠장, 그 인간을 그냥 죽여버려!' 그 종이를 침대 옆 테이블에 놔뒀습니다. 이튿날 아침에 일어나 그 글귀를 다시 읽어본 후에도 여전히 좋은 아이디어인지 여부를 판단할 수 있도록 말이죠. 자리에서 일어나 그 문장을 보고는 또다시 서성거리다가 혼잣말을 했습니다. '그래, 이건 좋은 아이디어야.' 그리고는 발코니로 나가 글을 쓰기 시작했어요. 무턱대고 그를 그냥 죽여버렸죠."

타란티노는 말했다. "솔직히 그 엔딩을 구상한 순간이야말로 작가로서 가장 짜릿한 영감을 받은 순간 중 하나였어요. 이런 기분이었죠. '질산염 프린트를 활용해서 극장을 날려버리는 거야!' 그건 실제로 가능한 일이니까요. 그 아이디어를 떠올렸을 때, 그건 유레카를 외친 내 예술 인생에서 몇 안 되는 순간 중 하나였습니다. 정말로요. '맙소사, 지금까지 이 아이디어를 떠올린 사람이 어떻게 한 명도 없었던 거지?'라고 생각했죠."

타란티노가 7월에 전화를 걸어 잉태 기간이 길었던 〈바스터즈〉 시나리오를 마무리했다는 소식을 전했을 때, 로렌스 벤더조차 깜짝 놀랐다. "몇 년간 그 작품에 대한 온갖 얘기를 들었지만, 나는 항상 그의 머릿속에만 모셔두고 있는 작품일 뿐, 실제로 만들지는 않겠거니 했어요." 이렇게 말한 벤더는 타란티노가 그 프로젝트를 시작한 이후, 2차 세계대

맞은편 | 바스터즈의 일원인 도니 도노위츠 병장 역의 일라이 로스

위 | 마르틴 부트케는 허구의 아돌프 히틀러를 연기했다.

아래 | 쇼샤나(멜라니 로랑)는 극장을 날려버리기 위해 질산염 프린트를 준비한다.

전이라는 소재가 할리우드에서 소규모 산업이 되어가는 걸 목격했었다. 〈라이언 일병 구하기Saving Private Ryan〉와 〈씬 레드 라인The Thin Red Line〉이 1998년에 함께 개봉했고, 드라마 〈밴드 오브 브라더스Band of Brothers〉가 2001년에 HBO에서 그 뒤를 이었다. 타란티노는 아나톨 리트박의 〈나치 스파이의 고백Confessions of a Nazi Spy, 1939〉과 프리츠 랑의 〈인간 사냥Man Hunt, 1941〉, 장 르누아르의 〈이 땅은 나의 것This Land Is Mine, 1943〉 같은 영화들을 통해 시곗바늘을 뒤로 돌리길 원했다. 프로파간다 영화들인 이 작품들을 감상한 관객들은 주인공들을 응원하면서 나치의 죽음에 환호했었다.

타란티노는 말했다. "그 영화들의 강력한 특징은 나치가 여전히 위협적인 존재이던 전쟁 기간 동안 만들어진 작품들이라는 겁니다. 그 영화의 감독들은 개인적으로 나치를 겪어봤거나 유럽에 남겨두고 온 가족들이 혹시라도 목숨을 잃을까 걱정하는 사람들이었어요. 그럼에도 그 영화들은 오락적이었습니다. 재미도 있고 유머러스하기도 했죠. 〈디파이언스Defiance〉처럼 시종일관 엄숙한 분위기가 아니었어요. 흥미진진한 모험물로 만들어진 작품들이었죠."

타란티노는 우마 서먼과 같은 에이전트였던 브래드 피트와 작업하는 걸 오래전부터 원했었다. "시나리오를 쓰는 동안, '와아, 브래드가 이 영화에 출연하면 끝내줄 거야'에서 '브래드가 출연하면 죽여줄 텐데'를 거쳐 '브래드는 이 영화에서 졸라 죽여줄 거야'와 '좋아, 브래드

를 어떻게든 출연시켜야 해. 그러지 못하면 내가 무슨 일을 할 수 있겠어?'로 변해갔어요."

여름이 지날 무렵, 타란티노는 프랑스 남부에 있는 피트의 집을 방문했고, 두 사람은 모래밭 전용 차량에 피트의 아이들을 태우고서 거대한 포도밭과 핑크 플로이드가 「더 월The Wall」 음반을 녹음한 곳인 현지의 레코딩 스튜디오를 구경하며 투어를 다녔다. 그런 후에 피트의 집으로 돌아온 그들은 와인 대여섯 병을 비우고 약간의 대마초를 피우면서 영화 이야기를 나눴다. 타란티노는 이튿날 아침 이른 시간에 피트가 대마초 덩어리에서 잘라준 대마 조각과 파이프로 쓸 콜라 캔을 들고 호텔 방으로 돌아왔다.

"내가 아는 거라고는 우리가 그 영화의 배경에 대한 이야기를 나눴다는 게 전부입니다." 피트는 말했다. "우리는 동이 틀 때까지 영화 얘기를 나눴어요. 다음 날 일어났더니 빈 와인 병 다섯 개가 바닥에 나뒹굴고 있더군요. 와인을 다섯 병이나 마신 겁니다! 그리고 담배 피울 때 쓰는 도구 비슷한 것도 있었는데, 정체가 뭔지는 모르겠어요. 그 자리에서 내가 영화에 출연하는 데 합의했던 건 분명합니다. 6주 후에 군복을 입고 있었으니까요."

2009년도 칸 영화제에 출품할 수 있도록 무척이나 빠듯하게 세워진 제작 스케줄을 맞추기 위해, 다른 출연진들도 신속하게 꾸려졌다. 애초에 타란티노는 영화의 중추적인 역할인 한스 란다를 연기할 배우로 레오나르도 디카프리오를 염두에 두었다. 타란티노 시나리오

의 팬인 디카프리오는 타란티노가 시나리오를 완성할 때마다 제일 먼저 사본을 받아보는 사람 중 한 명이었다. 디카프리오는 '그 역할을 연기하는 데 호기심'을 보였지만, 타란티노는 독일어 네이티브가 가능한 인물을 캐스팅하고 싶었다.

모든 캐릭터들이 각자의 모국어를 구사해야 한다고 고집한 타란티노, 무엇보다도 독일인들이 완벽한 영어를 구사하는 부자연스러운 설정을 피하고 싶었다. 그는 그 역할을 위해 다양한 배우들의 오디션을 봤지만, 썩 인상적인 배우가 없었다. 시계가 똑딱거리는 동안, 그는 연기하는 게 불가능한 역할을 만들어냈는지도 모르겠다는 생각까지 들었다. "걱정이 되기 시작하더군요. 완벽한 란다를 찾아내지 못하면 영화 제작을 취소할 작정이었습니다. 1주일간 시간을 더 갖고 그래도 안 되면 플러그를 뽑을 생각이었죠. 그러던 중에 크리스토프 발츠가 나타났는데, 그가 바로 란다였습니다. 그는 무슨 연기든 해낼 수 있었어요. 경이로운 배우였죠. 덕분에 우리는 영화 제작에 복귀할 수 있었습니다."

비엔나의 연극인 집안에서 태어난 발츠는 도제 과정을 거친 성격파 배우로, 연극 무대와 독일 TV 방송에서 악당 역할을 주로 맡던 연기자였다. 리하르트 바그너의 인생을 다룬 프랑스-독일 합작 영화에서 프리드리히 니체를 연기한 적이 있었지만, 타란티노의 시나리오와 비슷한 작품을 접해본 경험은 전혀 없었다.

"시나리오에 완전히 압도당했습니다." 장황하고 곁가지만 치는 듯한 대사로 가득한, 다섯 개 챕터로 구성된 거대한 괴물 같은 시나리오에 대해 발츠가 한 말이다. 철자가 틀린 단어들-'Bastards'가 아니라 'Basterds', 'Boston'이 아니라 'Bostin', 'their knees'가 아니라 'there knees'-이 적혀 있는 그 시나리오 밑에는 타란티노가 휘갈겨 쓴 '마지막 원고'라는 문구가 적혀 있었다. 발츠는 베를린에서 첫 오디션을 받는 동안 시나리오를 처음부터 끝까지 다 읽고는 캐스팅 에이전트에게 말했다. "이 시나리오 그대로 영화가 만들어진다면, 출연할 가치가 있는 수준을 훌쩍 뛰어넘는 영화가 될 거예요. 고마워요!"

발츠는 이런 말도 했다. "쿠엔틴이 두 번째 오디션을 보자고 전화를 걸어왔을 때 내가 말했어요. '내 기분은 첫 번째 오디션 때와 똑같습니다. 지금은 200퍼센트 더 나아졌다는 것만 빼고요.' 그러고는 며칠 뒤에 전화를 받았죠."

란다의 출연을 확정지은 타란티노는 곧바로 독일 포츠담에 있는 스튜디오 바벨스베르크에서 촬영을 시작했다. 이후 카메라를 파리로 옮겼다. 그곳에서 그는 란다와 쇼샤나(멜라니 로랑) 즉, 사냥꾼과 사냥감이 우연히 마주치는 신을 촬영하기 위한 장소를 찾아냈다. 1904년도에 문을 열었고 18구역에 위치한 건물로 페인트가 벗겨진 비스트로와 아르데코 양식의 스테인드글라스, 파리의 거리라는 걸 한눈에 알아볼 수 있도록 교차로가 굽어 보이는 창문들을 확보했다.

타란티노는 발츠와 긴밀히 작업하면서 그가 다른 배우들과 함께 많은 리허설을 하지 못하게 막았다. 다른 배우들이 그와 함께 있는 걸 편안하게 느끼지 못하도록

"정말이지 대작 영화에 적합한 촬영이었어요. 우리의 작업 속도는 근사했습니다. 그런데 영화를 만드는 게 조금 힘들더군요. 재미도 조금은 줄어든 것 같았고요. 압박감이 심했으니까요. 하지만 나는 그 모든 에너지가 영화로 흘러 들어가길 바라고 있었습니다."

위 | 예의 바르게 행동하면서도 오싹한 기운을 풍기는 란다가 영화의 오프닝 신에서 샬롯 라파디트(레아 세이두)와 그녀의 자매들을 위협하는 모습.

왼쪽 | 과묵하고 근엄한 바스터드 휴고 스티글리츠 병장 역할의 틸 슈바이거.

맞은편, 위 | 타란티노는 출연진에게 케네스 모어의 〈지옥의 용병들〉을 보여주면서 마지막 화재 신의 영감으로 활용했다.

맞은편, 아래 | 촬영감독 로버트 리처드슨이 지하에 있는 술집 라 루이지앤에서 촬영을 시작하는 모습.

하기 위해서였다. "감독은 다른 배우들이 나를 보며 불안감을 느끼길 원했어요." 타란티노와 함께 시나리오를 한 페이지씩 차근차근 넘겨가며 분석하는 과정을 통해 그 캐릭터를 바닥에서부터 구축했던 발츠가 한 말이다.

"어떻게 생각해요, 크리스토프?" 어느 날 밤, 독일에서 저녁을 먹던 중에 타란티노가 물었다. "시나리오에는 당신이 입에 무는 파이프의 소재가 조롱박이라고 되어 있어요. 그런데 그렇지 않다면 어떨까요? 당신은 평소에 파이프를 피우는 사람이 아닐 수도 있어요. 파이프는 그저 페리에 라파디트(데니스 메노쳇)를 심문하는 데 쓰는 소품일 수도 있어요. 라파디트가 파이프를 피우는 사람이라는 걸 알게 된 란다는 영화에 등장하기 직전, 이런 파이프를 샀을 거예요. 그 파이프는 셜록 홈스의 파이프가 될 테고, 심문 도중 적절한 시점에서 당신은 '나는 네놈의 염병할 엉덩이가 저지른 잘못을 모조리 알고 있어'라는 뜻으로 그걸 꺼내는 거예요."

발츠는 대답했다. "아아, 아니에요. 그건 그냥 소품이어야만 해요! 난 파이프를 피우지 않아요!"

매주 목요일은 영화 감상의 밤이었다. 일라이 로스는 제작진이 1968년에 만들어진, 잘 알려지지 않은 액션 영화 〈지옥의 용병들〉을 상영해준 밤을 기억한다. 그 영화에는 기관총이 불을 뿜는 가운데 술집이 소실

되는 장면이 있었다. 4개월 후, 클라이맥스의 화재 시퀀스를 촬영하던 중에 있었던 일을 로스는 이렇게 회상했다. "타란티노는 카메라를 이동시켰어요. 그러더니 나한테 무언가를 지시하더군요. 그의 유일한 지시는 〈지옥의 용병들〉이었습니다. 나는 그 말이 무슨 의미인지 정확히 알아들었죠. 그가 그 숏을 고스란히 훔친 건 아니었어요. 하지만 그 영화의 무드와 느낌을 훔쳤죠. 우리가 찾고 있는 대상이 바로 그런 분위기라는 걸 깨달았습니다."

브래드 피트는 이렇게 말했다. "쿠엔틴은 우리가 살아가면서 만나게 될 사람들 중, 영화에 대한 지식이 가장 해박한 사람입니다. 그 지식이 촬영에 영향을 끼치죠. 다만 그의 촬영장은 일종의 예배당입니다. 그는 신이고 그가 쓴 시나리오는 성서죠. 이단자의 출입은 결코 허용되지 않아요."

멜라니 로랑은 시나리오에 있는 대사 한 줄에 대해 의문을 제기했다가 이런 반응과 맞닥뜨렸다. "프랑스어로

는 절대 그런 식으로 말할 것 같지 않은 표현이 있었어요." 그녀는 말했다. "타란티노에게 그 얘기를 했지만, 그건 협상의 대상이 될 수 없었어요. 그가 말하더군요. '우리가 그런 표현을 만들어내면 되는 거죠. 우리가 새로운 표현을 만들어내면 안 된다고 말하는 사람이 누군가요?' 그는 특정한 소리들을 좋아했어요. 프랑스어의 특정 단어들을 좋아했고, 그 소리들을 듣고 싶어 했어요."

칸 영화제가 개막되는 5월을 마감 시간으로 정하고, 서둘러 작업을 진행한 타란티노와 편집감독 샐리 멘케는 영화를 만들 때마다 해오던 테스트 시사회를 포기해야 했다. 마이클 패스벤더의 캐릭터(아치 히콕스 중위)가 바스터즈를 만나는 신을 비롯한 꽤나 유명한 시퀀스들 일부가 영화에서 잘려나갔고, 장만옥과 클로리스 리치먼이 연기한 캐릭터는 통째로 제거됐다.

"지지분한 작업이었어요." 멘케는 말했다. "러닝 타임을 줄여야만 했죠. 쇼샤나가 등장하는 두 장면이 특히 러닝 타임을 많이 잡아먹는데, 그 장면들을 자르

194-195페이지와 맞은편 | 페리에 라파디트(데니스 메노쳇)는 무시무시한 한스 란다에게 심문을 당하면서도 차분하고 침착한 태도를 유지한다.

위 | "나는 농담이나 유머러스한 순간이 결코 두렵지 않습니다." 타란티노는 란다의 지나치게 큰 '셜록 홈스' 파이프로 관객에게 코믹한 순간을 제공한다.

는 건 옳은 짓이 아니라는 걸 알고 있었어요." 대체로 부정적인 리뷰들이 휩쓸고 간 후 "우리는 의외로 빨리 특정 요소들과 특정 신들을 되돌려놔야 한다는 걸 알게 됐어요. 그건 놀랄 일이 아니었죠. '좋아, 프랑스에서는 이만 철수하자! 곧 개봉일이니까 작업실로 돌아가자!' 이런 분위기였죠." 9월 개봉에 맞춰 영화를 완성시키기 위해 잠시도 쉬지 않고 작업을 진행하다 보니 타란티노조차 기진맥진해졌다.

"이렇게 규모가 큰 영화를 이렇게 빨리 작업하는 일을 또다시 하고 싶진 않아요." 그는 말했다. "그런데 우리는 항상 마감 시간에 쫓길 때 가장 뛰어난 작업을 해왔습니다. 영화를 손에 쥔 채 빈둥거릴 시간이 없었어요. 우리는 허겁지겁 판단하는 걸 좋아해요. '우리는 이 길로 갈 거야. 그러니까 더 이상 토 달지 마' 같은 식이죠. 도장 쾅!"

〈트루 로맨스〉에서 데니스 호퍼가 크리스토퍼 월켄과 이탈리아인의 혈통에 대해 논의한 이후로 〈바스터즈〉는 타란티노의 작품들 가운데서도 캐릭터들이 벌이는 수 싸움 중 가장 뛰어난 싸움으로 시작된다. 농가의 실내라는 제한된 공간에서 벌어지는 신은 세심하게 계획된 카메라 움직임과 완벽하게 조율된 연기들이 빚어낸 경이로운 신이다.

한스 란다 대령(크리스토프 발츠)이 지휘하는 SS순찰대가 유대인 가족을 농장에 숨겨주고 있는 것으로 추정되는 프랑스 농부를 심문한다. 란다는 정중하다. 심지어 추파를 던지기까지 한다. 타란티노는 서서히 긴장감을 높여가고, 카메라는 계속 조여드는 올가미처럼 란다와 농부의 주위를 맴돈다. 이윽고 카메라는 마룻바닥을 미끄러져 통과한 후 두려움 때문에 눈을 홉뜬 채 두 손으로 입을 막고 누워 있는 겁에 질린 가족들을 보여준다. 심문은 계속되고, 란다가 수다를 떨며 보여주는 친밀감은 이 신의 치명적인 긴장감을 고조시킨다. 곧이어 타란티노는 우스꽝스러운 익살로 방점을 찍는다. 농부에게 담배를 피워도 괜찮겠느냐고 물은 란다 대령은 〈총알 탄 사나이 Naked Gun〉에서나 등장할 법한, 또는 르네 마그리트의 그림에서, 아니면 양쪽에 다 등장해도 어울릴 만한, 우스꽝스러울 만큼 큼지막한 파이프를 꺼낸다.

절정을 넘어선 타란티노의 기묘하고 뒤죽박죽된 세계에 오신 당신을 환영하는 바이다. 외설적이고 풍자적인 유머와 기막힌 잔인함, 역사적 사실과는 어긋난 복수 판타지로 구성된 자급자족적 우주 공간에 당신은 들어와 있다. 여러 언어가 동원된 수다를 보여주는 〈바스터즈〉는 타란티노 자신이 호령하던 텃밭과는 지리적으로나 역사적으로나 거리가 멀어도 한참 먼 작품으로, 로랑이 지적했던 언어적인 실수들뿐 아니라 다른 영화들에 대한 언급도 많이 보여준다.

타란티노가 처음에 느꼈던 충동─〈더티 더즌〉 스타일의 임무 수행에 나선 사내들 영화를 만들겠다는 충동─은 재빨리 다섯 개의 챕터들로 펼쳐지는데, 그 챕터들 모두 영화라는 매체를 향해 립 서비스를 해준다. 첫 챕터에서 우리는 턱이 툭 튀어나온, 직설적인 말을 툭툭 던지는 얼간이 알도 레인 중위(브래드 피트)가 지휘하는 바스터즈를 만난다. 그가 이끄는 여덟 명으로 구성된 부대─〈더티 더즌〉의 유대인 버전─는 적진에 공수되어 나치를 처단하고 그들의 머리 가죽을 모은다.

레인 중위가 어느 피해자에게 말한다. "솔직히 말하는데, 도니가 나치들을 때려죽이는 모습을 보는 건 영화관에서 영화 관람하는 것과 정말 비슷해."

영화의 또 다른 부분에서, 독일의 무비스타 브리짓 폰 하머스마르크(다이앤 크루거)는 SS장교 행세를 하려고 시도하는 영화평론가 출신 영국군 특공대원(마이클 패스벤더)과 함께 히틀러를 제거할 음모를 꾸민다. 연달아 등장하는 호화 출연진 중, 마이크 마이어스는 패스벤더에게 임무를 맡기는 전형적인 영국군 장성을 연기한다.

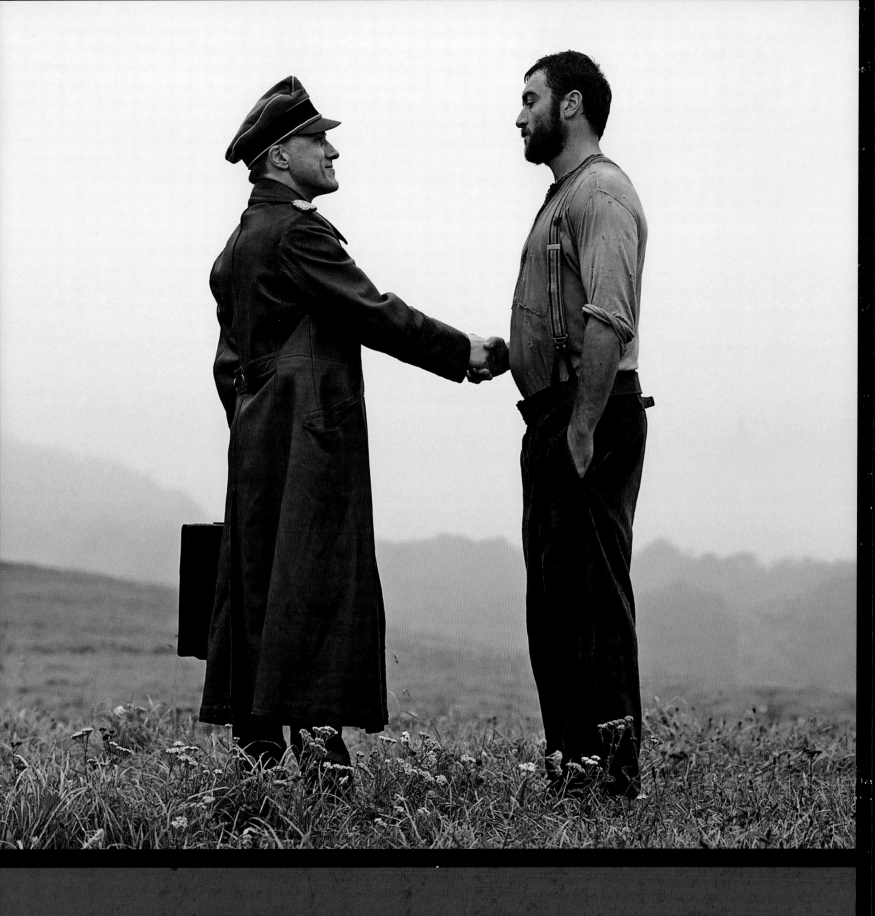

"나는 2차 세계대전의 도상(圖像)들을 활용해서
스파게티 웨스턴을 만들고자 애썼습니다."

'파리의 독일인 밤'이라는 제목이 붙은, 가장 강렬한 챕터로 간주되는 세 번째 챕터에서 란다 대령이 이끄는 죽음의 순찰대의 손아귀에서 탈출한 유대계 프랑스인 쇼샤나(멜라니 로랑)는 파리 영화관의 주인으로 신분을 위장한다. 그런데 그녀는 레스토랑에서 슈트루델을 주문하는 란다와 다시금 우연히 마주친다. 반짝거리는 눈빛과 환한 미소, 번지르르한 매력("크림을 잊지 말아요.")으로 먹잇감의 혼을 빼놓는 란다 대령 역의 발츠는 그가 내뱉는 모든 대사의 음절이 관객의 무릎에 툭 하고 떨어질 때까지 강렬하고 즐거운 분위기로 대사들을 능수능란하게 다룬다.

그의 연기는 브레히트 풍이다. 한스 란다는 영화의 등장인물이라기보다 음흉한 미소를 지은 채 영화를 흥청거리게 만드는 우두머리 사디스트이다. 모든 캐릭터들의 머리 위에 군림하는 영화감독에 가깝다. 영화에서 제일가는 존재이며 사실상 영화에 존재하는 '유일한' 존재다. "우리가 란다에게서 얻는 즐거움은 영화에 기묘한 불균형을 빚어낸다." 라이언 길비가 『뉴 스테이츠먼』에 기고한 글이다. 『뉴욕 타임스』의 마놀라 다지스도 동의하면서 이렇게 평했다. "이 영화가 저지른 가장 지독한 실패—매력적인 나치 악당을 아찔하게, 때로는 신나게 끌어안은 채 내러티브 내에서 높은 비중을 부여한 것—는 대부분 형식상의 문제로 설명할 수 있다. 란다는 이 영화에서 사실상 대적할 상대가 없는 캐릭터다. 그 어떤 캐릭터도 입담과 카리스마에서 그의 상대가 되지 않는다. 그는 〈펄프 픽션〉에서 존 트라볼타를 상대하는 잭슨과 우마 서먼이 그랬던

것처럼, 빈센트 베가를 상대하는 줄스 윈필드와 미아 월러스를 합쳐놓은 듯한 캐릭터다."

타란티노의 작품들은 항상 이런 인물들—등장할 때마다 영화 플롯의 진행을 더디게 만드는 친절하면서도 가학적인 폭군들—을 등장시켰지만, 그의 후기 작품들에서 그런 캐릭터들은 다른 캐릭터들을 모조리 옆으로 밀쳐내고 영화를 지배하게 되었다. 이를테면 〈바스터즈〉의 란다, 〈장고〉의 캘빈 캔디, 그리고 각자가 사건을 설명하며 각각의 버전을 무대에 올리는 연출자처럼 행세하는 등장인물로 구성된 영화 〈헤이트풀8〉의 마퀴스 워렌이 바로 그런 캐릭터들이다.

이 영화에서 브래드 피트는 도드라지지 않는 연기를 펼치면서 자신의 캐릭터에 자연스럽게 녹아든다. 그는 남부 분위기를 구사하기 위해 모음들을 씹는담배처럼 굴려대는데, 이를 꽤나 만족스러워한다. 레인 중위는 여러 언어를 구사하는 란다 대령의 상대가 되지 못한다. 란다가 전체 대사를 끝마칠 때까지 레인이 힘겹

198-199페이지 | 나치들의 두피를 벗겨낼 준비를 하는 레인과 도노위츠.

맞은편, 위 | 란다는 바스터즈와 거래를 시도한다.

맞은편, 아래 왼쪽 | 호화 출연진 중에는 영국군 장성 에드 페네흐 역의 마이크 마이어스도 있다.

맞은편, 아래 오른쪽 | 비밀요원인 히콕스 중위(마이클 패스벤더)와 브리짓 폰 하머스마르크(다이앤 크루거)는 같은 공간에 있는 SS대원들을 예의 주시한다.

오른쪽 | 쇼샤나가 히틀러와 그의 휘하에 있는 나치들을 영화관에 맞아들이면서 현장을 살펴본다.

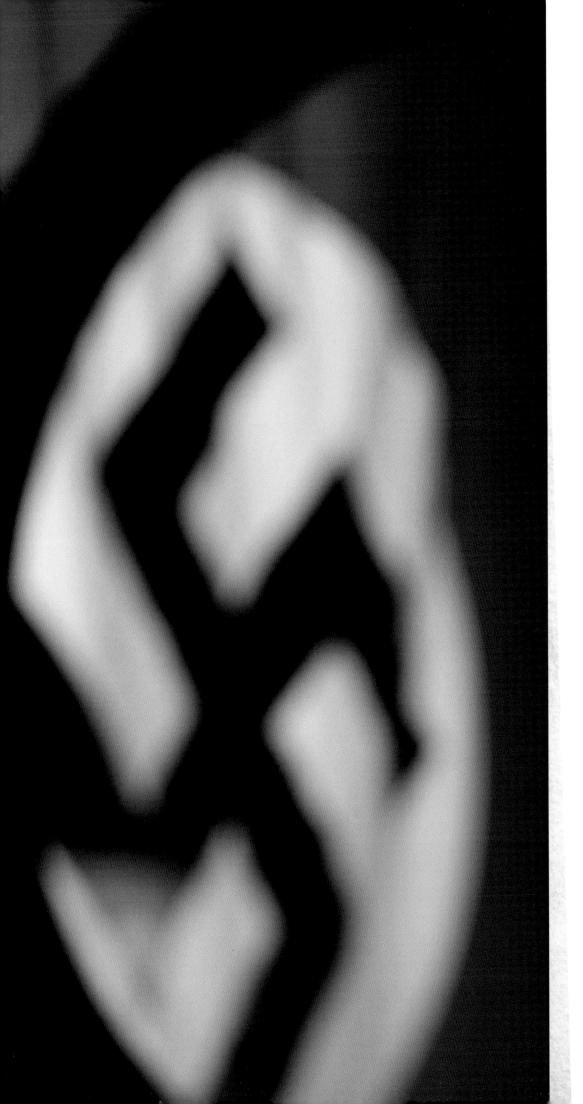

게 내뱉는 대사는 단음절뿐이다. 영화는 시간이 갈수록 성글어지고, 쇼샤나의 계획과 바스터즈의 임무는 마지막 챕터인 '거대한 얼굴의 복수'에서 하나로 어우러진다. 이 챕터에서 바스터즈는 데이비드 보위의 노래 「캣 피플 Cat People」이 흐르는 동안 쇼샤나의 아르데코 양식 영화관에 모인 나치 지휘관들에게 기관총 세례를 퍼붓고, 잠시 후 극장은 질산염이 일으킨 화재에 휩싸인다. 연기가 걷혔을 때 남아 있는 건 거의 없다. 신기할 정도로 무게감이 느껴지지 않는 클라이맥스지만, 그럼에도 이 신에는 이 영화에서 가장 잊히지 않는 이미지가 등장한다. 쥬세페 토르나토레의 〈시네마 천국 Cinema Paradiso〉을 〈시네마 지옥〉 버전으로 비튼 장면에서, 연기가 만들어낸 스크린에 영사된 로랑의 얼굴 클로즈업 장면은 잊히지 않는 이미지가 된다.

영화평론가와 영사 기사를 영웅들로 묘사하고, 〈수색자 The Searchers, 1956〉에 대해 비주얼적 경의를 바치며, B 영화 스타들에게서 캐릭터들의 이름—알도 레이에서 이름을 따온 레인과 휴고 스티글리츠를 비롯한—을 따오고, G. W. 팝스트와 레니 리펜슈탈을 언급한다. 뿐만 아니라 〈킹콩 King Kong〉을 '미국에 끌려온 검둥이 이야기'로 표현하는 〈바스터즈〉는 틀림없이 타란티노의 영화 중 타인의 시선을 가장 많이 의식한 영화적인 영화이자 영화광에게 바치는 소네트일 것이다.

"어떤 면에서 보면 〈바스터즈〉의 장르는 SF다." 『빌리지 보이스』의 J. 호버만은 이렇게 평했다. "모든 사건이 영화라는 대안 우주에서 펼쳐지고 제시된다." 그 우주 곳곳에서 타란티노가 만든 모든 영화를 볼 수 있노라 주장하는 것도 가능하다. 〈저수지의 개들〉의 캐릭터들

왼쪽 | 쇼샤나가 인디언처럼 염료를 얼굴에 바르며 적들에게 복수하고 자신의 운명을 맞이할 준비를 한다.

"그 에딩틀 구상한 순간이야말로
작가로서 가장 짜릿한 영감을 받은
순간 중 하나였어요."

이 둘러앉아 각자의 이름을 놓고 언쟁을 벌일 때도 그들이 주고받는 농담을 이해하기 위해 〈지하의 하이재킹〉을 감상해둘 필요는 없다. 타란티노는 〈펄프 픽션〉을 집필할 때, 주류 영화의 관객들이 친숙하게 느낄지도 모르는 '닳고 닳은 옛이야기'에 의지하면서 크로스오버 어필을 위해 B영화의 관습들이 보관된 은행을 습격했었다. 커리어가 쌓이는 동안, 타란티노는 어깨너머로 훔쳐보는 횟수를 줄이면서 연달아 토끼 굴로 뛰어드는 아찔한 하강 작업에 착수하고 있었다.

"그는 이번에 등 뒤에 있는 필름 아카이브의 문을 닫아걸었다."『뉴요커』의 데이비드 덴비가 〈바스터즈〉에 대해 한 말이다. "정신 나간 인간이 꾸며낸 이야기의 근간으로써 해야 할 역할을 제외하면, 영화의 외부에도 세계가 존재한다는 것을 암시하는 빛줄기는 거의 존재하지 않는다."

영화만큼이나 평론가들도 혼란스러워했다. 미끼를 문 일부 평론가들은 이 영화를 '2차 세계대전 영화들을 다룬 영화'가 아니라 '2차 세계대전을 다룬 영화'로 오인했다. 조나단 로젠바움은 이 영화에 대해 "홀로코스트가 일어났다는 역사적 사실을 도덕적으로 부인하는 것과 유사해 보인다"고 밝혔다. 또한 타란티노에 대해 "영화적 측면에서 세라 페일린(미국 부통령 후보였던 공화당 소속의 정치인)과 동등하고, 사망선고 위원회(2009년에 만들어진 정치적 용어로 환자의 생사를 결정하는 가상의 위원회)라는 환상과 동등한 역할을 하는 인물이 됐다"고 평했다.

피터 브래드쇼는 『가디언』에 이 영화의 리뷰를 남기면서 별점을 하나만 부여하고는 "자기만족적인 장광설을 늘어놓은 실패작, 2시간 30분 분량의 거대한 용두사미"라고 혹평했다.

『뉴욕 타임스』는 이 영화에 대해 다루기 힘들고, 지겹도록 끝없이 계속되며, 혐오스럽고, 천박하다고 평했다.

『살롱』의 스테파니 자카렉은 더 정확한 결론을 내렸다. "타란티노는 엄청난 도약을 해내고는 작동하지 않는 영화를 만들었다. 이 영화는 그의 작품을 사랑하거나

그의 작품을 싫어하거나, 그의 작품에 애증을 품은 우리들-이는 세상의 모든 관객을 아우르는 표현이다-에게 당혹스러운 질문을 던진다. 우리는 그 도약을 찬양하는가, 아니면 그 결과물을 향해 분노의 표시로 주먹을 먹이는가?"

그런데 가장 흥미로운 평단의 반응은, 단연코 독일에서 나온 평가였다. 이 영화에 대한 독일의 반응은 대중문화가 안겨주는 카타르시스를 만끽했다고 봐도 무방했다. 클라우디우스 사이들은 『프랑크푸르터 알게마이네 차이퉁』에서 '제3제국의 몰락을 비극이 아니라 익살극으로 그려낸' 영화를 감상한 것에 대해 즐거움을 표명했다. 그는 "〈바스터즈〉가 베를린에서 독일 프리미어를 가졌을 때, 고루한 살인자이자 사디스트이고 중간급 지식인인 SS대원 한스 란다를 연기하는 크리스토프 발츠가 심각한 위기에 직면하는 신이 등장했을 때, 객석에서 박수갈채가 터져 나왔다"고 강조했다.

베를린 일간지 『타게스슈피겔』은 리뷰에서 〈바스터즈〉는 "우스꽝스럽지도 않고, 저속하지도 않다. 타란티노에게 그런 카테고리들을 들이대는 건 이 영화의 맥락을 잘못 이해한 것이다. 오히려 이 영화는 고갈되고 바닥을 드러낸 영화 이미지의 세계에서 결코 본 적 없던 비전이다"라고 평했다. 또한 이 영화는 "카타르시스! 산소! 복고적이면서 미래적인 경이로운 상상력의 광기!"를 제공했다고 덧붙였다.

『디 차이트』의 리뷰어는 히틀러와 괴벨스, 나치 일당이 파리의 영화관에서 불길에 휩싸이는 영화의 마지막 신에 대해 단 한마디로 표현했다.

"만세! 그들은 꼬치구이가 됐다!"

맞은편 | 피난민에서 영화관 주인으로 변신한, 지략이 넘치는 쇼샤나 드레이퍼스 역의 멜라니 로랑.

위 | "바스터드의 작업은 결코 끝나지 않는다." 영화의 마지막 신에서 도노위츠와 오마 울머 일병(오마 둠)은 히틀러와 괴벨스를 암살하고자 이탈리아의 촬영감독인 척 행세하며 영화관에 들어온다.

DJANGO UNCHAINED

2012

장고: 분노의 추적자

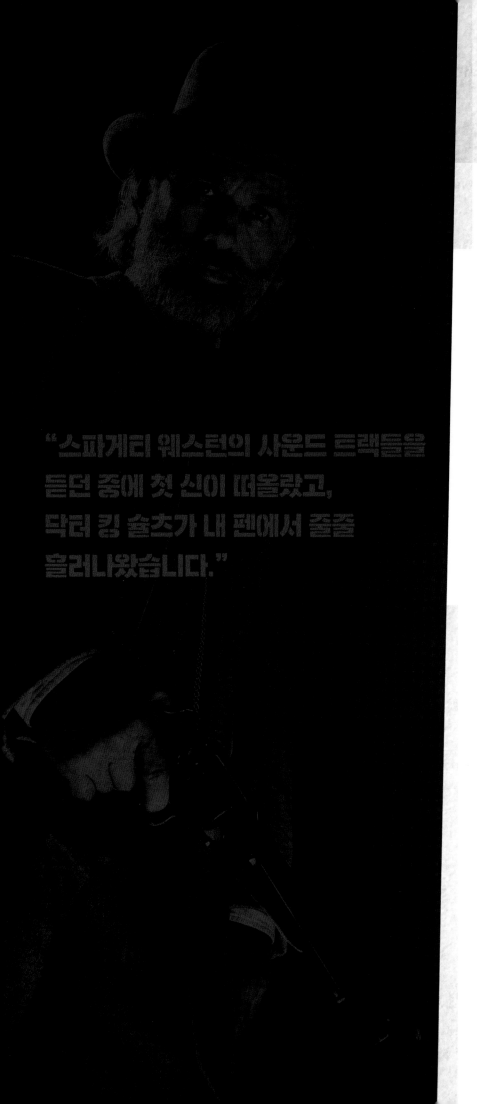

"스파게티 웨스턴의 사운드 트랙들을 듣던 중에 첫 신이 떠올랐고, 닥터 킹 슐츠가 내 펜에서 줄줄 흘러나왔습니다."

맨 왼쪽 | 〈바스터즈〉에서 성공적인 공동 작업 후, 타란티노는 크리스토프 발츠를 수수께끼 현상금 사냥꾼 닥터 킹 슐츠로 캐스팅했다.

왼쪽과 맞은편 | 주인공 장고를 연기하는 제이미 폭스가 타란티노에게 영감을 준, 세르지오 코르부치의 〈장고, 1966〉를 연상시키는 포즈를 취한 모습.

〈바스터즈〉 홍보 투어가 거의 끝나갈 무렵, 하루 정도 휴가를 즐기던 타란티노는 일본에 있는 레코드 매장에 갔다가 스파게티 웨스턴 사운드 트랙들이 담겨 있는 '보물단지'를 찾아냈다. 당시 일본에서는 스파게티 웨스턴 장르에 대한 관심이 되살아나던 중이었다. 그리고 타란티노는 영화평론가 출신이자 1960년대에 스파게티 웨스턴을 여러 편 연출했던 세르지오 코르부치에 대한 생각을 많이 하던 차였다. 코르부치의 연출작 중 가장 유명한 작품은 프랑코 네로가 아내의 죽음을 복수하고자 떠돌이로 출연한, 대단히 폭력적인 영화 〈장고 Django, 1966〉였다.

"당시 나는 코르부치에 대한 글을 쓰면서 그가 만든 웨스턴 영화들을 소개하던 중이었습니다." 타란티노가 사운드 트랙들을 잔뜩 챙겨 방으로 돌아왔을 때 이미 〈장고: 분노의 추적자〉의 첫 장면은 완성된 것이나 다름없는 상태였다. "코르부치의 작품이 내 머릿속에 그 이미지들을 몽땅 집어넣은 셈이었어요. 스파게티 웨스턴의 사운드 트랙들을 듣던 중에 첫 신이 떠올랐고, 닥터 킹 슐츠가 내 펜에서 줄줄 흘러나왔습니다."

타란티노는 백인 노예상인 두 명이 사슬에 묶인 노예들을 끌고 텍사스의 숲으로 들어가는 광경을 떠올렸다. 그러던 중에, 독일인 현상금 사냥꾼이 어둠 속에서 나타나 노예들 중 한 명인 장고를 살 의향이 있다고 밝힌다. '민담에 등장하는, 남성미를 주체 못하는 흑인 남성의 화신'으로 그려진 장고는 해방된 신분으로 결박된 아내를 구출한 후, 백인들을 죽이고 그에 대한 대가를 받으면서 복수의 흑인 천사로 변모한다. 본질적으로 이 영화는 슈퍼히어로의 기원을 다룬 이야기였다.

"지난 40년간 영화가 다룬 노예 관련 내러티브는 그리 많지 않았습니다. 그런 작품이 만들어지더라도 대체로 방송용 작품이었죠. 그중 대다

"노예 캐릭터에게
영웅적인 여정을
제공하는 겁니다. 그가
영웅이 되어 복수할 수
있도록 해주는 거죠.
민담의 반열에 오를
자격이 있는 이야기로
그 여정을 풀어내는
겁니다."

수 작품은 히스토리 채널에서 만든 역사물이었고요." 타란티노는 강조했다. "그런 작품들은 참혹한 결말을 보여주곤 했어요. 항상 노예들을 희생시키는 내용만 등장하니까요. 그런데 이제 그런 상황을 뒤집어놓을 기회가 생겼지요. 제가 노예 캐릭터에게 영웅적인 여정을 제공하는 겁니다. 그가 영웅이 되어 복수할 수 있도록 해주는 거죠. 민담의 반열에 오를 자격이 있는 이야기로 그 여정을 풀어내는 겁니다."

타란티노는 처음에 영화 도입부에서 장고가 변신하는 과정을 보여주지 않고 곧장 몇 년 후로, '남북전쟁이 끝나고 한참 후'로 넘어가고픈 충동을 느꼈었다. 그런데 그는 자신의 트레이드마크로 여겨지는 타임-점핑 스토리텔링에서 잠시 벗어나고 싶었다. 게다가 그는 장고의 기원을 보여주는 이야기, 즉 어떤 캐릭터를 처음부터 끝까지 따라간다는 아이디어가 마음에 들었다. 그 첫 신과 그가 발견한 스파게티 웨스턴 사운드 트랙으로 무장한 타란티노는 로스앤젤레스로 돌아갔다. 그는 할리우드 힐스에 있는 저택의 침실 옆 발코니에서 스미스 코로나 타자기 겸 워드프로세서를 독수리 타법으로 두드리며 시나리오 작업에 착수했다.

2011년 4월 말에 초고 작업을 마친 타란티노는 166페이지 분량의 '소설'이라고 부르는 작품을 보여주려고 사무엘 L. 잭슨을 비롯한 친구들을 집으로 초대했다. 타란티노는 장고 역에 잭슨을 염두에 뒀지만, 그 역할을 맡기에는 잭슨의 나이—당시 예순둘이었던—가 지나치게 많았다. 그래서 타란티노는 그 역할 대신 충직한 종, 스티븐 역할을 그에게 줬다. 잭슨이 '영화 역사상 가장 굴욕적인 검둥이'라고 말한 캐릭터였다. 브로드웨이에서 역사적으로 가장 사랑받는 인물 중 한 명인 마틴 루터 킹 주니어 박사를

연기한 뒤였던 잭슨은 그런 도전에 대단히 즐거워했다.

타란티노는 뉴욕에서 〈맨 인 블랙 3 Men in Black 3〉를 촬영하고 있던 윌 스미스를 만났다. 스미스는 시나리오를 검토하고서도 확신이 없었고, 시나리오를 읽은 후에 생긴 의구심을 해소할 만한 시간이 있는지조차 알지 못했다. 스미스는 타란티노에게 말했다. "내 느낌을 확인해볼 시간을 좀 주세요. 당신이 다른 배우를 캐스팅하지 못한다면, 그때 가서 다시 얘기해보죠."

타란티노는 다른 배우 여섯 명—이드리스 엘바, 크리스 터커, 테렌스 하워드, 마이클 K. 윌리엄스, 가수 타이레스—을 만나고 나서야 제이미 폭스를 만났다. 타란티노는 폭스가 장고를 연기해낼 만한 연기력이 있는 배우인지의 여부를 놓고 초조해할 필요가 없다는 걸 바로 깨달았다.

"제이미는 그 소재를 제대로 이해하더군요." 타란티노는 말했다. "가장 중요한 건, 그가 카우보이라는 거예요. 그가 실제로 말을 보유하고 있다는 사실은 말할 필요도 없죠. 영화에서 그가 타는 말이 실제로 그가 소유한 말입니다. 그는 텍사스 출신이에요. 그래서 이 소재를 본능적으로 이해한 겁니다. 마주 앉아 얘기하던 중에 깨달았어요. 와우, 만약 지금이 1960년대고 내가 TV 웨스턴 드라마를 만들기 위해 장고를 캐스팅하는 중이라고 가정해봐요. 1960년대에 활약하던 스타급 흑인 남자 배우들이 등장한다고 했을 때, 그들 가운데 제이미가 있으리라고 확신했어요. 내가 찾고 있던 배우가 바로 그런 존재였습니다. 클린트 이스트우드 같은 존재요."

출연 여부를 놓고 불안감을 느낀 제이미 폭스는 에이전트에게 잭슨의 연락처를 알아봐달라고 요청했다. 장고 역할에 대한

맞은편 | "카우보이" 타란티노는 제이미 폭스에게서 클린트 이스트우드를 발견했다.

위 | 영화의 전반적인 분위기를 설정하는 잔혹한 오프닝 신에서, 해방된 노예들이 노예 소유주에게 복수를 하며 상황을 근본적으로 뒤엎어버린다.

의견을 들어보기 위해서였다. "결국 내가 해줄 수 있는 제일 중요한 말은 무엇보다도 그 영화가 쿠엔틴 타란티노의 작품이라는 사실이었어요." 잭슨은 말했다. "두 번째로 해준 말은, 10년이나 15년 전이었으면 우리가 이런 대화를 나눌 필요조차 없었을 거라는 말이었죠. 내가 덥석 그 역할을 맡았을 테니까요. 이렇게까지 말했는데도 얘기를 더 들어봐야겠다는 생각이 들면, 너는 엉뚱한 사람한테 전화를 건 거라고 말해줬어요."

〈바스터즈〉의 한스 란다 역을 놓쳤던 레오나르도 디카프리오는 타란티노에게 전화를 걸어 플랜테이션 소유주 캘빈 캔디 역이 몹시 마음에 든다고 말했다.

"사실 그 캐릭터는 훨씬 더 나이 많은 인물로 집필했었어요." 타란티노는 말했다. "그래서 우리는 마주 앉아 그와 관련한 얘기를 나눴고, 집에 돌아온 나는 스스로에게 물었죠. 이 캐릭터를 젊은 사람으로 설정해도 작품이 제대로 굴러갈까? 설정을 바꿨을 때 생길 득실은 어떤 것들일까? 그건 흔히 하는 계산이 아니었어요. 무엇인가를 수정한 다음, 그 캐릭터에 녹아드는 건 배우의 몫이니까요."

그런데 타란티노는 흥미가 동했다. "권태에 몸부림치는 심술궂은 소년 황제가 느닷없이 떠오르더군요. 칼리굴라, 루이 14세, 조상 대대로 대규모 목화 농장을 소유해온 농장주, 돈 많고 퇴폐적인 한량 말입니다."

시나리오를 읽어보려고 테이블에 앉은 디카프리오는 약간의 두려움을 표명했다. 타란티노는 첫 시나리오 낭독을 이렇게 묘사했다. "디카프리오는 '이 단어를 이렇게 많이 말해야 하는 건가요? 검둥이라는 단어를 꼭 써야만 하는 거예요?'라고 묻더군요. 내가 대답했죠. '그래, 그래야만 해.' 그러자 그가 말했어요. '흐음, 그것 말고도 다른 방법이⋯⋯' '아니, 다른 방법은 없어.' 그렇게 해야만 하는 작품이었으니까요. 실제로 벌어졌던 일이잖아요. 디카프리오는 시나리오대로 연기를 하거나 아니면 작품을 떠나야 한다는 걸 깨닫고 집으로 돌아갔죠. 그리고 다음 날, 출연하겠다는 의사를 밝혔습니다."

타란티노는 이번 영화에서도 촬영감독 로버트 리처드슨과 함께 작업했는데, 전작들보다 훨씬 더 즉흥적으로 숏을 구상했다. 즉흥적인 작업 중에는 아침마다 내놓은, 손 글씨로 쓴 숏 리스트들이 포함됐다. "실외 장면을 찍을 때는 세르지오 레오네와 세르지오 코르부치 스타

맞은편과 위 | 〈바스터즈〉에서 역할을 놓쳤던 레오나르도 디카프리오는 타란티노가 창조한 캐릭터를 연기할 수 있길 간절히 원했다. 그는 플랜테이션 농장의 사악한 소유주 캘빈 캔디를 연기했다.

214-215페이지 | "노예제처럼 이것도 사람 몸뚱아리를 넘겨주는 대가로 현금을 받는 사업이야." 슐츠는 현상금 사냥꾼이라는 직업을 장고에게 설명한다.

위 | 빌리 크래시(월튼 고긴스)는 캔디랜드의 노예들을 고문하고 그들이 잔혹한 죽음의 격투를 벌이도록 훈련 시키는 걸 즐긴다.

아래 | 세르지오 레오네가 연출하고 클린트 이스트우드 가 출연한 《석양의 무법자(For a Few Dollars More, 1965)》를 비 롯한 스파게티 웨스턴을 향한 타란티노의 애정은 이 영 화에 큰 영향을 끼쳤다.

맞은편 | 타란티노가 클로즈업을 완벽하게 다듬는 모습.

일로 합시다." 타란티노는 리처드슨에게 말했다. "실내에 있을 때는, 특히 캔디의 맨션 내부에서는 막스 오퓔스 스타일로 하고요."

촬영은 2011년 11월 마지막 주에 캘리포니아 주 론 파인에서 시작된 후, 와이오밍 주 잭슨 홀과 루이지애 나로 옮겨 다니다가 2012년 7월 24일에 마침내 종료됐 다. 기나긴 촬영이었다. "촬영이 영원토록 끝나지 않을 것만 같았죠." 잭슨이 한 말이다.

땡볕 아래 묻어둔 관 크기의 금속 궤짝 안에 벌레 들과 뒤엉켜 몇 시간이나 갇혀 있던 케리 워싱턴은 이 후로 밤마다 악몽에 시달렸다. 디카프리오는 클라이맥 스에서 독백—그의 수집품 중 인종주의적 편견이 가득한 골상학 서적 에서 얻은 영감을 토해내는 장면—연기를 할 때, 두어 번 목소리 가 제대로 나오지 않았다. 여섯 번째 테이크에서는 손 으로 테이블을 내리쳤다가 유리가 깨지는 바람에 테이 블이 피로 흥건해졌다. 폭스는 등을 다쳤다. 크리스토 프 발츠는 승마 훈련을 받다가 벌 떼에 놀란 말이 그 를 내동댕이치는 바람에 골반이 부러져 두 달 반 동안 연기를 하지 못했다. 촬영 중이었던 캘리포니아 북부 에서는 100년 만에 처음으로 눈이 내리지 않는 겨울을 맞았고, 타란티노는 촬영을 위해 세트들을 와이오밍으 로 옮겨야만 했는데, 그 과정에서 배우 여러 명을 잃었 다. 조셉 고든 레빗, 안소니 라파글리아, 케빈 코스트 너, 그리고 코스트너를 대체하는 배우로 참여한 커트 러셀까지. 참고로 러셀은 3월 말에 월튼 고긴스에게 역 할을 넘겨줬다.

"이 영화를 만드는 건 정말 힘든 일이었어요." 타란 티노는 말했다. "서사영화를 만들면서 대부대를 이끌 고 혹한과 폭염을 겪으며 몇 개월을 헤쳐 나갈 때, 가 장 힘들었던 건 애초에 이 작품을 만들고자 했던 이유 가 무엇이었는지 잊지 않는 거였어요. 그 이유를 망각 했다간 길을 잃기 십상이었거든요."

《장고》의 제작자인 와인스타인 형제는 2012년도 아 카데미 시상식의 출품 자격을 얻고자 크리스마스 개봉 을 목표로 잡았다. "제작 과정 중 어느 시점에 우리는 결정을 내려야만 했어요." 타란티노는 말했다. "우리가 지금 만드는 영화가 오스카 영화인가, 아닌가? 우리 모 두는 오스카 영화라고 생각했습니다."

그렇게 결정을 내리자 후반 작업 기간이 4개월로 줄어들었다.

타란티노가 처음으로 편집감독 샐리 멘케 없이 영 화를 마무리하고 있었기 때문에 상황은 더욱 복잡해졌 다. 멘케는 《바스터즈》 개봉 직후, 그리피스 파크에 하 이킹을 갔다가 브론스 캐넌에서 열사병으로 사망한 채 발견됐었다. 그는 멘케 대신 프레드 래스킨과 작업했는 데, 래스킨은 타란티노가 여전히 촬영을 하고 있는 동 안에 편집을 시작했다. 그렇게 해서 나온 러프 컷의 러 닝 타임은 4시간 반에 조금 못 미쳤다.

"쿠엔틴의 작업 방식은 시나리오 전체를 촬영하고, 편집 과정에서 필수적인 부분들만 남도록 쳐내는 겁니 다." 만딩고 싸움, 개 신, 헛간에서 장고가 거세되기 직 전까지 갔던 신, 이 주요한 신 세 개를 쳐내느라 고생했 던 래스킨이 한 말이다. 그런데 오리지널 편집본은 그 가 세운 목표를 달성하는 데 실패했다. "테스트 시사회 에서 정말 좋은 평가를 받긴 했지만, 영화를 본 관객들 이 트라우마에 시달린다는 걸 알 수 있었어요. 영화가 끝나자 관객들은 박수를 쳤지만, 지붕이 들썩거릴 정도 로 요란한 박수는 아니었습니다."

타란티노는 파이널 시퀀스를 새로 찍는 데 필요한 3 주간의 추가 촬영 기간을 놓고 와인스타인 형제와 협상 을 해야만 했다. 그 대가로 타란티노는 자기 몫으로 받 기로 했던 흥행 수익의 상당 부분을 포기하는 데 합의 했다. 최종 제작비는 8,300만 달러로 추정됐고, 이 영 화는 타란티노가 그동안 만든 영화들 중 가장 비싼 영 화가 됐다.

많은 돈을 들여 추가한 장면 중 하나가 총격전이었 다. 시나리오에서는 슐츠가 캔디를 죽이고, 버치 푸치 는 슐츠를 죽이고, 장고는 두 손을 든 채 생포된 후 헛 간 신으로 이어지는 것이었다. "그런데 그 시점부터 영 화의 분위기가 처지더군요." 래스킨은 말했다. "그래 서 쿠엔틴은 다음과 같은 필수적인 결말로 이어지도 록 그 장면을 해체했습니다. '장고가 뛰어들어서 그들 을 해치운다.'"

《바스터즈》의 자매 영화라고도 할 수 있는 《장고》 는 타란티노의 B영화 제작 시기에 등장한 또 다른 작품 으로 기록되었다. 《킬 빌》 이후 편집증으로 보일 만큼

"이 영화를 만드는 건 정말 힘든 일이었습니다. 제작 과정 중 어느 시점에 우리는 결정을 내려야만 했어요. 우리가 만드는 영화가 오스카 영화인가, 아닌가? 우리 모두는 오스카 영화라고 생각했습니다."

218-219페이지 | 사무엘 L. 잭슨이 연기하는 '영화 역사상 가장 굴욕적인 검둥이' 스티븐은 브룸힐다와 캔디랜드의 손님들이 어떤 관계인지 알아내려고 든다.

맞은편 | 슐츠와 장고가 보여주는 뜻밖의 동지애는 타란티노의 트레이드마크다.

위 | "해야 할 일이 복면에 구멍을 뚫는 게 전부라면, 나는 그 구멍을 더 잘 뚫었을 거야." 어울릴 것 같지 않은 지점에 위트를 삽입하는 것으로 유명한 타란티노의 KKK단 신은 근사하게 촬영된 쇄도하는 장면에서 코믹한 대사가 곁들여졌다.

아래 | 족쇄에서 해방된 장고는 누더기 옷 대신 멋진 의상으로 갈아입는다.

타란티노의 영화를 장악해버린 '복수'라는 주제를 이어받은 것이다. 장황하면서도 감탄스러울 만큼 굉장한 솜씨로 고공을 맴도는 장르의 아라베스크 〈장고〉는 사실상 영화 두 편을 한 편으로 묶어낸 작품이다. 첫 영화는 1858년의 미국 남부가 배경인 웨스턴이다. 독일에서 이민 온, 언변 좋고 화려한 수사를 구사하며 수염을 단정하게 손질한 현상금 사냥꾼 킹 슐츠(크리스토프 발츠)는 그의 먹잇감인 삼 형제를 찾아 나선다. 그리고 그 사냥을 도와줄 노예 장고(제이미 폭스)를 사들인다. 텍사스의 싸늘한 밤, 족쇄를 찬 채 누더기를 걸친 모습으로 처음 등장하는 장고는 얼마 안 있어 게인즈버러의 그림 〈블루 보이 Blue Boy〉처럼 차려입고 슐츠의 시종인 척하면서 백인 노예상인들에게 난폭한 정의를 집행한다. "흰둥이들을 죽이면서 돈을 받는다? 그걸 싫어할 이유가 뭐요?" 장고가 그 직업에 대해 한 말이다.

한편, 관객의 관점에서 보는 이 영화는 이러하다. 인종의 장벽을 뛰어넘은 타란티노의 버디 영화. 그런 영화를 싫어할 이유가 뭐가 있겠는가? 죽이 잘 맞는 콤비가 빚어내는 유쾌한 즐거움을 타란티노가 애용한 건 오래전부터 시작된 일이다. 시간이 흐르는 동안, 자존심을 통해 에너지를 얻어 집필한 그의 시나리오에서 캐릭

터들끼리 잘 어울려 지내려는 성향이 점점 줄어든다. 〈킬 빌〉의 킬러들 대다수는 단독으로 작전을 수행하고, 〈바스터즈〉에서 한스 란다 역시 단독으로 활동한다. 그런데 눈을 반짝거리고 콧수염을 씰룩거리는 장고와 닥터 슐츠가 주고받는 수다는 〈펄프 픽션〉의 줄스와 빈센트가 보여주는, 인종의 장벽을 뛰어넘는 동지애와 비슷한 무엇인가를 되살려냈다. 타란티노가 장고보다는 장고의 말 많은 동행에게 훨씬 더 많은 관심을 보이는 것 같지만.

발츠를 향한 감독의 애정은 무한한 듯 보인다. 대사 한 줄이면 충분할 듯한 닥터 슐츠의 독일 혈통에 대한 설명은 영화의 플롯으로 넘쳐흘러, 두 사람은 독일어를 구사하는 장고의 아내 브룸힐다 폰 샤프트를 찾아다닌다. 슐츠가 들려주는 지크프리트 전설을 본뜬 것 같은 이런 수색 구조 임무는, 세르지오 레오네보다는 멜 브룩스에 가까운 통속적 희가극의 유쾌하고 떠들썩한 분위기 속에서 전개된다.

이 영화의 여러 신들 중 단연 눈에 띄는 신은, 빅 대디(돈 존슨)가 이끄는 KKK단의 집회 신이다. 타란티노가 집필했던 작품들 가운데서도 가장 재미있는 신에 속한다. 이 신에서 복면을 쓴 야간 기마 폭력단원들은 후드

위 | 폭력에 내재된 아름다움. 빼어난 촬영을 한 로버트 리처드슨은 그의 인생에서 여덟 번째로 아카데미 후보에 지명됐다.

아래 | 위기에 처한 여자, 장고의 아내 브룸힐다는 캔디랜드에서 노예 생활을 한다.

맞은편, 위 | 레오나르도 디카프리오가 홍보를 위해 찍은 사진.

맞은편, 아래 | 캔디랜드 맨션에 도착한 장고와 슐츠.

에 뚫린 구멍으로는 "염병할 하나도 볼 수가 없다"고 신경질적으로 투덜거린다. ("나는, 우리 모두는 자루를 뒤집어쓰는 게 좋은 아이디어였다고 생각해. 그런데 말이야, 누구를 탓하자는 건 아닌데 나라면 더 잘 뚫었을 거야." 어느 누군가가 내린 결론인데, '나'를 스스로 '우리'로 바로잡은 건 완벽한 솜씨다.)

동시에 촬영감독 로버트 리처드슨은 새하얀 꽃 위로 흩뿌려지는 피부터 사람을 태우지 않은 채 질주하는 말에 이르기까지 타란티노 영화에서 가장 아름다운 이미지들을 담아냈다. "그의 심미안은 대단히 뛰어나다. 그리고 말과 기수를 포착한 그의 트래블링 숏들은 그가 CGI 이전 시대에 카우보이 영화를 만들었다면 얼마나 뛰어난 영화들을 촬영했을지 보여준다." 안소니 레인이 『뉴요커』에 쓴 글이다. 그런데 사냥꾼들이 남쪽으로 향하고 '미시시피'라는 단어가 스크린을 꽉 채우면서 〈장고〉의 전개 속도와 균형에 문제가 생긴다.

영화 후반부에서 타란티노는 레오네에게서 영감을 받은 아름다운 풍경들을 외면한다. 그 대신 정성스레 몸단장을 한 노예주 캘빈 캔디(레오나르도 디카프리오)에 의해 장고의 아내 브룸힐다(케리 워싱턴)가 노예로 살아가는 플랜테이션 농장, 곧 캔디랜드의 열기와 고요, 침체된

분위기를 맞이한다. 캔디는 잔혹한 '만딩고' 레슬링 시합을 주최하는데, 그 시합에서는 팔이 부러지고 눈알이 뽑힌다. 타란티노가 연출하는 잔인한 장면들은 가장 가증스럽고 뻔뻔한 무대감독을 찾아낸다. 공들여 열연한 연기에 비해 적절한 보상을 받지 못한, 디카프리오가 연기하는 이 캐릭터는 골상학에 대해 장황하고 역겨운 연설을 하는 동안 손가락으로 예전에 거느리던 노예의 해골을 툭툭 건드린다. 그런데 여기에 한 가지 문제가 있다. 영화에는 이미 허세가 넘쳐흐르는 수다쟁이가 있었으니, 그건 바로 슐츠다. 그런데 이제 그는 장시간 입을 다문 채 침묵하는 것과 입심 경쟁에 뛰어드는 것 사이에서 선택을 해야만 한다. 결국 그는 투지 넘치는 입심과 입심이 맞붙는 무승부 상태로 바꿔놓는다.

캘빈 캔디

화이트 케이크 드시겠소?

닥터 킹 슐츠

고맙습니다만, 전 단 걸 좋아하지 않습니다.

222

캘빈 캔디

내가 당신을 이겨 먹은 일을 곱씹고 있는 건가, 그런 거요?

닥터 킹 슐츠

사실 저는 오늘 선생이 개들에게 먹인 가여운 녀석, 달타냥을 생각하고 있었습니다. 뒤마가 이 상황을 어떻게 생각할지 궁금해하고 있었죠.

캘빈 캔디

그게 무슨 말씀이요?

닥터 킹 슐츠

알렉상드르 뒤마 말입니다. 『삼총사』를 쓴 작가죠. 선생은 뒤마의 팬이 분명하다고 짐작했습니다. 노예에게 그가 쓴 소설의 주인공 이름을 붙였으니까요. 알렉상드르 뒤마가 오늘 이 자리에 있었다면 이 상황을 어떻게 생각할지 궁금하군요.

캘빈 캔디

그는 찬성하지 않았을 거라고 생각하는 거요?

닥터 킹 슐츠

그렇습니다. 기껏해야 개운치 않은 심정으로 이 상황을 용납했을 겁니다.

미국의 평범한 사람들을 등장시킨 걸작들 〈저수지의 개들〉과 〈펄프 픽션〉을 집필한 작가가 이토록 주름장식이 치렁치렁한 대사를 쓰리라는 걸 누가 알았겠는가? 사실 타란티노는 항상 고풍스러운 수사를 무척 좋아했었다. 〈펄프 픽션〉에서 사무엘 L. 잭슨은 그에게 붙잡힌, 귀한 집 자식들처럼 보이는 겁에 질린 청년들을 관객 삼아 "흐음, 내가 한마디하게 해줘"라고 말한다. 우리 눈에는 청년들의 얼굴에 떠오른 공포가 훤히 보이고, 그 신은 5분간 지속된다. 관객들은 좌석에 못 박힌 채로 앉아 있다가 잠시 뒤 무슨 일이 벌어지고 있는지 알게 된다. 이와는 대조적으로 디카프리오의 골상학 강의는 25분간 지속되는 만찬 테이블 장면 내내 이어진다. 이는 캘빈 캔디가 그보다 앞서 등장했던 빌처럼 세계 정상급의 말 많고 지겨운 작자라는 의혹을 불러일으키기에 충분하고도 남는 시간이다.

위 | 타란티노의 많은 캐릭터들이 그랬듯 가학적인 캘빈 캔디는 폭력적인 방식으로 권위를 행사하는 데에서 기쁨을 얻는다.

아래 | 타란티노는 호주인 레드넥으로 카메오 출연했다.

맞은편 | 캔디의 맨션에서 벌어진 피로 점철된 대학살을 촬영하는 모습.

영화는 복수에 나선 장고가 캔디의 남부 맨션 벽들을, 데이비드 톰슨이 『뉴 리퍼블릭』에 쓴 표현처럼 '발레 같은 동작들'을 취하며 피 칠갑을 하면서 끝난다. "스피드 있게 진행된 잭슨 폴록의 작업이다. 〈자이언트Giant〉에서 기름이 뿜어져 나오는 것처럼, 또는 포르노 영화에서 정액이 사정되는 것처럼 사람들 몸에서 피가 분출되어 나온다. 피는 사람들 몸에서 빠져나오지 못해 안달한다."

관객은 자기 방에 갇힌 채 발을 동동 구르는 십 대 청소년처럼, 활발한 움직임에서 폭발 직전의 구속 상태로 전개되는 이 영화의 플롯 전환과 동일한 타란티노 영화가 얼마나 많았는지를 떠올리고자 생각에 잠긴다. 타란티노가 호주인 레드넥으로 등장할 무렵, "영화는 비애와 씁쓸한 위트를 제자리에 내려놓지 못했고, 결국 시끌벅적한 오락물이 되어버렸다"고 안소니 레인은 평했다. "이 영화는 스파게티 웨스턴에 바치는 헌사. 심이 살아 있는 쫄깃한 알 덴테로 요리한 후, 한참을 더 요리하다가 결국에는 죽음이라는 소스를 끼얹은 영화다."

영화는 오스카 시상식에서 크리스토프 발츠에게 남우조연상을, 타란티노에게 각본상을 안겨주었다. 관객을 키득거리게 만드는 위트들이 영화에 잔뜩 담겨 있었지만, 노예제에 대한 터부를 박살 내는 입장을 표명한 덕에 영화의 묵직한 무게감이 아카데미의 호감을 산 것이다. "정당한 복수를 행하는 이야기를 와일드 웨스트가 아니라 올드 사우스에 배치하고, 해방된 흑인 노예를 이야기의 주인공으로 삼으면서도 동시에 타란티노는 뿌리 깊은 터부를 세상에 드러내고 그것에 저항한다." A. O. 스콧이 『뉴욕 타임스』에 쓴 글이다. "갈피를 잡기 어려운 난잡한 유머와 피를 닦아내고 나면, 당신은 〈장고〉를 통해 노예제에 대한 도덕적 혐오감, 약자에 대한 본능적 연민, 그리고 장고와 슐츠의 관계에서 엿보인, 한때 형제애라 불렸던 감정과 그 감정을 향한 지지를 보게 된다."

THE HATEFUL EIGHT

2015

헤이트풀8

위 | 존 루스(커트 러셀)는 눈보라 때문에 마지못해 현상금 사냥꾼 마퀴스 워렌 소령(사무엘 L. 잭슨)에게 마차 자리를 제공한다.

맞은편 | 시나리오가 '대단히 울적하게' 유출된 이후, 타란티노는 로스앤젤레스에서 이뤄진 라이브 낭독회에서 출연진이 보여준 에너지와 관객의 긍정적인 반응 때문에 결국 이 영화를 만들게 됐다.

타란티노가 〈헤이트풀8〉으로 발전한 아이디어의 핵심을 떠올린 것은 〈장고〉의 촬영을 마친 후 〈보난자Bonanza〉, 〈빅 밸리The Big Valley〉, 〈버지니아인The Virginian〉 같은 TV 웨스턴 드라마 컬렉션을 몰입해서 감상하던 때였다. "그런 드라마들은 시즌마다 두 번씩 무법자 무리가 주요 캐릭터들을 인질로 잡는 에피소드를 선보였어요…… 이런 생각이 들더군요. '순전히 그런 캐릭터들만 등장하는 영화를 만들면 어떨까? 히어로는 한 명도 없어. 그저 범죄자 같은 사람들만 실내에 있는데, 그들 전원이 진실일 수도 있고 거짓일 수도 있는 각자의 사연을 털어놓는 거야. 밖에서는 눈보라가 휘몰아치는 가운데 실내에 그 사람들을 가둬놓고 그들에게 총을 쥐어준 다음, 무슨 일이 벌어지는지 보는 거야.'"

타란티노의 버전에서, 현상금 사냥꾼이자 교수형 집행인 존 루스(커트 러셀)는 도망자 데이지 도머그(제니퍼 제이슨 리)를 레드 록에 데려가려 애쓰고 있다. 그곳에 도착하면 그녀는 교수형을 당할 것이고, 그는 현상금 10,000달러를 받게 될 것이다. 두 사람은 길을 가던 중에 눈보라에 휘말리고, 다 쓰러져가는 여인숙 '미니의 잡화점'에서 낯선 사람 여섯 명과 갇히는 신세가 된다.

와이드스크린 웨스턴의 성격만큼이나 응접실을 배경으로 한 후더닛(추리물이나 스릴러에서 '누가 범인인가?'에 초점을 맞출 때는 후더닛whodunit, '왜 범행을 저질렀는가?'에 초점을 맞출 때는 와이더닛whydunit이라 한다) 성격이 짙은 시나리오는 현실에서 수사 활동을 촉발시키기도 했다. 2014년 1월에 가십 웹사이트 고커가 유출된 시나리오로 연결되는 링크를 공개한 것이다. '엄청난 충격을 받은' 타란티노는 고커를 고소하면서 영화 작업을 중단하겠다고 발표했다.

"작업은 상당히 진행된 상태였어요." 프로듀서 스테이시 셔는 말했다. "그러다…… 콰쾅! 다음에 벌어진 일은, 사람들이 시나리오를 읽었다며 떠들어대고 있었다는 거예요. 느닷없이 시나리오가 인터넷에서 나돌고 있더군요. 나는 그 영화가 만들어지지 않을 거라고 철석같이 믿었어요. 일이 이렇게 됐으니 타란티노는 그 시나리오를 차라리 출판물로 출판하고 말지, 영화로 만들지는 않을 거라고 생각했죠."

그 시점에는 시나리오를 본 사람이 무척이나 적었기 때문에 유출 용의자는 순식간에 여섯 명으로 좁혀졌다. 마이클 매드슨, 팀 로스, 브루스 던, 〈장고〉의 프로듀서 레지널드 허들린, 그리고 허들린이나 배우들 중 누군가에게서 시나리오를 받은 익명의 에이전트 두 명. "범인은 여섯 명 중 한 명입니다." 타란티노는 이런 주장을 계속 폈지만, 〈펄프 픽션〉 상영 20주년을 기념하고자 칸 영화제에 다녀온 뒤로 흥분을 가라앉혔다. 타란티노는 범인이 누구인지 알아냈을지도 모르지만, 범인의 정체는 결코 밝히지 않았다.

유출 사건에 유연하게 대처하기로 결심한 타란티노는 시나리오가 유출되고 넉 달 뒤에 로스앤젤레스의 시어터 앳 에이스 호텔에서 사무엘 L. 잭슨과 커트 러셀, 브루스 던, 월튼 고긴스, 마이클 매드슨이 출연하는 라이브 시나리오 낭독회를 열었다. "극장을 채운 에너지가 어마어마했습니다." 매드슨은 말했다. "정말로 대단했죠. 행사가 끝난 뒤에 쿠엔틴이 말했어요. '와우, 정말 잘 진행됐어요. 이 정도로 잘될 거라고는 생각도 못했는데 말이죠.' 우리 역시 '그래요, 정말 잘된 것 같아요'라고 생각했죠. 그가 영화를 만들기로 결정한 건 아마도 그때였을 겁니다."

타란티노는 6월 초에 프로듀서 스테이스 셔에게 전화를 했고, 프로젝트는 다시 진행됐다. 그는 시나리오를 수정하면서 엔딩에 변화를 줬다. "그 엔딩으로 끝낼 생각은 아니었어요. 구상하던 여러 엔딩 중 하나일 뿐이었죠." 그는 말했다. "맨 처음 생각했던 엔딩에서는 링컨의 편지 얘기가 한 번 거론되고는 그걸로 끝이었죠. 그런데 난 알고 있었어요. 그 편지로 더 많은 일을 벌이고 싶어 한다는 걸 말이죠." 낭독회에 참여했던 배우들 대부분이 각자 맡았던 역할들을 결국 영화에서 그대로 맡았는데, 앰버 탬블린만 예외였다. 그녀는 낭독회에서 데이지 역할을 연기했지만, 그 배역은 제니퍼 제이슨 리에게 돌아갔다.

"있잖아요, 내 영화들은 하나같이 딱 그 시기에만 활발하게 논의된 멍청한 논란에 휩싸이고는 해요. 논란이 벌어지고 8년이 지나면, 사람들은 TNT 채널을 통해 그 영화를 감상하게 되죠. 좋아요, 그렇다면 이번 영화는 대체 얼마나 큰 논란을 일으키고 있나요?"

아래 | 〈헤이트풀8〉 사운드 트랙의 라이브 녹음을 위해, 런던의 애비 로드 스튜디오에서 작곡가 엔니오 모리꼬네와 함께.

맞은편 | 영화 안팎의 이런저런 문제들 때문에 분투하는 와중에, 텔루라이드의 로케이션에서 세상을 얼려버릴 듯한 영하의 날씨에 맞서며 촬영을 해나갔다.

한겨울에 로키산맥에서 구형 울트라 파나비전 70을 이용해 영화를 촬영하고 싶었던 타란티노는 쓰고 싶은 렌즈들—1959년 영화 〈벤허[Ben-Hur]〉를 촬영할 때 사용했던 렌즈들과 동일한 모델—을 개조해서 테스트해봐야 했다. 혹한을 견뎌낼 수 있을지 확인해보기 위해서였다. "여름에 믿어지지 않을 정도로 많은 비가 내렸고, 믿어지지 않을 정도로 많은 눈이 내리는 겨울을 맞게 되었죠." 그는 열변을 토했다. "높이 쌓인 눈, 우리 위로 버티고 선 로키산맥, 그리고 그토록 끔찍한 추위가 몰아치는 야외에서 영화를 촬영하느라 작업은 고통스러울 수밖에 없었습니다."

2015년 1월에 촬영을 시작한 제작진은 가끔씩 기온이 섭씨 영하 23도나 28도까지 떨어지는 텔루라이드에서 로케이션에 들어갔다. 리허설을 마친 상태였지만, 제작진은 사흘 뒤의 날씨가 어떻게 될지 도저히 알 길이 없었다. 결국 촬영 순서는 뒤죽박죽되었고 모든 촬영이 중단됐다. 그들은 결국 날씨에 순종할 수밖에 없었고, 눈이 오면 눈 내리는 신을 찍기 위해 야외로 향했다. 흐리거나 안개가 자욱하면 역마차 내부 장면을 찍었고, 해가 뜨면 야외에 실제 사이즈로 지은 미니의 잡화점 세트로 향했다. "따라서 어떤 신을 촬영하든 그 신이 끝날 때까지 감정을 계속 유지해 나가겠다는 아이디어는 모두 물거품이 됐습니다." 타란티노는 말했다.

타란티노는 사운드스테이지에 지어진 오두막집 내부를 촬영하면서 배우들이 내뿜는 김이 카메라에 잡힐 수 있도록 세트 내부의 기온을 영상 1도 수준으로 유지했다.

"뼈가 시릴 정도로 추웠어요." 리는 말했다. "역마차에서 내려 축구장 거리만큼 떨어져 있는 히터가 설치된 텐트로 가는 게 좋았을까요? 아니면, 눈밭에 그냥 앉아 있는 게 좋았을까요?"

그 시점까지 타란티노가 만든 거의 모든 영화에는 오리지널 스코어가 없었다. 〈킬 빌〉의 일부분에 로버트 로드리게즈가 작곡한 스코어가 사용되었고, 엔니오 모리꼬네가 예전에 작곡한 스코어들 중 일부가 삽입된 정도였다. 타란티노는 〈헤이트풀8〉을 위해 모리꼬네를 찾아갔다.

"이 영화에는 다른 영화들보다 좀 더 두드러진 무언가가 있었어요. 내가 이 영화를 조금 더 소중히 여겼는지도 모릅니다. 이 영화는 자체적인 주제곡을, 다른 작품에는 사용된 적 없는 음악을 가질 자격이 있다고 생각했어요." 타란티노는 말했다.

타란티노는 다비드 디 도나텔로 시상식에서 〈펄프 픽션〉과 〈장고〉에 수여하는 상을 받고자 로마에 있는 동안, 작곡가 엔니오 모리꼬네의 자택을 방문했다. 모리꼬네가 언제 촬영을 시작할 계획이냐고 묻자, 촬영은 이미 마쳤다고 대답했다.

"아아, 그럼 일을 맡는 건 어렵겠네요." 몇 주 안에 쥬세페 토르나토레 영화의 음악 작업을 시작할 참이던 모리꼬네는 고개를 저었다.

그러다가 그는 존 카펜터의 1982년 작품인 〈괴물The Thing〉의 사운드 트랙으로 작곡한 곡 중 사용하지 않고 남겨둔 음악이 있다는 걸 기억해냈고, 그 음악을 다듬으면 이 영화에 사용할 수 있으리라 생각했다. 그는 타란티노가 적절하게 음악을 사용할 수 있도록 현악기 버전과 금관악기 버전, 오케스트라 버전을 녹음했다. 작곡가가 생각하기에, 배경은 겨울철이고 폐소 공포증과 편집증적인 분위기로 가득한 〈괴물〉의 음악은 이 영화와 완벽하게 맞아떨어졌다.

"쿠엔틴 타란티노는 이 영화를 웨스턴으로 간주했습니다." 모리꼬네는 말했다. "내가 보기에는 그렇지 않았지만."

강렬하고 박진감 넘치며 음울한—모리꼬네가 영화를 보지 않은 상태에서 작곡한, 여러 면에서 이탈리아 공포 영화나 지알로(20세기 이탈리아의 스릴러나 호러장르를 가리키는 용어) 영화의 모티프에 더 가까운—스코어를 들어본 타란티노는 처음엔 아연실색했다. "편집감독한테 음악 얘기를 꺼내기 전에 그 음악을 2, 3일 더 감상해봐야 했어요." 타란티노는 말했다. "그런 다음에 '이 음악 어때요?' 하고 물었더니 편집감독이 대답하더군요. '기괴하네요. 그래도 마음에 들어요. 그런데 분명 기괴하기는 해요. 내가 기대했던 그런 음악은 아니에요.' 그래서 '나도 마찬가지예요!'라고 맞장구쳤죠."

대체로 날씨 탓에 결국 4,400만 달러로 책정됐던 제작비는 1,600만 달러가 초과되었다. 게다가 대다수 극장들이 디지털 영사시스템으로 시스템을 전환하고 있는 상황에서, 와인스타인 컴퍼니는 타란티노가 선호하는 포맷으로 영화를 상영하는 데 충분한 수량인 70mm 영사기를 찾아내고 정비하기 위해 별도로 1,000만 달러를 지불해야 했다. 다행스러운 건 〈장고〉와 〈바스터즈〉 두 작품을 합쳐 7억 4,600만 달러의 흥행 수입을 올렸던 게 도움이 됐다. 와인스타인 형제는 디지털로 영사하는 극장 2,500곳에서 영화를 개봉할 때, 극장 100곳에서 옛날 방식으로 12분간의 휴식 시간을 갖고 기념 프로그램

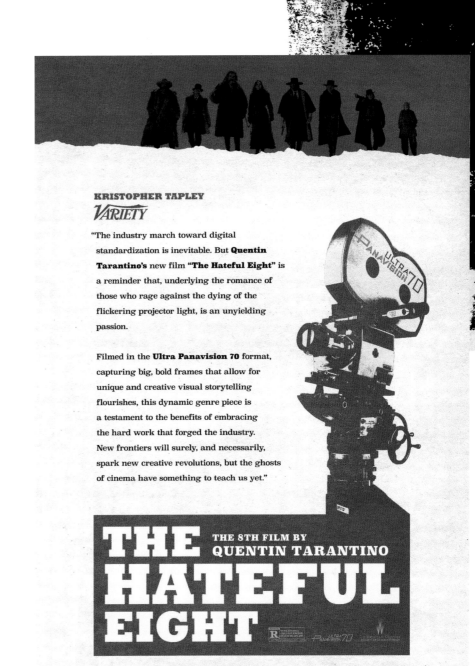

맞은편 | 마퀴스 워렌 소령 역의 사무엘 L. 잭슨. 〈헤이트풀8〉은 그가 타란티노와 함께 작업한 여덟 번째 작품이다.

위 | 〈헤이트풀8〉이 70mm 영사기를 새로 도입한 영화관 100곳에서 제한상영으로 개봉된다는 걸 알리는 광고 포스터.

234-235페이지 | 〈헤이트풀8〉의 등장인물들이 서로를 공격하기 시작하면서 빚어진 긴장감은 존과 데이지. 샌디 스미더스 장군(브루스 던)이 감당할 수 있는 수준을 넘어선다.

위 | 단념하기에는 아직 이른 상태. 데이지 도머그는 자신을 체포한 존 루스 때문에 만신창이가 됐다.

맞은편 | 자신이 처리한 시체들을 지키는 워렌 소령.

을 제공하는 70mm 제한상영 순회 홍보행사를 진행하는 데 필요한 비용을 댔다. 타란티노는 개봉을 앞둔 몇 주 동안 매우 초조해했다. 크리스마스에 타란티노는 이 영화의 오전 11시 상영회차가 끝날 무렵 십 대 시절에 많은 영화를 감상했던 토런스의 델 아모 몰에 들렀다.

"마지막 챕터가 상영되는 걸 감상했어요." 그는 말했다. "내가 극장에 들어갔을 때는 정말 깜깜하더군요. 아무것도 볼 수가 없었죠. 그러다가 스크린에서 사무엘 잭슨과 그의 흰 셔츠가 클로즈업되더군요. 극장 안이 조금 환해지자 '맙소사, 매진됐잖아'라는 말이 입에서 절로 튀어나왔습니다. 그날은 크리스마스였어요. 극장 밖으로 나온 나는 햄버거 가게에 앉아 극장에서 나오는 사람들을 지켜봤습니다. 그들은 각자 받은 영화 팸플릿을 소중히 챙기고 있었어요. 관객들이 영화를 마음에 들어 한다는 걸 확인할 수 있었죠. 〈헤이트풀8〉의 팸플릿을 움켜쥔 채 각자의 차로 향하는 사람들을 보면서, 내가 진심으로 감동받았다는 사실에 나 자신도 깜짝 놀랐습니다."

와이오밍의 드넓은 광야를 배경으로 호화로운 와이드스크린 70mm 울트라 파나비전으로 촬영했지만, 〈헤이트풀8〉은 타란티노가 만든 가장 비좁은 영화에 해당한다. 영화의 전반부는 대부분 역마차에서 머물고—마구간과 옥외 화장실을 잠깐 다녀오는 걸 제외하면—영화의 나머지 부분은 눈보라를 피해 피난처로 찾아든 캐릭터들이 서로에게 커피와 스튜를 권하는 외로운 잡화점에서 머문다.

존 루스는 데이지 도머그와 함께 레드 록으로 가던 중에 내키지는 않지만 마차에 승객 두 명을 더 태운다. 한 명은 전직 북군 장교로 현상금 사냥꾼이자 루스의 오랜 지인인 마퀴스 워렌 소령(사무엘 L. 잭슨)은 '생사불문' 체포령이 떨어진 남자 세 명의 시체를 운반 중이다. 또

"<장고>가 정치적 입장을 표출하기 시작한 작품인 건 분명합니다. 그리고 <헤이트풀8>은 그 영화의 논리적 확장이자 결론이라고 생각해요. 기묘한 방식으로 <장고>는 질문이고 <헤이트풀8>은 대답입니다."

다른 한 명은 남부 출신의 말 많은 크리스 매닉스(월튼 고긴스)로 조만간 레드 록의 보안관이 될 예정이다. 이들이 잡화점에 도착했을 때, 난롯가에는 연로한 남군 장성(브루스 던), 멋을 부리면서 딱딱한 말투로 감정을 드러내는 영국인 교수형 집행자(팀 로스), 걸걸하고 무뚝뚝한 카우보이이자 작가(마이클 매드슨), 이 잡화점을 임시로 관리하는 멕시코인 방랑자(데미안 비쉬어)가 이미 제집처럼 자리를 잡고 있다.

모두들 서로에게는 낯선 사람들이다. 그런데 엔니오 모리꼬네가 작곡한 스코어의 음량이 불길하게 커지는 것을 신호탄 삼아, 이들 사이에 의구심이 생겨난다. 반갑지 않은 친밀함이 자라는 이 온실에서 사람들이 품은 의혹들이 커져가고, 의심의 불씨가 날아다니더니 결국에는 폭력이 분출하면서 범죄와 처벌로 점철된 그랑기뇰(폭력, 살인, 강간, 망령, 공포 등을 소재 및 주제로 삼은, 19세기 말 프랑스에서 성행했던 기괴하고 선정적인 연극) 피날레에 불이 붙는다. "잭슨과 던 사이의 대결에는 진짜 열기─약간의 진짜 증오심까지─가 담겨 있다. 그들의 연기는 타란티노의 시나리오가 종종 야기하는 자연스럽지 않은 자의식의 굴레 위로 솟구쳐 오른다"라고 『뉴욕 타임스』의 A. O. 스콧은 평했다.

하지만 작가 쿠엔틴 타란티노와 감독 쿠엔틴 타란티노 사이에서는 그보다 더 격렬한 대결이 펼쳐졌다. 작가이자 감독인 타란티노는 커리어를 막 시작했을 무렵인 1992년도 토론토 영화제에서 관객들에게 이런 말을 했었다. "나는 스스로를 작가라고 생각하지 않습니다. 나는 내 자신을 영화로 만들기 위한 시나리오를 집필하는 감독으로 규정합니다." 그런데 그가 나중에 로버트 로드리게즈에게 말했듯, 시나리오 집필은 그에게 점점 더 중요해졌다. "내가 어떤 작품을 쓰고 있을 때면, 항상 흥분에서 비롯된 첫 번째 불빛이 이 방향으로 가야 한다고 가리켜. 그러다가 난데없이 영감이 떠오르면서 시나리오는 다른 곳으로 향하고, 나는 그 과정을 함께하고 있어."

〈헤이트풀8〉에서 타란티노의 내면에 있는 작가는, 그의 내면에 있는 감독을 꼼짝 못하게 못 박아놓는 데 성공한다. 이 영화는 〈보난자〉 스타일이자 마퀴스가 에르퀼 푸아로 탐정 역할을 수행하는 아가사 크리스티식 미스터리인데, 다른 점이 있다면 타란티노는 미스터리를 지어내는 수고 따위 하지 않았다는 것이다. 시신도 없고 해결할 범죄도 없다. 명확한 설정이 없는 상태에서, 캐릭터들은 스스로 논란 거리를 만들어내야만 한다. 등장인물들이 서로 만나게 끔 구성된 부자연스러운 설정에 대해 논쟁하는 이오네 스코(프랑스의 극작가로 전위극, 부조리극의 대가) 희곡의 캐릭터들 처럼, 그들은 잡화점을 무대로 바꾸고 연기를 하면서 청 중에게 고개 숙여 인사한 후, 서로를 쏴 죽이는 축소판 극작가들이다. 극적인 요소들을 품은 DNA만 남을 때 까지 불필요한 모든 것을 쳐낸 저수지의 개들 말이다.

"불쾌한 혼합물, 즉 아가사 크리스티와 세르지오 레 오네를 섞은 뒤에 포스트모더니즘의 독약을 탄 작품"이 라고 『뉴요커』의 안소니 레인은 결론지으면서, 데이지 도머그로 출연한 제니퍼 제이슨 리의 연기를 이 영화의 하이라이트로 지목했다. "그녀가 멍든 눈과 잔주름이 자 글자글한 얼굴을 들어 올리며 미소 짓는 모습은 타란티 노의 작품 중 가장 설득력 있게 묘사한, 사악하고 악마 적인 매력을 갖춘 모습일 것이다. 리는 그 미소 하나만 으로도 이 영화를 자기 것으로 챙긴다."

"그가 이 작품 이전에 마지막으로 세트에서 연출한 피바다 〈저수지의 개들〉은 영화 연출력이 빼어난 작품 과는 거리가 멀지만, 심리적으로 상반되는 견해와 감정 적인 진퇴양난으로 가득한 영화였다는 걸 감안하라." 데 이비드 에델스테인은 『뉴욕』 매거진에 이렇게 썼다. "타 란티노는 감정적인 진퇴양난을 뒤에 남겨두고 떠난다. 이제 그는 그라인드하우스의 복수가 자행되는 창공에 있다. '당신은 이보다 역겨운 대학살을 능가할 수 있겠는 가?'라는 자신의 멍청한 신념에 도취한 채로. 당신은 그 가 〈헤이트풀8〉을 위해 숨겨둔 비장의 무기가 무엇인지 궁금할 것이다. 그런데 무기를 가려서 위장한 겉면은 대 단히 근사하지만, 무기 자체는 쓰레기다. 이 영화에서 뿌 려진 다량의 선혈 밑에는 무(無, nothing)가 잔뜩 쌓여 있다. 이 영화가 타란티노의 묘비명이 되지는 않길 바란다."

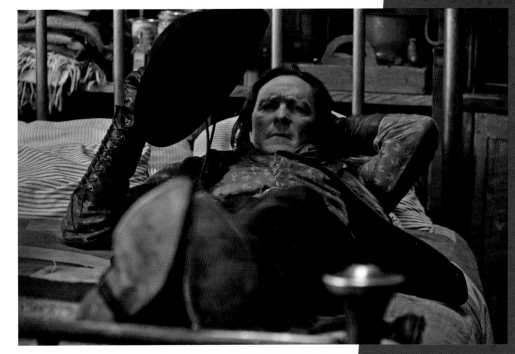

맞은편 | 채닝 테이텀이 연기하는 데이지의 동생 조디의 등장은 이 영화에서 가장 큰 반전에 속한다.

위 | 마이클 매드슨은 타란티노와 같이 작업한 세 번째 영화에서 '카우보이' 조 게이지를 연기한다.

아래 | 아무도 믿을 수 없다. 레드 록의 신임 보안관 크리 스 매닉스(월튼 고긴스)가 망을 보는 가운데, 편집증이 치 민다.

240–241페이지 | 무장한 상태이고 위험하다. 웨스턴에 서 영감을 받은 클라이맥스의 총격전 신.

"시나리오를 쓸 때, 나는 정말 지독한 상황에 처해 있었어요. 속에서는 분노가 부글부글 끓고 있었고, 그것들이 몽땅 시나리오로 쏟아져 들어왔죠. 그런데 그것도 좋은 일이더군요. 시나리오 집필은 그런 분노를 쏟아붓기에 알맞은 작업입니다."

EPILOGUE
에필로그

타란티노는 영화 열 편을 연출하고 나면, 감독을 그만두겠다는 뜻을 자주 피력했었다. "영화 연출은 젊은 사람이 해야 할 일이라고 말해도 무방하다고 생각해요." 그가 2013년에 『할리우드 리포터』와의 인터뷰에서 한 말이다. "감독들이 나이를 먹어가면서 연출력이 나아지는 일은 정말 드뭅니다. 〈펄프 픽션〉을 만들 때, 나는 영화를 위해서라면 목숨도 바칠 수 있었어요. 그런 각오도 없이 내가 만든 영화에 내 이름을 넣고 싶진 않았습니다. 내 작품을 좋아하는 사람들에게 빚을 진 것 같은 심정이에요. 나는 내 안의 에너지를 모조리 소진하고 싶지는 않습니다. 내 작품을 좋아하는 사람이 있다고 치죠, 그 사람은 스무 살 때 〈저수지의 개들〉을 봤을 겁니다. 혹은 내 나이쯤에 〈저수지의 개들〉을 봤을지도 모르죠. 그것도 아니라면 내가 언급하고 있는 이 사람은 심지어 아직 태어나지 않았을지도 몰라요. 그는 오늘 세상에 태어나 나이를 먹어가면서 내가 만든 쓰레기 같은 영화들을 하나씩 보게 될 겁니다. 내가 만든 영화들을 다 본 그가 지난 20년간의 내 커리어에 대해 변명을 해야만 하는 상황이 빚어지는 걸 원치 않아요. 나는 예전에 여러 감독을 옹호했었는데, 그럴 때마다 항상 이런저런 핑계를 댔기 때문이에요. 나한테 정말 중요한 건 이거죠, 나는 번 아웃되지 않을 겁니다."

오랫동안 우리 세계와는 180도 상반된 세계에서 B영화의 내력을 형성하기에 충분할 만큼 많은 수

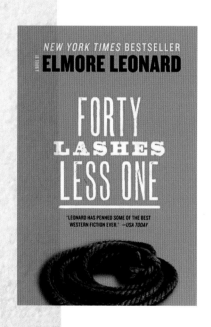

NEW YORK TIMES BESTSELLER
ELMORE LEONARD

FORTY LASHES LESS ONE

"LEONARD HAS PENNED SOME OF THE BEST
WESTERN FICTION EVER." —USA TODAY

242페이지 | 윌리엄 캘런이 2016년에 찍은 사진.

위 | 타란티노는 엘모어 레너드의 또 다른 소설 『포티 래
쉬스 레스 원』을 TV 미니시리즈로 각색하고 싶다고 밝
혔다.

의 유사 타란티노 영화들이 등장했었다. 1992년 〈저수지
의 개들〉을 내놓은 후, 그는 마블에서 선보인 최초의 흑인
히어로를 주인공으로 다룬 만화 『루크 케이지: 고용 가능
한 히어로Luke Cage: Hero for Hire』를 각색하는 문제를 고려하면
서 주인공 역할을 놓고 로렌스 피시번과 상의했었다. 1994
년에 〈펄프 픽션〉이 성공한 후, 그의 이름은 빈센트 베가
가 화장실에서 읽고 있던 책인 연재만화/모험소설 『모디
스티 블레이즈Modesty Blaise』의 각색뿐 아니라 〈맨 프롬 UN-
CLE〉의 영화화 버전과도 인연을 맺게 된다. 또한 〈저수지
의 개들〉의 빅 베가(마이클 매드슨)와 〈펄프 픽션〉의 빈센트
베가(존 트라볼타)를 규합한 〈더블 V 베가Double V Vega〉나 〈베가
형제The Vega Brothers〉로 알려진 연출 가능한 프로젝트를 논의
하며 몇 십 년을 보내기도 했다. 몇 년이 지나는 동안, 심
지어 그는 점점 나이 들어가는 배우들의 연령까지 감안했
다. "그들이 노인네가 되고 세상을 떠났다고 하더라도 그
작품을 만들 수 있는 방법까지 생각해뒀어요. 그 두 사람
에게 형제들이 있는데, 그들이 죽은 이후 그 형제들이 하
나로 뭉친다는 아이디어였죠." 그는 말했다. "그들은 복수
나 그와 비슷한 일을 하려고 해요."

1990년대 말, 그 시점까지만 해도 귀한 대접을 받지
못하고 있던 이언 플레밍의 소설 〈카지노 로얄Casino Royale〉
을 '플롯을 중심으로 전개되는 소규모 영화' 버전으로 연
출하는 것과 관련해 이야기가 오가고 있었다. 하지만
2005년에 피어스 브로스넌이 시리즈를 떠난 후로 타란티
노는 그 프로젝트에 흥미를 잃었다. 그는 말했다. "내가
007시리즈에 뛰어들었다면 단순히 참여하는 수준에만
머무르지 않았을 거예요. 내가 본드 캐릭터를 전복시킬
수 있었다면, 007시리즈는 상당한 규모로 전복됐을 겁니
다."

렌 데이튼의 냉전시대를 배경으로 한 스파이 스릴러
〈베를린 게임Berlin Game〉을 각색하는 프로젝트, 투시력 소
유자를 다룬 루치오 풀치의 1977년 호러 영화 〈사이킥The
Psychic〉을 브리짓 폰다를 주연으로 내세운 리메이크, 타란
티노가 '쿨 섹스 영화'라고 기발하게 묘사했던, 스톡홀름
을 배경으로 미국인 커플이 스웨덴 커플을 방문하는 내
용의 프로젝트도 이야기되고 있었다. 타란티노는 후자
의 프로젝트를 "〈데쓰 프루프〉에 나오는 아가씨들과 비
슷한 사람들이 한잔하러 나갔다가 좋은 시간을 보내며

남자들과 엮이는 내용"이라고 묘사했다.

그런데 그는 최근 몇 년간 이 프로젝트들에 대해 이야기를 꺼낸 적이 없었다. 이 프로젝트들보다 세상의 빛을 볼 가능성이 더 큰 프로젝트는 그가 엘모어 레너드의 1972년 소설 『포티 래쉬스 레스 원Forty Lashes Less One』을 각색해서 연출하겠다고 이야기한 TV 미니시리즈다. 서부로 가서 최악의 무법자 다섯 명을 추적해 죽일 경우 석방될 기회가 주어지는 아파치 인디언과 흑인인 전직 군인, 이 두 명의 사형수를 다룬 작품이다. 타란티노는 그 소설과 관련된 권리를 소유하고 있고, 20페이지가량의 시나리오를 써둔 상태다. 그는 최근에 〈장고〉와 〈헤이트풀8〉의 자매 작품을 만들고 싶다는 바람을 또 한 번 밝혔다. "오늘날 자신을 웨스턴 감독이라고 부르려면 웨스턴을 적어도 세 편 정도는 연출해야 합니다." 그는 말했다. "나는 정말이지 그 작품을 미니시리즈로 만들고 싶어요. 1시간 분량의 에피소드로 구성된 4부작이나 5부작으로요. 그 프로젝트의 진행이 성사되면, 그 에피소드 전부를 집필하고 연출하고 싶습니다. 그 작품은 〈장고〉와 〈헤이트풀8〉과 동일한 계열이에요. 인종 문제를 다룰 뿐 아니라, 모든 사건의 배경이 외

진 지역의 감옥이니까요. 원작 소설이 정말 뛰어난 작품입니다. 그래서 늘 그 이야기를 사람들에게 들려주고 싶었어요. 그러니 좀 더 지켜봅시다."

그는 어린이용 영화를, 하워드 혹스 스타일의 스크루볼 로맨틱 코미디를, 노예제 폐지론자인 존 브라운의 전기 영화를, 그리고 '1930년대에 나온 갱스터 영화의 공간적 배경을 호주로 바꿔 다시 상상한 작품' 등을 만들고 싶다는 바람도 밝혀왔다. "그 작품은 호주의 무법자 커플이 등장하는 〈우리에게 내일은 없다Bonnie and Clyde〉 같은 이야기가 될 겁니다." 〈바스터즈〉의 프리퀄에 대한 언급도 있다. 그 영화의 최종 촬영용 시나리오에는 들어가지 못한 이야기를 각색한 것으로, 알도와 대니가 '군법회의에 회부되었다가 탈출한 흑인들로 구성된 소대를 따라가는' 내용이다. "그들은 프랑스에 있는데, 런던에서 교수형을 당하게 될 겁니다. 그래서 그들에게 제일 중요한 일은 스위스로 가는 거예요. 그 여정에서 그들은 모험에 휘말리게 되고, 그러다가 바스터즈를 만나게 되는 거죠." 그는 말했다. "그래서 그 작업을 하게 될지도 몰라요."

그의 프로젝트들 중 가장 간절히 기다려지는 건 〈킬

위 | 할리우드에 남긴 흔적. 캘리포니아의 그라우맨스 차이니즈 극장 외부. 역사적인 명예의 거리에 설치된 타란티노의 손자국과 발자국.

빌−3부Kill Bill: Volume 3〉일 것이다. 앞선 두 편의 영화에 베아트릭스 키도를 투입했었던 그는 그녀가 힘들게 얻어낸 가정의 평화를 박살 내려고 서두르지는 않으면서도 최근에 이런 말을 했다. "시리즈가 마무리되기 전에 브라이드가 한 번 더 모습을 드러내더라도 놀라지 않을 겁니다. 그와 관련한 이야기를 우마와 조금씩 나누기도 했고요. '그래, 13년이 지난 지금 소피 파탈은 어떻게 됐을까? 엘르 드라이버는 어떻게 됐을까?' 같은 생각을 합니다." 그에게는 이미 틀을 잡아놓은 플롯이 있다. "소피 파탈은 빌의 돈을 몽땅 챙겼을 겁니다. 그녀는 니키(비비카 A. 폭스가 연기했던 버니타의 딸)를 키울 테고, 니키는 브라이드에게 덤벼들 겁니다. 브라이드가 복수에 나설 자격이 있었던 것처럼, 니키도 모든 면에서 어머니의 복수를 위해 일어날 자격이 충분하니까요."

시대극을 연달아 세 편 연출한 후, 그는 현대물로 돌아오는 것도 갈망하고 있다. "배경에 TV가 나오거나 누군가가 라디오를 켜는 모습이 등장하는 영화를 작업하면 정말 끝내줄 거예요. 그런 설정을 통해 영화에 음악을 넣을 수도 있고, 음악을 멈추고 싶으면 라디오를 끄기만 하면 되니까요. 또는 캐릭터들을 차에 태워 한동안 드라이브를 시키고 그들이 운전하는 모습을 멋진 노래에 맞춰 몽타주로 담아낼 수도 있죠. 정말이지 멋질 겁니다. 나는 오랫동안 그런 작업을 해오지 못한 터라 그런 게 너무 하고 싶어서 목이 빠질 지경이라고요."

그 많은 프로젝트들 너머의 페이지들은 비어 있다. 타란티노는 소설과 영화평론을 집필하는 쪽으로 관심을 돌리고 있다는 얘기를 자주 해왔다. TV 시리즈나 무대 작업을 배제하고픈 의향은 없지만 말이다. 2007년에 그는 재상영관인 뉴 비벌리 영화관을 매입해서 그곳의 프로그래밍 책임자가 됐다. 그는 자신이 수집한 영사 필름으로 제작된 영화들을 자주 상영하고 있다.

"내가 실패한 극장주라는 사실을 깨닫기 시작했어요." 타란티노는 말했다. "나는 로스앤젤레스를 떠날 겁니다. 백 살까지 살 수 있는 몬태나 그와 비슷한 공기 좋은 곳으로 갈 생각입니다. 그곳에서 작은 영화관을 매입하고 내가 수집한 필름 영화들을 그 극장에서 상영할 거예요. 그게 내 직업이 될 겁니다. 나는 소도시 시내에 작은 영화관을 가진 미치광이 노인네가 될 겁니다. 그거야말로 정말 멋들어진 노인네의 삶인 것 같아요!"

오른쪽 | 은퇴 이후의 계획. 로스앤젤레스의
뉴 비벌리 극장 밖에서 찍은 타란티노의 모습.

FILMOGRAPHY

필모그래피

Release/broadcast dates are for the United States (general release) unless stated.

Love Birds in Bondage
Unfinished short, 1983
(Novacaine Films)
Directors & Screenplay: Quentin Tarantino, Scott Magill
Cinematography: Scott Magill
Editor: Scott Magill
Cast: Quentin Tarantino (boyfriend)

My Best Friend's Birthday
Unfinished short, 1987, 69 minutes
Director: Quentin Tarantino
Screenplay: Quentin Tarantino, Craig Hamann
Cinematography: Roger Avary, Scott Magill, Roberto A. Quezada, Rand Vossler
Producers: Quentin Tarantino, Craig Hamann, Rand Vossler
Editor: Quentin Tarantino
Cast: Quentin Tarantino (Clarence Pool), Craig Hamann (Mickey Burnett), Crystal Shaw Martell (Misty), Allen Garfield (Entertainment Magnate), Al Harrell (Clifford), Rich Turner (Oliver Brandon)

Vegetables
Short video film, 1989, 90 minutes
Director: Laura Lovelace
Cast: Quentin Tarantino

Past Midnight
(Cinetel Films)
First shown October 1991 (Vancouver International Film Festival), 100 minutes
Director: Jan Eliasberg
Screenplay: Frank Norwood
Cinematography: Robert D. Yeoman
Producer: Lisa M. Hansen
Editor: Christopher Rouse
Associate Producer: Quentin Tarantino
Cast: Rutger Hauer (Ben Jordan), Natasha Richardson (Laura Mathews), Clancy Brown (Steve Lundy)

Reservoir Dogs
(Live Entertainment/Dog Eat Dog Productions)
First shown January 21, 1992 (Sundance Film Festival), Opened October 23, 1992 (limited general release), 99 minutes
Director: Quentin Tarantino
Screenplay: Quentin Tarantino, Roger Avary
Cinematography: Andrzej Sekula
Producer: Lawrence Bender
Editor: Sally Menke
Cast: Quentin Tarantino (Mr. Brown), Harvey Keitel (Mr. White), Tim Roth (Mr. Orange), Michael Madsen (Mr. Blonde), Edward Bunker (Mr. Blue), Steve Buscemi (Mr. Pink), Chris Penn (Nice Guy Eddie Cabot), Lawrence Tierney (Joe Cabot)

Eddie Presley
First shown March 1992 (South by Southwest Film Festival), 106 minutes
Director: Jeff Burr
Screenplay: Duane Whitaker
Cinematography: Thomas L. Callaway
Producers: William Burr, Chuck Williams
Editor: Jay Woelfel
Cast: Quentin Tarantino (cameo as asylum attendant), Duane Whitaker (Eddie Presley), Lawrence Tierney (Joe West)

True Romance
(Morgan Creek Productions/Davis-Films/August Entertainment/Sterling MacFadden)
Opened September 10, 1993, 120 minutes
Director: Tony Scott
Screenplay: Quentin Tarantino
Cinematography: Jeffrey L. Kimball
Producers: Gary Barber, Samuel Hadida, Steve Perry, Bill Unger
Editors: Michael Tronick, Christian Wagner
Cast: Christian Slater (Clarence Worley), Patricia Arquette (Alabama Whitman), Dennis Hopper (Clifford Worley), Val Kilmer (Mentor), Gary Oldman (Drexl Spivey), Brad Pitt (Floyd), Christopher Walken (Vincenzo Coccotti), Samuel L. Jackson (Big Don), Michael Rapaport (Dick Ritchie)

Killing Zoe
(Davis-Films/Live Entertainment/PFG Entertainment)
First shown October 1993 (Raindance Film Festival), Opened September 1994, 96 minutes
Director & Screenplay: Roger Avary
Cinematography: Tom Richmond
Producer: Samuel Hadida
Editor: Kathryn Himoff
Executive producers: Quentin Tarantino, Lawrence Bender, Rebecca Boss
Cast: Eric Stoltz (Zed), Julie Delpy (Zoe), Jean-Hugues Anglade (Eric), Gary Kemp (Oliver), Bruce Ramsay (Ricardo)

The Coriolis Effect
(Secondary Modern Motion Pictures/Vanguard International Cinema)
First shown March 26, 1994 (New York New Directors and New Films Festival), 33 minutes
Director & Screenplay: Louis Venosta
Cinematography: Paul Holahan
Producer: Kathryn Arnold
Editor: Luis Colina
Cast: Quentin Tarantino (voice of Panhandle Slim), Dana Ashbrook (Ray), Corrine Bohrer (Suzy), David Patch (Terry), Jennifer Rubin (Ruby), James Wilder (Stanley)

Pulp Fiction
(Miramax/A Band Apart/Jersey Films)
First shown May 21, 1994 (Cannes Film Festival), Opened October 14, 1994, 154 minutes
Director: Quentin Tarantino
Screenplay: Quentin Tarantino, Roger Avary
Cinematographer: Andrzej Sekula
Producer: Lawrence Bender

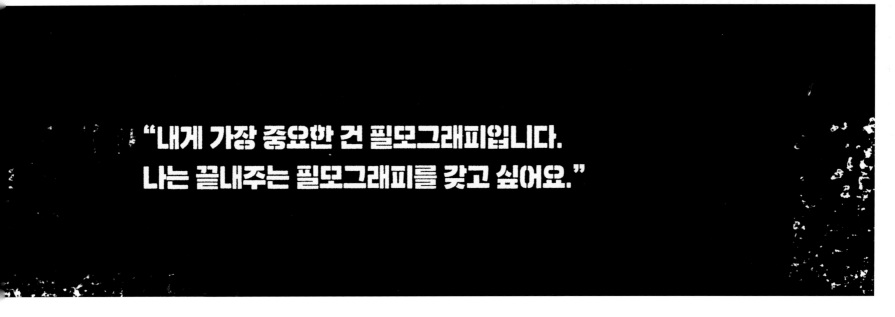

Editor: Sally Menke
Cast: Quentin Tarantino (Jimmie), John Travolta (Vincent Vega), Uma Thurman (Mia Wallace), Samuel L. Jackson (Jules Winnfield), Bruce Willis (Butch Coolidge), Ving Rhames (Marsellus Wallace), Amanda Plummer (Honey Bunny), Tim Roth (Pumpkin), Harvey Keitel (The Wolf), Christopher Walken (Captain Koons), Eric Stoltz (Lance)

Natural Born Killers
(Warner Bros./Regency Enterprises/Alcor Films/Ixtlan/New Regency Pictures/J D Productions)
Opened August 26, 1994, 118 minutes
Director: Oliver Stone
Story & Screenplay: Quentin Tarantino, David Veloz, Richard Rutowski, Oliver Stone
Cinematography: Robert Richardson
Producers: Jane Hamsher, Don Murphy, Clayton Townsend
Editors: Brian Berdan, Hank Corwin
Cast: Woody Harrelson (Mickey Knox), Juliette Lewis (Mallory Knox), Tom Sizemore (Det. Jack Scagnetti), Robert Downey, Jr. (Wayne Gale), Tommy Lee Jones (Warden Dwight McClusky)

Sleep with Me
(August Entertainment/Castleberg Productions/Paribas Film Corporation)
First shown September 10, 1994 (Toronto International Film Festival), 86 minutes
Director: Rory Kelly
Screenplay: Duane Dell'Amico, Roger Hedden, Neal Jimenez, Joe Keenan, Rory Kelly, Michael Steinberg
Cinematography: Andrzej Sekula
Producers: Roger Hedden, Michael Steinberg, Eric Stoltz
Editor: David Moritz
Cast: Quentin Tarantino (Sid), Meg Tilly (Sarah), Eric Stoltz (Joseph), Craig Sheffer (Frank), Lewis Arquette (Minister), Todd Field (Duane)

Somebody to Love
(Cabin Fever Entertainment/Initial Productions/Lumière Pictures)
First shown September, 1994 (Venice Film Festival), Opened September 27, 1996, 102 minutes
Director: Alexandre Rockwell
Screenplay: Sergei Bodrov, Alexandre Rockwell
Cinematography: Robert D. Yeoman
Producer: Lila Cazès
Editor: Elena Maganini
Cast: Quentin Tarantino (Bartender), Rosie Perez (Mercedes), Harvey Keitel (Harry Harrelson), Anthony Quinn (Emillio), Michael DeLorenzo (Ernesto), Steve Buscemi (Mickey)

Destiny Turns on the Radio
(Rysher Entertainment/Savoy Pictures)
Opened April 28, 1995, 102 minutes
Director: Jack Baran
Screenplay: Robert Ramsey, Matthew Stone
Cinematography: James L. Carter
Producer: Gloria Zimmerman
Editor: Raúl Dávalos
Cast: Quentin Tarantino (Johnny Destiny), Dylan McDermott (Julian Goddard), Nancy Travis (Lucille), James Le Gros (Thoreau), Jim Belushi (Tuerto)

Crimson Tide
(Hollywood Pictures/Don Simpson-Jerry Bruckheimer)
Opened May 12, 1995, 116 minutes
Director: Tony Scott
Screenplay: Michael Schiffer, Richard P. Henrick, Quentin Tarantino (uncredited)
Cinematography: Dariusz Wolski
Producers: Jerry Bruckheimer, Don Simpson
Editor: Chris Lebenzon
Cast: Denzel Washington (Hunter), Gene Hackman (Ramsey), Matt Craven (Zimmer), George Dzundza (Cob), Viggo Mortensen (Weps), James Gandolfini (Lt. Bobby Dougherty)

Desperado
(Columbia Pictures Corporation/Los Hooligans Productions)
First shown May 1995 (Cannes Film Festival), Opened August 25, 1995, 104 minutes
Director & Screenplay: Robert Rodriguez
Cinematography: Guillermo Navarro
Producers: Bill Borden, Robert Rodriguez
Editor: Robert Rodriguez
Cast: Quentin Tarantino (Pick-up Guy), Antonio Banderas (El Mariachi), Salma Hayek (Carolina), Joaquim de Almeida (Bucho), Steve Buscemi (Buscemi)

Four Rooms
Anthology film with Allison Anders, Alexandre Rockwell, and Robert Rodriguez
Tarantino segment "The Man from Hollywood"
(Miramax/A Band Apart)
First shown September 16, 1995 (Toronto International Film Festival), Opened December 25, 1995, 98 minutes
Director & Screenplay: Quentin Tarantino
Cinematographer: Andrzej Sekula
Producer: Lawrence Bender
Editor: Sally Menke
Cast: Quentin Tarantino (Chester), Jennifer Beals (Angela), Paul Calderon (Norman), Bruce Willis (Leo–uncredited)

Hands Up
First shown 1995
Director & Screenplay: Virginie Thévenet
Producer: Kaz Kuzui, Fran Rubel Kuzui
Cast: Quentin Tarantino, Charlotte Gainsbourg

From Dusk Till Dawn
(Dimension Films/A Band Apart/Los Hooligans Productions/Miramax)
Opened January 19, 1996, 108 minutes
Director: Robert Rodriguez
Screenplay: Quentin Tarantino, Robert Kurtzman

Cinematography: Guillermo Navarro
Producers: Gianni Nunnari, Meir Teper
Editor: Robert Rodriguez
Cast: Quentin Tarantino (Richard Gecko), George Clooney (Seth Gecko), Harvey Keitel (Jacob Fuller), Juliette Lewis (Kate Fuller), Ernest Liu (Scott Fuller), Salma Hayek (Santanico Pandemonium)

Girl 6
(Fox Searchlight Pictures/40 Acres & A Mule Filmworks)
Opened March 22, 1996, 108 minutes
Director: Spike Lee
Screenplay: Suzan-Lori Parks
Cinematography: Malik Hassan Sayeed
Producer: Spike Lee
Editor: Samuel D. Pollard
Cast: Quentin Tarantino (Director #1), Theresa Randle (Girl 6), John Turturro (Murray)

Curdled
(A Band Apart/Tinderbox Films)
First shown September 6, 1996 (Toronto International Film Festival), Opened September 27, 1996, 88 minutes
Director: Reb Braddock
Screenplay: Quentin Tarantino (segment "Gecko Brothers News Report"), Reb Braddock, John Maass
Cinematography: Steven Bernstein
Producers: John Maass, Raul Puig
Executive Producer: Quentin Tarantino
Editor: Mallory Gottlieb
Cast: Quentin Tarantino (Richard Gecko), William Baldwin (Paul Guell), Angela Jones (Gabriela), Bruce Ramsay (Eduardo), Lois Chiles (Katrina Brandt)

Jackie Brown
(Miramax/A Band Apart/Lawrence Bender Productions/ Mighty Mighty Afrodite Productions)
Opened December 25, 1997, 154 minutes
Director & Screenplay: Quentin Tarantino
Cinematography: Guillermo Navarro
Producer: Lawrence Bender
Editor: Sally Menke
Cast: Pam Grier (Jackie Brown), Samuel L. Jackson (Ordell Robbie), Robert Forster (Max Cherry), Bridget Fonda (Melanie Ralston), Michael Keaton (Ray Nicolette), Robert De Niro (Louis Gara), Chris Tucker (Beaumont Livingston)

God Said, 'Ha!'
(Oh, Brother Productions)
First shown March 14, 1998 (South by Southwest Film Festival), 85 minutes
Director & Screenplay: Julia Sweeney
Cinematography: John Hora
Editor: Fabienne Rawley
Producer: Rana Joy Glickman
Executive producer: Quentin Tarantino
Cast: Quentin Tarantino (himself), Julia Sweeney (herself)

From Dusk Till Dawn 2: Texas Blood Money
(A Band Apart/Dimension Films/Los Hooligans Productions)
Released on video March 16, 1999, 88 minutes
Director: Scott Spiegel
Screenplay: Scott Spiegel, Duane Whitaker
Cinematography: Philip Lee
Producers: Michael S. Murphey, Gianni Nunnari, Meir Teper
Executive producers: Quentin Tarantino, Lawrence Bender, Robert Rodriguez
Editor: Bob Murawski
Cast: Robert Patrick (Buck), Bo Hopkins (Sheriff Otis Lawson), Duane Whitaker (Luther), Muse Watson (C. W. Niles), Brett Harrelson (Ray Bob)

From Dusk Till Dawn 3: The Hangman's Daughter
(A Band Apart/Dimension Films/Los Hooligans Productions)
Released on video January 18, 2000, 94 minutes
Director: P. J. Pesce
Screenplay: Álvaro Rodríguez
Cinematography: Michael Bonvillain
Producers: Michael S. Murphey, Gianni Nunnari, Meir Teper, H. Daniel Gross
Executive producers: Quentin Tarantino, Lawrence Bender, Robert Rodriguez
Editor: Lawrence Maddox
Cast: Marco Leonardi (Johnny Madrid), Michael Parks (Ambrose Bierce), Temuera Morrison (The Hangman), Rebecca Gayheart (Mary Newlie), Ara Celi (Esmeralda)

Little Nicky
(Avery Pix/Happy Madison Productions/New Line Cinema/RSC Media/Robert Simonds Productions)
Opened November 10, 2000, 90 minutes
Director: Steven Brill
Screenplay: Tim Herlihy, Adam Sandler, Steven Brill
Cinematography: Theo van de Sande
Producers: Jack Giarraputo, Robert Simonds
Editor: Jeff Gourson
Cast: Quentin Tarantino (Deacon), Adam Sandler (Nicky), Patricia Arquette (Valerie Veran), Harvey Keitel (Dad), Rhys Ifans (Adrian), Tommy 'Tiny' Lister (Cassius)

Iron Monkey
Re-released version of the 1993 film *Siu nin Wong Fei Hung chi: Tit ma lau*
(Film Workshop/Golden Harvest Company/Long Shong Pictures/Paragon Films)
Opened October 12, 2001, 90 minutes
Director: Woo-Ping Yuen
Screenplay: Tan Cheung, Tai-Mok Lau (as Tai-Muk Lau), Elsa Tang (as Pik-yin Tang), Hark Tsui, Richard Epcar
Cinematography: Chi-Wai Tam, Arthur Wong
Producers: Quentin Tarantino, Hark Tsui
Editors: Chi Wai Chan, Stephanie Johnson, Angie Lam, Marco Mak, John Zeitler
Cast: Rongguang Yu (Dr. Yang/Iron Monkey), Donnie Yen (Wong Kei-Ying), Jean Wang (Miss Orchid), Sze-Man Tsang (Wong Fei-Hong)

Kill Bill: Volume 1
(Miramax/A Band Apart/Super Cool ManChu)
Opened October 10, 2003, 111 minutes
Director & Screenplay: Quentin Tarantino
Cinematography: Robert Richardson
Producer: Lawrence Bender
Editor: Sally Menke
Cast: Uma Thurman (The Bride), David Carradine (Bill), Lucy Liu (O-Ren Ishii), Vivica A. Fox (Vernita Green), Daryl Hannah (Elle Driver), Michael Madsen (Budd), Julie Dreyfus (Sofie Fatale)

Kill Bill: Volume 2
(Miramax/A Band Apart/Super Cool ManChu)
Opened April 16, 2004, 137 minutes
Director & Screenplay: Quentin Tarantino
Cinematography: Robert Richardson
Producer: Lawrence Bender
Editor: Sally Menke
Cast: Uma Thurman (The Bride), David Carradine (Bill), Lucy Liu (O-Ren Ishii), Vivica A. Fox (Vernita Green), Daryl Hannah (Elle Driver), Michael Madsen (Budd)

My Name Is Modesty: A Modesty Blaise Adventure
(Miramax)
Released on DVD September 28, 2004, 78 minutes
Director: Scott Spiegel
Screenplay: Lee Batchler, Janet Scott Batchler
Cinematography: Vivi Dragan Vasile
Producers: Marcelo Anciano, Michael Berrow, Ted Nicolaou, Sook Yhun (uncredited)
Executive producers: Quentin Tarantino (uncredited), Paul Berrow, Michelle Sy
Editor: Michelle Harrison
Cast: Alexandra Staden (Modesty Blaise), Nikolaj Coster-Waldau (Miklos), Raymond Cruz (Raphael Garcia), Fred Pearson (Professor Lob)

Hostel
(Hostel/International Production Company/Next Entertainment/Raw Nerve)
First shown September 17, 2005 (Toronto International Film Festival, Opened January 6, 2006, 94 minutes
Director & Screenplay: Eli Roth
Cinematography: Milan Chadima
Producers: Chris Briggs, Mike Fleiss, Eli Roth
Executive producers: Quentin Tarantino, Scott Spiegel, Boaz Yakin
Editor: George Folsey Jr.
Cast: Jay Hernandez (Paxton), Derek Richardson (Josh), Eythor Gudjonsson (Oli), Barbara Nedeljakova (Natalya)

Daltry Calhoun
(L. Driver Productions/Map Point Pictures/Miramax)
Opened September 25, 2005, 100 minutes
Director & Screenplay: Katrina Holden Bronson
Cinematography: Matthew Irving
Producer: Danielle Renfrew
Executive producers: Quentin Tarantino, Erica Steinberg
Editor: Daniel R. Padgett
Cast: Elizabeth Banks (May), Johnny Knoxville (Daltry

Calhoun), Beth Grant (Dee), Laura Cayouette (Wanda Banks)

Freedom's Fury
Documentary film
(WOLO Entertainment/Cinergi Pictures Entertainment/ Moving Picture Institute)
Opened September 7, 2006 (Hungary), April 8, 2008 (Wisconsin Film Festival), 90 minutes
Directors: Colin K. Gray, Megan Raney
Screenplay: Colin K. Gray
Cinematography: Megan Raney
Producer: Kristine Lacey
Executive producers: Quentin Tarantino, Lucy Liu, Amy Sommer, Andrew G. Vajna
Editor: Michael Rogers

Death Proof
Originally released as part of the double feature *Grindhouse* in April 2007 alongside *Planet Terror* (next column)
(The Weinstein Company/Dimension Films/ Troublemaker Studios/Rodriguez International Pictures)
First shown May 22, 2007 (Cannes Film Festival), Opened July 21, 2007, 113 minutes
Director & Screenplay: Quentin Tarantino
Cinematography: Quentin Tarantino
Producers: Quentin Tarantino, Elizabeth Avellán, Robert Rodriguez, Erica Steinberg
Editor: Sally Menke
Cast: Quentin Tarantino (Warren), Kurt Russell (Stuntman Mike), Zoë Bell (as herself), Rosario Dawson (Abernathy), Vanessa Ferlito (Butterfly), Sydney Tamiia Poitier (Jungle Julia), Tracie Thoms (Kim), Rose McGowan (Pam), Jordan Ladd (Shanna)

Hostel: Part II
(Lionsgate/Screen Gems/Next Entertainment/Raw Nerve/International Production Company)
Opened June 8, 2007, 94 minutes
Director & Screenplay: Eli Roth
Cinematography: Milan Chadima
Producers: Chris Briggs, Mike Fleiss, Eli Roth
Executive producers: Quentin Tarantino, Leifur B. Dagfinnsson, Scott Spiegel, Boaz Yakin
Editor: George Folsey Jr.
Cast: Lauren German (Beth), Roger Bart (Stuart), Heather Matarazzo (Lorna), Bijou Phillips (Whitney), Richard Burgi (Todd)

Diary of the Dead
(Artfire Films/Romero-Grunwald Productions)
First shown September 8, 2007 (Toronto International Film Festival), Opened February 22, 2008, 95 minutes
Director & Screenplay: George A. Romero
Cinematography: Adam Swica
Producers: Sam Englebardt, Peter Grunwald, Ara Katz, Art Spigel
Editor: Michael Doherty
Cast: Quentin Tarantino (cameo as Newsreader), Michelle Morgan (Debra Moynihan), Joshua Close

(Jason Creed), Shawn Roberts (Tony Ravello), Amy Lalonde (Tracy Thurman)

Sukiyaki Western Django
(A-Team/Dentsu/Geneon Entertainment/Nagoya Broadcasting Network/Sedic International/Shogakukan/ Sony Pictures Entertainment/Sukiyaki Western Django Film Partners/TV Asahi/Toei Company/Tokyu Recreation)
Opened September 15, 2007 (Japan), 121 minutes
Director: Takashi Miike
Screenplay: Takashi Miike, Masa Nakamura
Cinematography: Toyomichi Kurita
Producers: Nobuyuki Tohya, Masao Ôwaki
Editor: Yasushi Shimamura
Cast: Quentin Tarantino (Piringo), Kôichi Satô (Taira no Kiyomori), Yûsuke Iseya (Minamoto no Yoshitsune), Masanobu Andô (Yoichi), Kaori Momoi (Ruriko)

Planet Terror
Originally released as part of the double feature *Grindhouse* in April 2007 alongside *Death Proof* (previous column)
(The Weinstein Company/Dimension Films/ Troublemaker Studios/Rodriguez International Pictures)
First shown October 15, 2007 (Screamfest Horror Film Festival), 105 minutes
Director & Screenplay: Robert Rodriguez
Cinematography: Robert Rodriguez
Producers: Quentin Tarantino, Robert Rodriguez, Elizabeth Avellán, Erica Steinberg
Editors: Ethan Maniquis, Robert Rodriguez
Cast: Quentin Tarantino (Rapist 1/Zombie eating road kill), Rose McGowan (Cherry Darling), Freddy Rodriguez (Wray), Josh Brolin (Dr. William Block), Marley Shelton (Dr. Dakota Block)

Hell Ride
(Dimension Films)
First shown January 21, 2008 (Sundance Film Festival), Opened August 8, 2008, 84 minutes
Director & Screenplay: Larry Bishop
Cinematography: Scott Kevan
Producers: Larry Bishop, Shana Stein, Michael Steinberg
Executive producers: Quentin Tarantino, Bob Weinstein, Harvey Weinstein
Editors: Blake West, William Yeh
Cast: Larry Bishop (Pistolero), Michael Madsen (The Gent), Eric Balfour (Comanche), Julia Jones (Cherokee Kisum), David Carradine (The Deuce), Vinnie Jones (Billy Wings), Leonor Varela (Nada), Dennis Hopper (Eddie)

Inglourious Basterds
(The Weinstein Company/Universal Pictures/A Band Apart/Studio Babelsberg/Visiona Romantica)
Opened August 21, 2009, 153 minutes
Director & Screenplay: Quentin Tarantino
Cinematography: Robert Richardson
Producer: Lawrence Bender
Editor: Sally Menke
Cast: Quentin Tarantino (cameo as First Scalped Nazi/

American Soldier), Brad Pitt (Lt. Aldo Raine), Mélanie Laurent (Shosanna), Christoph Waltz (Col. Hans Landa), Eli Roth (Sgt. Donny Donowitz), Michael Fassbender (Lt. Archie Hicox), Diane Kruger (Bridget von Hammersmark)

Kill Bill: The Whole Bloody Affair
Re-edited amalgamation of *Kill Bill: Volume 1* and *Kill Bill: Volume 2*; see individual listings for production details.
(A Band Apart)
Opened March 27, 2011, 247 minutes

Django Unchained
(The Weinstein Company/Columbia Pictures)
Opened December 25, 2012, 165 minutes
Director & Screenplay: Quentin Tarantino
Cinematography: Robert Richardson
Producers: Reginald Hudlin, Pilar Savone, Stacey Sher
Editor: Fred Raskin
Cast: Quentin Tarantino (cameo as LeQuint Dickey Mining Co. Employee/Robert), Jamie Foxx (Django), Christoph Waltz (Dr. King Schultz), Leonardo DiCaprio (Calvin Candie), Kerry Washington (Broomhilda von Shaft), Samuel L. Jackson (Stephen), Walton Goggins (Billy Crash)

She's Funny That Way
(Lagniappe Films/Lailaps Pictures/Venture Forth)
First shown August 29, 2014 (Venice Film Festival), Opened August 21, 2015, 93 minutes
Director: Peter Bogdanovich
Screenplay: Peter Bogdanovich, Louise Stratten
Cinematography: Yaron Orbach
Producers: George Drakoulias, Logan Levy, Louise Stratten, Holly Wiersma
Editors: Nick Moore, Pax Wasserman
Cast: Quentin Tarantino (as himself), Imogen Poots (Isabella Patterson), Owen Wilson (Arnold Albertson), Jennifer Aniston (Jane Claremont), Kathryn Hahn (Delta Simmons), Will Forte (Joshua Fleet), Rhys Ifans (Seth Gilbert)

The Hateful Eight
(Double Feature Films/FilmColony)
Opened December 25, 2015 (limited 70mm version), Opened December 30, 2015 (general release), 187 minutes
Director & Screenplay: Quentin Tarantino
Cinematography: Robert Richardson
Producers: Richard N. Gladstein, Shannon McIntosh, Stacey Sher
Editor: Fred Raskin
Cast: Samuel L. Jackson (Major Marquis Warren), Kurt Russell (John Ruth), Jennifer Jason Leigh (Daisy Domergue), Walton Goggins (Sheriff Chris Mannix), Tim Roth (Oswaldo Mobray), Michael Madsen (Joe Gage), Bruce Dern (General Sandy Smithers), James Parks (O.B.), Channing Tatum (Jody)

The Golden Girls
Television series, one episode ("Sophia's Wedding:
Part 1")
(Witt-Thomas-Harris Productions/Touchstone Television)
First broadcast November 19, 1988, 30 minutes
Director: Terry Hughes
Screenplay: Susan Harris, Barry Fanaro, Mort Nathan
Producers: Paul Junger Witt, Tony Thomas
Cast: Bea Arthur (Dorothy Zbornak), Betty White
(Rose Nylund), Rue McClanahan (Blanche Devereaux),
Estelle Getty (Sophia Petrillo), Jack Clifford (Max
Weinstock), Quentin Tarantino (Elvis impersonator)

All-American Girl
Television series, one episode ("Pulp Sitcom")
(Sandollar Television/Heartfelt Productions/Touchstone
Television)
First broadcast February 22, 1995, 30 minutes
Director: Terry Hughes
Screenplay: Tim Maile, Douglas Tuber
Cinematography: Daniel Flannery
Producer: Bruce Johnson
Editor: Jimmy B. Frazier
Cast: Margaret Cho (Margaret Kim), Jodi Long
(Katherine Kim), Clyde Kusatsu (Benny Kim), Amy Hill
(Yung-hee Kim), Quentin Tarantino (Desmond)

ER
Television series, one episode ("Motherhood")
(Constant c Productions/Amblin Television/Warner
Bros. Television)
First broadcast May 11, 1995, 48 minutes
Director: Quentin Tarantino
Screenplay: Lydia Woodward
Cinematography: Richard Thorpe
Producer: Christopher Chulack, Paul Manning
Editor: Jim Gross
Cast: Anthony Edwards (Mark Greene), George
Clooney (Doug Ross), Sherry Stringfield (Susan Lewis),
Noah Wyle (John Carter), Julianna Margulies (Carol
Hathaway), Eriq La Salle (Peter Benton)

Dance Me to the End of Love
Internet short
(A-Acme Film Works)
First shown online October 27, 1995, 6 minutes
Director: Aaron A. Goffman
Screenplay: Quentin Tarantino, Aaron A. Goffman
Cinematography: Rand Vossler
Producer: Aaron A. Goffman
Cast: Quentin Tarantino (Groom), Sylvia Binsfeld (Bride),
Nick Rafter (Groom in Chains), Laura Bradley (Girl),
Marc Anthony-Reynolds (Boy)

Saturday Night Live
Television series, one episode ("Quentin Tarantino/
Smashing Pumpkins")
(Broadway Video/NBC Productions)
First broadcast November 11, 1995, 90 minutes
Director: Beth McCarthy-Miller
Writers: Ross Abrash, Cindy Caponera, James Downey,
Hugh Fink, Tom Gianas, Tim Herlihy, Steve Higgins,
Norm Hiscock, Steve Koren, Erin Maroney, Adam
McKay, Dennis McNicholas, Lorne Michaels, Lori Nasso,
Paula Pell, Colin Quinn, Frank Sebastiano, Andrew
Steele, Fred Wolf
Art direction: Peter Baran
Producer: Lorne Michaels
Editor: Ian Mackenzie
Cast: Quentin Tarantino (guest host), Jim Breuer,
Will Ferrell, Darrell Hammond, David Koechner,
Norm MacDonald, Mark McKinney

Alias
Television series, four episodes ("The Box: Part 1",
"The Box: Part 2", "Full Disclosure", "After Six")
Broadcast between January 20, 2002 and February
15, 2004, each episode 45 minutes
(Touchstone Television/Bad Robot)
Directors: Jack Bender, Maryann Brandon, Lawrence
Trilling
Screenplays: J. J. Abrams, Jesse Alexander,
John Eisendrath, Alison Schapker, Monica Breen
Cinematography: Michael Bonvillain, Donald E. Thorin Jr.
Producers: Jesse Alexander, Sarah Caplan, Jeff Pinkner,
Chad Savage, Lawrence Trilling
Editors: Virginia Katz, Mandy Sherman, Fred Toye,
Mary Jo Markey
Cast: Quentin Tarantino (McKenas Cole),
Jennifer Garner (Sydney Bristow), Ron Rifkin
(Arvin Sloane), Michael Vartan (Michael Vaughn),
Carl Lumbly (Marcus Dixon)

CSI: Crime Scene Investigation
Television series, two episodes ("Grave Danger:
Part 1" and "Grave Danger: Part 2")
(Jerry Bruckheimer Television/CBS Productions/Alliance
Atlantis Productions)
First broadcast May 19, 2005, each episode 120 minutes
Director & Story: Quentin Tarantino
Screenplay: Naren Shankar, Anthony E. Zuiker,
Carol Mendelsohn
Cinematography: Michael Slovis
Producers: Kenneth Fink, Richard J. Lewis, Louis Milito
Editor: Alec Smight
Cast: William Petersen (Gil Grissom), Marg
Helgenberger (Catherine Willows), Gary Dourdan
(Warrick Brown), George Eads (Nick Stokes),
Jorja Fox (Sara Sidle)

Duck Dodgers
Television series, one episode with two segments
("Master & Disaster" and "All in the Crime Family")
(Warner Bros. Animation), 30 minutes
First broadcast October 21, 2005
Directors: Spike Brandt, Tony Cervone
Screenplay: Kevin Seccia, Mark Banker
Art direction: Mark Whiting
Producer: Bobbie Page
Cast: Quentin Tarantino (voice of Master Moloch),
Joe Alaskey (Duck Dodgers/Martian Commander X-2/
Rocky), Bob Bergen (The Eager Young Space Cadet/
Mummy)

The Muppets' Wizard of Oz
Television movie
(Jim Henson Company/Fox Television Studios/
Touchstone Television/Muppets Holding Company/
Muppet Movie Productions)
First broadcast May 20, 2005, 120 minutes
Director: Kirk R. Thatcher
Screenplay: Debra Frank, Steve L. Hayes, Tom Martin,
Adam F. Goldberg
Cinematography: Tony Westman
Producers: Martin G. Baker, Warren Carr
Editor: Gregg Featherman
Cast: Quentin Tarantino (Kermit's Director),
Ashanti (Dorothy Gale), Jeffrey Tambor (Wizard),
David Alan Grier (Uncle Henry), Queen Latifah
(Aunt Em), Steve Whitmire (voice of Kermit the Frog),
Dave Goelz (voice of The Great Gonzo), Eric Jacobson
(voice of Miss Piggy)

#15SecondStare
Television series, fourteen episodes
(Crypt TV)
First broadcast January 17, 2016, each episode 1 minute
Only cast and crew involved in more than one episode
are listed here.
Directors: Wesley Alley, Steven Shea
Screenplay: Wesley Alley
Producers: Jack Davis, Eli Roth, Wesley Alley
Executive producers: Quentin Tarantino, Jason Blum,
Vanessa Hudgens, Katie Krentz, Gaspar Noé, Jordan
Peele, Joel Zimmerman
Cast: Brian C. Chenworth, Breeanna Judy, Ellen Smith

"영화를 작업할 때, 그 외의
다른 일은 하지 않습니다.
영화가 전부죠. 나는 아내가
없습니다. 자식도 없죠.
그 무엇도 나의 여정을
방해하지 못합니다…
지금까지 나는 홀로 이 길을
가겠노라 선택했습니다.
이것이 영화를 만들기 위해
내게 주어진 시간입니다."

Select Bibliography

Books

Bailey, Jason. *Pulp Fiction: The Complete Story of Quentin Tarantino's Masterpiece.* Minneapolis: Voyageur Press, 2013.

Bernard, Jami. *Quentin Tarantino: The Man and His Movies.* New York: HarperPerennial, 1996.

Biskind, Peter. *Down and Dirty Pictures: Miramax, Sundance and the Rise of Independent Film.* London: Bloomsbury, 2016.

Carradine, David. *The Kill Bill Diary: The Making of a Tarantino Classic as Seen Through the Eyes of a Screen Legend.* New York: Bloomsbury Methuen Drama, 2007.

Clarkson, Wensley. *Quentin Tarantino: The Man, the Myths and his Movies.* London: John Blake, 2007.

Dawson, Jeff. *Quentin Tarantino: The Cinema of Cool.* New York: Applause, 1995.

Grier, Pam and Andrea Cagan. *Foxy: My Life in Three Acts.* New York: Grand Central Publishing, 2010.

Mottram, James. *The Sundance Kids: How the Mavericks Took Back Hollywood.* London: Faber & Faber, 2011.

Peary, Gerald, ed. *Quentin Tarantino: Interviews.* Jackson: University Press of Mississippi, 2013.

Roston, Tom. *I Lost it at the Video Store: A Filmmakers' Oral History of a Vanished Era.* Jenkintown: The Critical Press, 2015.

Sherman, Dale. *Quentin Tarantino FAQ: Everything Left to Know about the Original Reservoir Dog.* Milwaukee, Hal Leonard, 2015.

Waxman, Sharon. *Rebels on the Backlot: Six Maverick Directors and How They Conquered the Hollywood Studio System.* New York: HarperCollins, 2005.

Death Proof: A Screenplay. New York: Weinstein Books, 2007.

Features and interviews

Amis, Martin. "The Writing Life: A Conversation Between Martin Amis and Elmore Leonard." *Los Angeles Times,* February 1, 1998.

Appelo, Tim. "*Django* to the Extreme: How Panic Attacks and DiCaprio's Real Blood Made a Slavery Epic Better." *Hollywood Reporter,* January 10, 2013.

Bailey, Jason. "Imagining the Quentin Tarantino-Directed *Natural Born Killers* That Could Have Been." *Flavorwire,* August 25, 2014.

Bailey, Jason. "Quentin Tarantino is a DJ." *The Atlantic,* October 14, 2014.

Baron, Zach. "Quentin Tarantino Explains the Link Between His *Hateful Eight* and #BlackLivesMatter." *GQ,* December 8, 2015.

Bauer, Erik. "Method Writing: Interview with Quentin Tarantino." *Creative Screenwriting,* January/February 1998.

Beaumont-Thomas, Ben. "Quentin Tarantino Says Next Film Will be Another Western." *Guardian,* November 27, 2013.

Becker, Josh. "Quentin Tarantino Interview: On the Set of *Reservoir Dogs.*" www.beckerfilms.com, 1992.

Biskind, Peter. "Four x Four." *Premiere,* November 1995.

Biskind, Peter. "The Return of Quentin Tarantino." *Vanity Fair,* October 14, 2003.

Brody, Richard. "*Inglourious* in Europe." *New Yorker,* August 20, 2009.

Brown, Lane. "In Conversation: Quentin Tarantino." *Vulture,* August 23, 2015.

Buckmaster, Luke. "Quentin Tarantino: Australian Films had a Big Influence on my Career." *Guardian,* January 15, 2016.

Carroll, Kathleen. "*Reservoir Dogs* Overflows with Violence: 1992 Review." *New York Daily News,* October 23, 1992.

Carroll, Larry. "*Inglourious Basterds* Exclusive: Brad Pitt Says Movie 'Was a Gift.'" www.mtv.com, August 19, 2009.

Ciment, Michel and Hubert Niogret. "Interview with Quentin Tarantino." Translated by T. Jefferson Kline. *Positif,* November 1994.

Dargis, Manohla. "Tarantino Avengers in Nazi Movieland." *New York Times,* August 20, 2009.

Debby, David. "Americans in Paris." *New Yorker,* August 24, 2009.

Ebert, Roger. "Reviews: *Chungking Express.*" rogerebert.com, March 15, 1996.

Fleming, Michael. "Playboy Interview: Quentin Tarantino." *Playboy,* November 2003.

Fleming, Michael. "Playboy Interview: Quentin Tarantino." *Playboy,* December 3, 2012.

Fleming Jr, Mike. "Quentin Tarantino on Retirement, Grand 70mm Intl Plans for *The Hateful Eight.*" www.deadline.com, November 10, 2014.

Galloway, Stephen. "Director Roundtable: 6 Auteurs on Tantrums, Crazy Actors and Quitting While They're Ahead." *Hollywood Reporter,* November 28, 2012.

Garrat, Sheryl. "Quentin Tarantino: No U-turns." *Telegraph,* September 15, 2007.

Gerston, Jill. "Film; Finally, Bruce Willis Gets Invited to the Ball." *New York Times,* October 2, 1994.

Gettell, Oliver. "Quentin Tarantino and Robert Rodriguez Look Back on *From Dusk Till Dawn.*" *Entertainment Weekly,* November 3, 2016.

Gilbey, Ryan. "*Inglourious Basterds.*" *New Statesman,* August 20, 2009.

Gordon, Devin. "Q&A: Quentin Tarantino." *Newsweek,* April 4, 2007.

Grow, Kory. "Ennio Morricone Goes Inside *Hateful Eight* Soundtrack." *Rolling Stone,* January 11, 2016.

Guerrasio, Jason. "Samuel L. Jackson on Finding the Right Skin Tone for *Django Unchained* and Making Leonardo DiCaprio Become Comfortable with the N-word." *Vanity Fair,* December 20, 2012.

Haselbeck, Sebastian. "An Interview with Kurt Russell." The Quentin Tarantino Archives [www.wiki.tarantino.info].

Hirschberg, Lynn. "Quentin Tarantino, pre-*Pulp Fiction.*" *Vanity Fair,* July 5, 1994.

Hirschberg, Lynn. "The Two Hollywoods; The Man Who Changed Everything." *New York Times,* November 16, 1997.

Hiscock, John. "Quentin Tarantino: I'm Proud of my Flop." *Telegraph,* April 27, 2007.

Hoberman, J. "Quentin Tarantino's *Inglourious Basterds* Makes Holocaust Revisionism Fun." *Village Voice,* August 18, 2009.

Horn, John. "Quentin Tarantino Looks Back: *Reservoir Dogs* a Father-Son Story." *Los Angeles Times,* February 12, 2013.

Jagernauth, Kevin. "Quentin Tarantino Says he Didn't Fall Out with Will Smith Over *Django Unchained* Plus New Pic from the Film." *IndieWire,* November 15, 2012.

Jakes, Susan. "Blood Sport." *Time,* September 30, 2002.

Kerr, Sarah. "Rain Man: *Pulp Fiction*—A Film by Quentin Tarantino." *New York Review of Books,* April 6, 1995.

Labrecque, Jeff. "Quentin Tarantino Discusses his Plan to Retire and the Idea of Having Children." *Entertainment Weekly,* December 22, 2015.

La Franco, Robert. "Robert Rodriguez." *Wired,* April 1, 2007.

Lane, Anthony. "Love Hurts." *New Yorker,* January 7, 2013.

Lewis, Andy. "Making of *Hateful Eight:* How Tarantino Braved Sub-Zero Weather and a Stolen Screener." *Hollywood Reporter,* January 7, 2016.

Lim, Dennis. "*Inglourious* Actor Tastes the Glory." *New York Times,* August 12, 2009.

Longworth, Karina. "Quentin Tarantino Emerges with his Most Daring Film Yet." *Village Voice,* December 19, 2012.

MacFarquhar, Larissa. "The Movie Lover." *New Yorker,* October 20, 2003.

McGrath, Charles. "Quentin's World." *New York Times,* December 19, 2012.

Morgan, Kim. "Basterds, Sam Fuller and Snoopy: Talking to Tarantino." *Huffington Post,* September 19, 2009.

Nashawaty, Chris. "*Jackie Brown* Blu-ray: Pam Grier talks Quentin Tarantino's Film." *Entertainment Weekly,* October 4, 2011.

Pappademas, Alex. "Triumph of His Will." *GQ,* June 30, 2009.

Pavlus, John. "A Bride Vows Revenge." *American Cinematographer,* October 2003.

Perez, Rodrigo. "What's Left? Quentin Tarantino Talks the Remaining Movies he Could Make Before Retirement." *IndieWire,* December 15, 2015.

Pride, Ray. "Interview Flashback: Quentin Tarantino Talks Jackie Brown and Quentin Tarantino." www.newcityfilm.com, December 29, 1997.

Rose, Charlie. "Quentin Tarantino on his Popular Film, *Pulp Fiction.*" www.charlierose.com, October 14, 1994.

Rosenbaum, Jonathan. "Recommended Reading: Daniel Mendelsohn on the New Tarantino." www.jonathanrosenbaum. net, August 17, 2009.

Salisbury, Brian. "The Badass Interview: Robert Forster on *Jackie Brown*'s Latest Home Video Release." www.birthmoviesdeath.com, October 3, 2011.

Sancton, Julian. "Tarantino is One Basterd Who Knows How to Please Himself." *Vanity Fair,* August 20, 2009.

Scott, A. O. "The Black, the White and the Angry." *New York Times,* December 24, 2012.

Scott, A. O. "Review: Quentin Tarantino's *The Hateful Eight* Blends Verbiage and Violence." *New York Times,* December 24, 2015.

Scherstuhl, Alan. "Quentin Tarantino's *The Hateful Eight* Refuses to Play Nice." *LA Weekly,* December 15, 2015.

Sciretta, Peter. "Quentin Tarantino Talks Vega Brothers, the *Pulp Fiction* and *Reservoir Dogs* Sequel/Prequel." www.slashfilm. com, April 7, 2007.

Seal, Mark. "Cinema Tarantino: The Making of *Pulp Fiction.*" *Vanity Fair,* February 13, 2013.

Secher, Benjamin. "Quentin Tarantino Interview: 'All my Movies are Achingly Personal.'" *Telegraph,* February 8, 2010.

Singer, Matt. "In Praise of *Death Proof*, One of Quentin Tarantino's Best Movies." *IndieWire,* December 28, 2012.

Soghomonian, Talia. "Tarantino Says Will Smith was First Choice for *Django Unchained* Lead." *NME,* January 28, 2013.

Solomons, Jason. "Interview with Sally Menke: 'Quentin Tarantino and I Clicked.'" *Guardian*, December 6, 2009.

Sordeau, Henri. "Quentin Tarantino Talks *Inglourious Basterds*." www.rottentomatoes.com, August 11, 2009.

Spitz, Marc. "*True Romance*: 15 Years Later." *Maxim*, April 25, 2008.

Stasukevich, Iain. "Once Upon a Time in the South." *American Cinematographer*, January 2013.

Tapley, Kristopher. "*The Hateful Eight*: How Ennio Morricone Wrote His First Western Score in 40 Years." *Variety*, December 11, 2015.

Taylor, Ella. "Quentin Tarantino: The *Inglourious Basterds* Interview." *Village Voice*, August 18, 2009.

Thomson, David. "*Django Unchained* is All Talk with Nothing to Say." *New Republic*, January 5, 2013.

Tyrangiel, Josh. "The Tao of Uma." *Time*, September 22, 2003.

Verini, Bob. "Tarantino: Man with Sure Hand on his Brand." *Variety*, November 7, 2012.

Walker, Tim. "Michael Madsen Interview: How *The Hateful Eight* Star Ducked and Dived his Way Through Hollywood." *Independent*, January 2, 2016.

Wise, Damon. "'Resist the Temptation to Ridicule This': Quentin Tarantino Talks *Grindhouse*." *Guardian*, May 4, 2007.

Wise, Damon. "*The Hateful Eight*: A Rocky Ride from Script to Screen." *Financial Times*, December 18, 2015.

Whitney, Erin. "Quentin Tarantino Wanted to Massively 'Subvert' James Bond with *Casino Royale*." *Huffington Post*, August 24, 2015.

Wooton, Adrian. "Quentin Tarantino Interview (I) with Pam Grier, Robert Forster and Lawrence Bender." *Guardian*, January 5, 1998.

Wright, Benjamin. "A Cut Above: An Interview with *Django Unchained* Editor Fred Raskin." *Slant*, January 15, 2013.

Yuan, Jada. "Tarantino's Leading Man." *Vulture*, August 25, 2015.

"*Death Proof*: Quentin Tarantino Interview." http://www.indielondon.co.uk/Film-Review/death-proof-quentin-tarantino-interview.

Interview on *The Rachel Maddow Show*. NBC, February 11, 2010 [http://www.nbcnews.com/id/35367550/ns/msnbc-rachel_maddow_show/print/1/displaymode/1098/].

"The Lost, Unmade and Possible Future Films of Quentin Tarantino." www.indiewire.com, March 27, 2013.

"Quentin Tarantino: 'It's a corrupted cinema.'" *The Talks*, October 28, 2013.

"Quentin Tarantino, 'Unchained' and Unruly." *NPR*, January 2, 2013 [http://www.npr.org/2013/01/02/168200139/quentin-tarantino-unchained-and-unruly].

Reservoir Dogs: Ten Years, directed by Quentin Tarantino. Artizan, 2002 [DVD].

"ZDF Quentin Tarantino Interview (*Kill Bill*)." https://www.youtube.com/watch?v=bIGhtVN2lrY.

Picture Credits

T: Top; B: Bottom; C: Centre; L: Left; R: Right

Alamy: 10 Travel images/Alamy Stock Photo 14, 62T, 83, 84L, 87T, 88T, 90-1, 97, 98T, 118, 173, 182, 188L, 211, 231T, 239B Collection Christophel/Alamy Stock Photo 16, 20, 29B, 39, 41, 45, 56-7, 72, 78-9, 108, 113T, 116-117, 120-1, 122, 128, 129, 134B, 135, 140, 141, 142-3, 144, 147, 148L, 149, 150T, 151T, 151CL, 151R, 152-3, 156-7, 158, 159B, 163B, 167, 168-9, 191, 196, 198-9, 200BL, 210, 221T, 222B, 223L, 224B AF archive / Alamy Stock Photo 21B, 36BL, 36R, 59BL, 130, 170T, 171, 184, 188R, 190, 192R, 193T, 206-7, 230T, 232, 233T, 236L, 238 Everett Collection, Inc./Alamy Stock Photo 22-3 WENN Ltd/Alamy Stock Photo 24 ScreenProd/Photononstop/Alamy Stock Photo 26 Francis Specker/Alamy Stock Photo 30 trekandshoot/Alamy Stock Photo 34-5 Alan Wylie/Alamy Stock Photo 36BC Lifestyle pictures/Alamy Stock Photo 49, 92B, 139R, 176, 183 United Archives GmbH/Alamy Stock Photo 51 Trinity Mirror/Mirrorpix/Alamy Stock Photo 65, 67, 81, 93T, 104B, 133T, 151BL, 154, 212, 218-9, 225T, 225B Moviestore collection Ltd/Alamy Stock Photo 71, 76-7T, 123T, 170B Pictorial Press Ltd/Alamy Stock Photo 82B, 98B, 101, 131, 144-5, 155B, 159T, 161, 172TL, 177L, 186, 187T, 187B, 189, 194-5, 197, 200T, 200BR, 202-3, 204, 216B, 226-7, 231B, 237 Photo 12/Alamy Stock Photo 89B, 150B, 160, 192L, 193B, 205 Entertainment Picture/Alamy Stock Photo 123 Delacorte Press 179T REUTERS/Alamy Stock Photo 228, 234-5 Atlaspix/Alamy Stock Photo

Getty: 2, 54-5 Levon Biss/Contour by Getty Images 6 Ted Thai/The LIFE Picture Collection/Getty Images 7, 8-9 Patrick Fraser Contour by Getty Images 11T, 95 Martyn Goodacre/Getty Images 11B, 15T Kevin Winter/Getty Images 12 KMazur/WireImage 13BL, 114TL Jeff Kravitz/FilmMagic/Getty 13BR Ron Galella, Ltd./WireImage/Getty 17 Spencer Weiner/Los Angeles Times via Getty Images 19, 246-7 Robert Gauthier/Los Angeles Times via Getty Images 27T CBS Photo Archive/Getty Images 27B Mondadori Portfolio by Getty Images 28 Silver Screen Collection/Getty Images 32 Frazer Harrison/Getty Images 33 David Herman/Hulton Archive/Getty Images 37 DON EMMERT/AFP/Getty Images 42T Christian SIMONPIETRI/Sygma via Getty Images 43 Warner Bros. Pictures/Sunset Boulevard/Corbis via Getty Image 94L Pool BENAINOUS/DUCLOS/Gamma-Rapho via Getty Images 94R Stephane Cardinale/Sygma via Getty Images 112 Andreas Rentz/Getty Images 119 Michael Birt/Contour by Getty Images 124 Michael Ochs Archives/Getty Images 179B Jeff Vespa/WireImage for The Weinstein Company 229 Amanda Edwards/WireImage 230 Kevin Mazur/Getty Images for Universal Music 245 Jeffrey Mayer/WireImage 242 William Callan/Contour by Getty Images 253, 256 Nicolas Guerin/Contour by Getty Images **Mary Evans Picture Library:** 89T Courtesy Everett Collection/Mary Evans 96B Ronald Grant Archive/Mary Evans **Photofest:** 64R Miramax Films/Photofest 75 Live Entertainment/Photofest 180T Andrew Cooper/Dimension Films/Photofest **Rex Features:** 13T Michael Buckner/Variety/REX/Shutterstock 21T Spelling/REX/Shutterstock 31, 50, 114R, 126-7, 133B, 134T, 138, 174-5, 177R, 201, 222T, 224T Moviestore/REX/Shutterstock 36TL Films Du Carrosse/Sedif/REX/Shutterstock 36TC Anouchka/Orsay/REX/Shutterstock 36BC Columbia/REX/Shutterstock 38, 40, 42TL, 46-7 Davis Films/REX/Shutterstock 42BL, 47, 48, 188C Warner Bros/REX/Shutterstock 44L, 44R Ron Phillips/Morgan Creek/Davis Films/REX/Shutterstock 53, 80, 82T, 84R, 85, 86, 87B, 88B, 92T, 93B, 99, 100, 102-3, 104T, 105 Miramax/Buena Vista/REX/Shutterstock 59BR Monogram/REX/Shutterstock 60, 61, 62B, 63, 64L, 68-9, 70B, 70T, 73, 74, 76B Live Entertainment/REX/Shutterstock 106-7, 115T Los Hooligans/A Band Apart/REX/Shutterstock 109, 110T Miramax/REX/Shutterstock 110B, 115B L Driver Prods/REX/Shutterstock 113B Jet Tone/REX/Shutterstock 132, 136-7, 148R, 155T Miramax/A Band Apart/REX/Shutterstock 139L, 172BL, 172R, 178, 181, 214-5, 220 Snap Stills/REX/Shutterstock 166 Soeren Stache/Epa/REX/Shutterstock 208L, 209, 213, 221B, 223R Columbia Pictures/The Weinstein Company/REX/Shutterstock 208R Brc/Tesica/REX/Shutterstock 216T Prod Eur Assoc/Gonzalez/Constantin/REX/Shutterstock 217, 236R, 239T, 240-1 Andrew Cooper/Columbia Pictures/The Weinstein Company/REX/Shutterstock **The Ronald Grant Archive:** 66, 162, 163T, 164-5 Miramax/RGA **Sandria Miller:** 59T Sandria Miller Sundance Institute 244 William Morrow Paperbacks

"두 편 더, 그걸로 끝입니다. 마이크를 내려놓는 거죠. 쾅. 그 쓰레기들을 능가하는 영화를 만들어보라고 모두에게 전하세요."

reserva dogs
ROBERT RODRIGUEZ
¡Estas 8 mujeres van a conocer a 1 hombre muy diabólico!
KURT RUSSELL
en
QUENTIN TARANTINO
DEATH PROO
THE NEW FILM BY
QUENTIN TARANTINO
DJANGO
UNCHAINED
キル・ビ
UMA THURMAN
ROBERT DE NIRO
BRIDGET FONDA
MICHAEL KEATON
ROBERT FORSTER
Jackie Brow
THE 8TH FILM BY
QUENTIN TARANTINO
HATEFUL EIGH